El Dr. Samuel Pagán, autor de este ~~~~~~ es bien conocido por sus muchas (~~~~~~ nos ofrece una excelente presentación de la historia del Israel bíblico, en la que hace gala de su vasta erudición y conocimiento del campo, pero al mismo tiempo muestra una gran sensibilidad para comunicar su contenido de forma asequible a la mayoría del público lector.

En este libro, Pagán hace abundante uso de los descubrimientos y conclusiones de las diversas ciencias y disciplinas aplicadas a los estudios bíblicos; disciplinas tales como la arqueología, la filología, la antropología o la crítica textual e histórica, entre otras. Con ello nos ayuda a entender mejor la historia en toda su amplitud y profundidad. Pero, al mismo tiempo, lo hace con el respeto que merecen estos textos que a través de los siglos han servido de inspiración y guía tanto al pueblo de Israel como a la iglesia de Jesucristo.

Por todo esto, y por muchas otras razones que los lectores descubrirán en el libro mismo, recomiendo entusiastamente la lectura de esta nueva obra del Dr. Pagán, al tiempo que aprovecho la oportunidad para expresar mi esperanza de que el mismo Dr. Pagán nos regale más obras como esta, y que surjan entre sus lectoras y lectores personas llamadas a continuar los estudios y la tarea que el Dr. Pagán tan acertadamente ejemplifica.

Dr. Justo L. González
Historiador de la iglesia

Historia del Israel bíblico es un libro de gran valor histórico, pertinencia teológica y virtud educativa, tanto en entornos educativos como en las comunidades de fe. El Dr. Pagán, que ya nos tiene acostumbrados a libros eruditos y pastorales, presenta en esa tradición una magnífica obra, que puede ser de gran bendición a todos los creyentes de habla castellana que desean profundizar su conocimiento bíblico para llevar a efecto ministerios transformadores. Y es, también, una obra necesaria para profesores de seminarios, universidades e institutos bíblicos, pues proviene de un profesor latinoamericano que ha dedicado muchos años a las traducciones de la Biblia y al estudio sistemático y profundo de la Palabra del Señor.

Dra. Nohemí C. Pagán
Editora de literatura cristiana y profesora de espiritualidad
Jerusalem Center for Biblical Studies

Historia del Israel bíblico

Samuel Pagán

EDITORIAL CLIE
C/ Ferrocarril, 8
08232 VILADECAVALLS
(Barcelona) ESPAÑA
E-mail: clie@clie.es
http://www.clie.es

HISTORIA DEL ISRAEL BÍBLICO
ISBN: 978-84-17131-70-8
Depósito Legal: B 5872-2019
Cristianismo
Historia
Referencia: 225088

DEDICATORIA

Dedico este libro sobre la historia del pueblo de Israel en
los tiempos bíblicos a mis hijos, Samuel y Luis Daniel, y a Yasmín e Ileana,
mis nueras, que han estado conmigo continuamente
en estos peregrinares literarios y teológicos...
Muchas gracias, muchas veces...

ÍNDICE

PÁG.

ABREVIATURAS

LIBROS DE LA BIBLIA

Libros canónicos

Abd	Abdías	3Jn	3 Juan
Am	Amós	Jud	Judas
Ap	Apocalipsis	Jue	Jueces
Cnt	Cantar de los cantares	Lm	Lamentaciones
Col	Colosenses	Lv	Levítico
1Co	1 Corintios	Lc	Lucas
2Co	2 Corintios	Mal	Malaquías
1Cr	1 Crónicas	Mr	Marcos
2Cr	2 Crónicas	Mt	Mateo
Dn	Daniel	Mi	Miqueas
Dt	Deuteronomio	Nah	Nahúm
Ec	Eclesiastés	Neh	Nehemías
Ef	Efesios	Nm	Números
Esd	Esdras	Os	Oseas
Est	Ester	1P	1 Pedro
Éx	Éxodo	2P	2 Pedro
Ez	Ezequiel	Pr	Proverbios
Flm	Filemón	1R	1 Reyes
Fil	Filipenses	2R	2 Reyes
Gn	Génesis	Ro	Romanos
Gá	Gálatas	Rt	Rut
Hab	Habacuc	Sal	Salmos
Hag	Hageo	1S	1 Samuel
Hch	Hechos	2S	2 Samuel
Is	Isaías	Stg	Santiago
Jer	Jeremías	Sof	Sofonías
Job	Job	1Ts	1 Tesalonicenses
Jl	Joel	2Ts	2 Tesalonicenses
Jon	Jonás	1Ti	1 Timoteo
Jos	Josué	2Ti	2 Timoteo
Jn	Juan	Tit	Tito
1Jn	1 Juan	Zac	Zacarías
2Jn	2 Juan		

Libros deuterocanónicos

Bar	Baruc	2M	2 Macabeos
Eclo	Eclesiástico	Sab	Sabiduría
Jdt	Judit	Tob	Tobías
1M	1 Macabeos		

GENERALES

a.C.	antes de Cristo	mss.	manuscritos
A.T.	Antiguo Testamento	N.T.	Nuevo Testamento
c.	aproximadamente, *circa*	p.ej.	por ejemplo
cf.	confrontar o comparar	reimp.	reimpresión
cm.	centímetro(s)	s., ss.	Siguiente, siguientes
d.C.	después de Cristo	LXX	versión griega del AT,
DHH	Versión Dios habla hoy		Septuaginta
ed., eds.	editor, editores	TM	Texto Masorético
etc.	etcétera, otros más	trad.	traducción
gr.	griego	v., vv.	Versículo, versículos
heb.	hebreo	Vg.	versión latina de la Biblia,
km.	Kilómetro(s)		Vulgata
m.	metro(s)	vol.	Volumen
ms.	manuscrito	vols.	Volúmenes

PREFACIO

El Señor le dijo a Abram:
«Deja tu tierra, tus parientes y la casa de tu padre,
y vete a la tierra que te mostraré.
»Haré de ti una nación grande,
y te bendeciré;
haré famoso tu nombre,
y serás una bendición.
Bendeciré a los que te bendigan
y maldeciré a los que te maldigan;
¡por medio de ti serán bendecidas
todas las familias de la tierra!»
Génesis 12.1-3

La historia del pueblo de Israel

El libro que usted posee en sus manos tiene como objetivo principal, estudiar, analizar y presentar la historia del pueblo de Israel en el período bíblico. Nuestra finalidad básica, es evaluar las narraciones bíblicas, los documentos que provienen de otras comunidades y culturas del Oriente Medio Antiguo, y los artefactos que ha descubierto la arqueología, para tratar de entender mejor el contexto histórico del pueblo que nos legó la Biblia. Nuestra meta fundamental, es ponderar y entender la historia de una comunidad, que generó gente extraordinaria, hombres y mujeres de fe, personas de integridad, individuos de buenos valores éticos y morales, y que también nutrió la vida y las enseñanzas de grandes pensadores, visionarios, profetas y profetisas, patriarcas y matriarcas, poetas y poetisas...

La historia de Israel en ese singular período bíblico es de gran importancia teológica y política. En nuestro análisis, es menester comprender que los documentos que vamos a estudiar son esencialmente declaraciones teológicas, afirmaciones de fe, y comprensiones religiosas de las experiencias de la vida. Los textos bíblicos contienen más que «material histórico», como entendemos el concepto de «historia» en la sociedad contemporánea. La Biblia, más que un libro de recuentos históricos o narraciones de eventos, es primordialmente una obra fundamentada en la fe. Presenta, en efecto, más que la historia secular de las comunidades antiguas, una «la historia de la salvación»: Una colección de narraciones, poemas, proverbios, genealogías, profecías y mensajes, entre otras, que se fundamentan en las convicciones de fe más profundas de una comunidad. Y esas comunidades primarias de hebreos y posteriormente judíos, entendían sus orígenes como un llamado divino, que les impelía a descubrir, disfrutar y compartir la voluntad de Dios.

La historia de Israel en los tiempos bíblicos es también importante desde la perspectiva política, tanto religiosa como secular. Los entornos geográficos que fueron los escenarios básicos para los eventos que se presentan en la Biblia, han cobrado importancia capital en la geopolítica contemporánea. El Oriente Medio del siglo xxi no es un rincón aislado e ignorado del mundo, sin importancia económica y política internacional. Al contrario, por la necesidad del petróleo en la sociedad actual, los desafíos ideológicos que se vive en la región, y por las crisis políticas en varias de las naciones más grandes e importantes relacionadas con el islam, los pueblos del Oriente Medio cobran protagonismo en el escenario político y social contemporáneo.

Un muy importante componente de las implicaciones políticas y sociales del estudio de la historia de Israel se relaciona con algunos problemas contemporáneos en la región. Un muy buen ejemplo de esas repercusiones actuales es el problema palestino-israelí. En los diálogos de paz entre estas dos comunidades, que ciertamente ambas reclaman que sus antepasados vivieron en la región que en la actualidad viven o aspiran a vivir, las referencias a los patriarcas y las matriarcas en Hebrón, o las afirmaciones en torno a David en Jerusalén, no son infrecuentes.

No podemos ignorar que la historia bíblica del Israel es también la historia de los antepasados de Jesús de Nazaret. La comprensión que el fundador del cristianismo tenía de sí mismo, en gran medida estaba cimentada en sus estudios, reflexiones y memorizaciones de los textos y las narraciones fundamentales de las Escrituras de Israel. Creció con un sentido de pertenencia a un pueblo que entendía sus orígenes, como parte del plan divino primeramente para Israel, y posteriormente, para la humanidad. Y esas percepciones históricas, teológicas y familiares, marcaron de forma permanente el estilo de vida, la teología, el ministerio y las prioridades educativas, teológicas y proféticas de Jesús de Nazaret.

La Biblia

Por generaciones, la Biblia ha sido un libro de importancia capital para millones y millones de personas. Para los creyentes, tanto judíos como cristianos, es fuente de inspiración espiritual, ética y moral, además de ser base para el desarrollo de enseñanzas, doctrinas y teologías. Y para no creyentes, su importancia reside en la naturaleza de su contenido, y en el particular despliegue de géneros literarios y temas que responden a los clamores más intensos e íntimos de la humanidad. Por esas características, entre otras, la Biblia ha sido declarada «Patrimonio de la Humanidad», o referida en círculos íntimos y de fe, como «el Libro», sin más explicaciones u orientaciones.

Es ciertamente la Biblia un ejemplo extraordinario de virtud literaria y estética. En sus testamentos, libros, capítulos, versículos y palabras se encuentran gran cantidad de géneros literarios y temas que revelan mucho más que sus virtudes espirituales. Sus páginas ponen claramente de manifiesto narraciones hermosas y poesías exquisitas: además, entre otros géneros, se incluyen cuentos, himnos, proverbios, oráculos, oraciones, profecías, leyendas...

Inclusive, en las Escrituras aparecen inmersos, entre los temas expuestos, asuntos que la convierten en literatura de éxito en cualquier librería: Por ejemplo, intriga, violencia, humor, sexo, ternura, odio, amor, esperanza... Algunas personas piensan que sus oráculos encierran mensajes ocultos que deben ser descifrados con métodos especiales que incluyen el conteo de las letras y palabras, y el análisis computadorizado de sus narraciones. No son pocas las personas que a través de la historia han intentado ver entre sus párrafos las predicciones certeras de los acontecimientos futuros.

La historia teológica de un pueblo

De fundamental importancia es saber, sin embargo, que la Biblia hebrea, Escrituras judías o A.T., trata de la historia nacional de una comunidad específica, se refiere a los orígenes del pueblo judío. Entre sus relatos, se pueden identificar, sin mucha dificultad, narraciones que explican sus orígenes históricos; e inclusive, se pueden leer poemas antiguos en torno la creación del mundo, y referente el inicio mismo de la vida y la historia. Al comienzo, se trata nada más de un grupo pequeño de individuos, familias y tribus nómadas que afirman ser llamados y elegidos por Dios, hasta posteriormente convertirse en un reino importante en la geopolítica del Oriente Medio.

La narración histórica de las vivencias del pueblo judío, que son ciertamente una extraordinaria interpretación teológica de las realidades de la comunidad, con el paso del tiempo, se ha convertido en modelo para el desarrollo de la esperanza en pueblos oprimidos y perseguidos, y para afirmar el porvenir grato y liberado entre personas cautivas por las diversas angustias de la existencia humana. Los relatos de la liberación extraordinaria del imperio egipcio del grupo nómada, que tradicionalmente se relaciona con Moisés, y las narraciones en torno a las intervenciones divinas para finalizar con el destierro en Babilonia se han convertido en modelos que brindan esperanza y futuro a quienes se han sentido cautivos y heridos a través de la historia de la humanidad. Los gozos y las tribulaciones de la comunidad judía antigua se han convertido en testimonio de fe para quienes sienten las marginaciones y los cautiverios políticos, sociales, económicos, religiosos y espirituales en la existencia humana.

Esos temas de esperanza y renovación tienen grandes repercusiones en la vida y las acciones de Jesús de Nazaret, que fue un joven judío de la Palestina del primer siglo, educado en las importantes tradiciones relacionadas con la Biblia hebrea. Este predicador galileo se destacó por sus interpretaciones transformadoras de los textos antiguos, pues se dedicó a hacer bienes a la comunidad que vivía en medio de una nueva cautividad y ocupación política y militar, la del poderoso imperio romano. Su proyecto de vida fue certero, firme y claro: Interpretar las antiguas Escrituras y tradiciones del pueblo judío, a la luz de las necesidades de la gente más angustiada y necesitada de la región galilea, popular y despectivamente conocida como la «Galilea de los gentiles».

La historia del Israel bíblico en las iglesias

Las iglesias cristianas siguieron el modelo de Jesús e hicieron de las Escrituras hebreas parte de sus Biblias. Sus lecturas de los textos antiguos, sin embargo, tomaban seriamente en consideración, no solo la historia antigua del pueblo judío, sino las actividades liberadoras y transformadoras de Jesús de Nazaret, y las implicaciones de esas acciones a través de la historia. Consideraban, además, el desarrollo de la incipiente comunidad cristiana a medida que el mensaje del Cristo resucitado se difundía en Palestina y el Oriente Medio, particularmente en el Asia Menor. Y esa particular comprensión de las Escrituras hebreas, es la que hace que el mensaje del Antiguo Testamento rompa los linderos del tiempo hasta llegar, entre las personas creyentes, hasta la sociedad contemporánea en el siglo xxi, con fuerza inusitada.

Desde esa particular perspectiva histórica, la Biblia hebrea se convierte en documento grato y familiar en medio de las iglesias y las personas creyentes en Cristo. Esa comprensión teológica y espiritual de los documentos judíos, pone en clara evidencia no solo la historia antigua de un pueblo que experimentó el poder divino en su liberación nacional, sino las vivencias de la humanidad. La Biblia hebrea, en efecto, contiene el mensaje que prepara a las personas a enfrentar la vida y sus desafíos, la existencia y sus aciertos, y la cotidianidad y sus desaciertos...

Las personas de fe entienden que el mensaje de la Biblia prepara a la gente a enfrentar, con valor y dignidad, las grandes crisis y dificultades de la vida, inclusive para afrontar la posibilidad de la muerte y sus temores. La Biblia no solo es historia antigua, pues contiene el mensaje relevante que prepara a las personas para superar con valentía los diversos desafíos que intentan cautivarle, disminuirle, oprimirle, subyugarle, marginarle, desorientarle...

La historia del Israel bíblico es «historia de la salvación»: Nos permite identificar, descubrir, analizar y presentar los temas que sirvieron de fundamento para el desarrollo, por ejemplo, de una buena y transformadora teología de la esperanza en momentos de crisis nacionales. Ese tipo de comprensión de la historia del Israel bíblico es fundamental para comprender mejor la obra de Jesús, pues fue el marco de referencia histórico y teológico, para el desarrollo de su ministerio homilético, pedagógico y profético.

En este sentido, la Biblia hebrea, con sus narraciones históricas, no solo es el libro antiguo de los judíos, pues incluye y representa valores morales y principios éticos que superan los límites étnicos, nacionales, regionales, temporales y hasta religiosos. El mensaje de esperanza, futuro, seguridad, redención, restauración, liberación y salvación es, en efecto, la palabra de Dios para la humanidad. Y esa palabra tiene implicaciones para la sociedad posmoderna que ha llegado al siglo xxi con signos de depresión, agotamiento, desorientación...

El A.T. incluye y articula la experiencia de fe del pueblo de Israel desde sus orígenes, inclusive desde la creación del mundo, hasta la época anterior a la llegada del Mesías cristiano, Jesús de Nazaret. Sus narraciones y poemas, sus oráculos y enseñanzas, y sus proverbios y parábolas, incorporan elocuentemente las respuestas de la comunidad hebrea a los grandes desafíos históricos y políticos que vivieron como pueblo e individuos, fundamentados en sus profundas convicciones en el Dios único y verdadero, descrito como el «viviente» (Sal 42.1-3), en contraposición a las deidades cananeas que carecían de esa característica fundamental.

El Dios del A.T., de acuerdo con los relatos bíblicos, escogió revelarse al pueblo de Israel en medio de la historia, específicamente decidió manifestarse en las vivencias reales y cotidianas de la comunidad, al revelar en el Monte Sinaí, la Ley y establecer un pacto o alianza con el pueblo, que era el claro objeto de su amor, misericordia, perdón y elección. Esa particular relación Dios-Israel reclamó del pueblo y sus líderes niveles éticos y morales que pusieran de manifiesto la santidad y la justicia del Señor. La Biblia hebrea, en efecto, presenta la historia de un pueblo desde esa tan particular y extraordinaria perspectiva de la fe.

Nuestro acercamiento a los temas expuestos

Esta obra se concibe y escribe para responder inicialmente a una necesidad y reclamo de las instituciones educativas de las iglesias (p.ej., universidades, seminarios teológicos, institutos bíblicos, escuelas bíblicas, y círculos de estudio y oración), en el extenso y complejo mundo de habla castellana (p.ej., América Latina, el Caribe, España y las comunidades latinas en los Estados Unidos). Se redacta con el propósito definido de iniciar a los lectores y las lectoras de este libro en el extraordinario mundo teológico y literario de la historia del Israel en los tiempos bíblicos.

A esa finalidad pedagógica y teológica inicial, se añade el componente de la identidad del autor, que es profesor y traductor de la Biblia, además de ser puertorriqueño, caribeño, hispano en los EUA y latinoamericano. Por esa razón, además de destacar los temas tradicionales de las diversas «historias de Israel», tomamos seriamente en consideración los asuntos, las preguntas, los desafíos y las preocupaciones que tienen pertinencia e inmediatez en nuestras comunidades de fe y en los diálogos académicos. Además, escribimos este nuevo libro cuando paso gran parte de mi tiempo de investigación y escritura en Jerusalén y Belén. Ese particular contexto educativo inmediato, nos permite tomar en consideración algunos asuntos teológicos y exegéticos de importancia medular, relacionados, por ejemplo, con las culturas del Oriente Medio, la geografía y el clima de la región, además de las dinámicas geopolíticas que no solo afectaron las relaciones económicas, sociales, culturales, políticas y espirituales en épocas antiguas, sino que todavía el día de hoy se manifiestan con fuerza entre los pueblos palestino e israelí, en particular, y entre el Estado de Israel y los países árabes, en general.

Este libro sobre la historia de Israel bíblico, puede ser utilizado sin mucha dificultad en universidades, seminarios teológicos y pastorales, e institutos bíblicos; también puede ser de gran utilidad y formar parte de las bibliotecas personales de predicadores y predicadoras; además, esta obra puede ayudar a personas involucradas en los diversos programas educativos de las congregaciones, a aumentar su comprensión de los grandes temas teológicos, históricos y espirituales que se manifiestan en las enseñanzas de Jesús y en el ministerio de las primeras iglesias. Inclusive, personas nuevas en la fe encontrarán en estas páginas información variada que les permitirá crecer y desarrollar positivamente su vida cristiana.

Agradecimientos

Escribir un libro en torno a la Biblia es un trabajo complejo, arduo, desafiante, intenso y extenso, que requiere de una gran infraestructura bibliográfica y necesita el personal de apoyo adecuado para llegar a la culminación del proyecto. ¡Y este libro no es ninguna excepción!

Por esa razón, debo separar este espacio de calidad para agradecer sinceramente las contribuciones destacadas de las siguientes personas, que incentivaron, con sus comentarios y sugerencias, la culminación de esta obra:

- A Alfonso Triviño, director de CLIE, quien me invitó a escribir este volumen, y me permitió disfrutar los temas que aquí expongo.
- Al Dr. Mitri Raheb, amigo y colega, administrador y visionario, pastor y profeta en la famosa Aldehuela de Belén, que me desafió a escribir esta obra.
- Al *Centro de Estudios Bíblicos de Jerusalén*, que sirvió de marco de referencia académico y pastoral para las investigaciones que culminaron con esta nueva publicación.

- A mis hijos y nueras (Samuel y Yasmín, y Luis Daniel e Ileana), que peregrinaron conmigo el mundo de las Sagradas Escrituras, mientras crecían y se hacían personas de bien.
- A mis nietos (Samuel Andrés, Ian Gabriel y Mateo Alejandro) y nieta (Natallie Isabelle), que espero disfruten esta obra, que también es parte de la historia de nuestra salvación.
- Y a mi esposa, Nohemí, que revisa, descifra, critica, analiza y edita mis manuscritos, con paciencia, profesionalidad y amor.

Mi objetivo académico y profesional, teológico y pedagógico, personal y pastoral, es que podamos incorporarnos, al mundo de la gente sabia, que de acuerdo con el proverbio...

Presta atención, escucha mis palabras;
aplica tu corazón a mi conocimiento.
Grato es retenerlas dentro de ti,
y tenerlas todas a flor de labio.
A ti te las enseño en este día,
para que pongas tu confianza en el SEÑOR.
¿Acaso no te he escrito treinta dichos
que contienen sabios consejos?
Son para enseñarte palabras ciertas y confiables,
para que sepas responder bien a quien te pregunte.
Proverbios 22.17-21

Samuel Pagán
Semana Santa 2018
Jerusalén

I
INTRODUCCIÓN NECESARIA

Canten al Señor, *que se ha coronado de triunfo*
arrojando al mar caballos y jinetes.
Éxodo 15.21

Los comienzos

Todo comenzó con la visión de un grupo de tribus nómadas en las tie-rras de Egipto que entendieron haber recibido en una especial revelación divina: Salir de la opresión que sufrían en Egipto, y liberarse del cautiverio que vivían en la sociedad liderada por el faraón. Y esa salida extraordinaria, de acuerdo con los relatos del libro del Éxodo, se constituyó en el núcleo básico que con el tiempo llegó a convertirse en el A.T., para los creyentes cristianos e iglesias, y en la Biblia hebrea, para los judíos en sus sinagogas. El recuerdo de un acto significativo de liberación nacional se convirtió en el fundamento de una extraordinaria obra literaria, que es, el día de hoy, res-petada y apreciada igualmente por creyentes y no creyentes.

En efecto, la Biblia hebrea es el testimonio elocuente de un pueblo que descubre su identidad y su razón de ser en lo que ellos entienden son actos divinos de liberación, que les apoyan en su deseo de salir de la opresión y llegar a las nuevas tierras de Canaán, en efecto promisorias, y asentarse y vivir como el resto de las naciones en el Oriente Medio antiguo.

Ese recuento significativo se presenta en diversos géneros literarios, para llegar de ese modo a los diferentes sectores del pueblo y también responder a las necesidades variadas de la sociedad. Los actos divinos de la liberación del pueblo de Israel se articulan en himnos, narraciones, cuen-tos, leyendas, proverbios, parábolas, leyes, oráculos… Y del estudio sobrio de esas piezas literarias se desprende un gran conocimiento de la vida del pueblo hebreo y judío, en sus diversos períodos históricos.

23

La gran mayoría de los lectores del A.T. lo hace por razones religiosas. La Biblia hebrea es documento sagrado en las sinagogas y las iglesias, y altamente respetada en las mezquitas. Esa particular motivación se revela inclusive en las formas de disponer el libro, que lo presentan e imprimen como una obra eminentemente religiosa: Escrito en dos columnas, encuadernado en negro y, en ocasiones, con bordes dorados. El presupuesto implícito, espiritual y religioso básico, detrás de este acercamiento, es que en esta singular obra literaria se encuentran enseñanzas que no se descubren en otro tipo de literatura.

El valor religioso de la Biblia hebrea, sin embargo, no agota las posibilidades ni los apetitos de los lectores contemporáneos. Hay quienes llegan a sus páginas para disfrutar una pieza literaria que está a la par con otras obras clásicas del mundo antiguo: Por ejemplo, las tragedias griegas, o las grandes contribuciones literarias de Shakespeare o Cervantes.

Inclusive, hay quienes se acercan a sus mensajes desafiados por sus importantes contribuciones a la civilización occidental. Ciertamente no son pocos los literatos contemporáneos que toman de la Biblia ideas, conceptos, mensajes, personajes, valores y enseñanzas, y las ponen en diálogo con la sociedad actual. Es común, por ejemplo, que la gente de diferentes estratos sociales y niveles académicos, en sus diálogos más íntimos, se refiera a las luchas desiguales como los nuevos encuentros de «David y Goliat», y que describan los gestos de misericordia hacia la gente en desgracia, como las acciones solidarias de los «buenos samaritanos» modernos.

Valores espirituales y teológicos de la Biblia hebrea

El fundamento básico del gran mensaje de la Biblia es el reconocimiento claro y certero de que en su origen mismo se encuentra una experiencia religiosa extraordinaria, significativa y transformadora. Esa gran afirmación teológica se pone en evidencia clara al leer en las páginas del A.T.: Dios se reveló al pueblo de Israel en medio de las vivencias humanas, como Dios Único, Creador de los cielos y la tierra, y Señor del universo y la historia. Y esas profundas convicciones teológicas subrayan la naturaleza profundamente espiritual de las Sagradas Escrituras.

Entre la Biblia hebrea y la cristiana la diferencia fundamental es el N.T., que proclama la vida y las acciones de Jesús de Nazaret, e incluye, además, el testimonio de fe de varios líderes de las primeras iglesias. El A.T. o la Biblia hebrea contiene la esperanza de la llegada del Mesías; y el Nuevo presenta la convicción que ese Mesías esperado ya vino, y se trata de Jesús, el hijo de María de Nazaret y de José de Belén, también conocido como el Cristo de Dios, que es la forma griega de indicar que aquel predicador galileo era el muy esperado ungido del Señor.

De importancia capital en la teología de la Biblia hebrea está el tema del pacto o la alianza de Dios con el pueblo de Israel. Esta relación, de acuerdo con el testimonio escritural, no se fundamenta en las virtudes del pueblo ni se basa en alguna acción positiva de Israel. Por el contrario, de forma libre y espontánea, el Dios que crea y libera, se compromete solemnemente a ser Señor y Redentor del pueblo, y reclama el cumplimiento de una serie de leyes y estipulaciones que revelan su verdadera naturaleza divina, relacionada específicamente con los conceptos de santidad y justicia.

Esa singular afirmación teológica de la alianza o pacto de Dios con el pueblo de Israel se repetía con insistencia y regularidad en los eventos cúlticos y en las fiestas solemnes nacionales. Además, los profetas bíblicos se encargaban de recordarle al pueblo ese importante compromiso divino-humano, cuando la comunidad se olvidaba de vivir a la altura de los reclamos éticos y morales de la fidelidad y lealtad que se debía a Dios.

La afirmación continua de esa relación particular de pacto o alianza entre Dios e Israel, en efecto, se encuentra de forma reiterada en los mensajes de los profetas, y en las enseñanzas de los sabios, en los poemas más hermosos y significativos de los salmos, y en las memorias históricas del pueblo. Los primeros se dedicaban a recordarle al pueblo la naturaleza de la alianza y las implicaciones morales y espirituales del compromiso; y los otros, se encargaban sistemáticamente de transmitir, de generación en generación, las virtudes del pacto, y se dedicaban también a actualizar las repercusiones e implicaciones de la alianza en toda la vida del pueblo. La memoria nacional de Israel, que aludía a sus orígenes y llamado, era fortalecida de forma continua en las instituciones nacionales.

Ese particular sentido de llamado y elección debe ser entendido con propiedad teológica, responsabilidad histórica y discernimiento moral. El propósito de esa singular relación divino-humana no revela actitudes de discrimen y rechazo hacia otras naciones y comunidades, tanto antiguas como modernas. El pueblo de Israel fue seleccionado y elegido para llevar el mensaje del Dios único y verdadero al resto de las naciones, por su condición de esclavo, por su estado precario de salud social y política, por su fragilidad nacional. De esta forma se convierte en canal de bendición para el resto de la humanidad. La elección es la respuesta divina a la opresión y el discrimen que vivía el pueblo en Egipto, no es un signo de discrimen étnico.

No es la finalidad teológica de estas narraciones, que se fundamentan en convicciones religiosas profundas y firmes, brindar al pueblo de Israel algún tipo de licencia divina para discriminar con alguna justificación religiosa, en respuesta a sus cautiverios previos y penurias antiguas. Por el contrario, el pueblo de Israel es llamado por Dios para ser agentes de liberación y esperanza para la comunidad internacional, pues ellos ya experimentaron, según el testimonio escritural, la acción liberadora de Dios.

No fue elegido Israel por alguna virtud étnica, de acuerdo con las narraciones bíblicas, sino porque estaban cautivos en Egipto, porque sufrían las penurias de la opresión, porque vivían la angustia de la persecución por parte de las autoridades políticas de Egipto. El fundamento primordial para la selección divina fue la fragilidad humana y nacional, no el descubrimiento de características especiales del pueblo. El Dios eterno y liberador respondió al clamor de un pueblo en necesidad, y esa respuesta al reclamo humano fue el contexto básico para la selección del pueblo de Israel. Por estas razones teológicas, nunca debe utilizarse la experiencia de fe de individuos o comunidades para justificar la opresión y el cautiverio, o para manifestar actitudes de prepotencia política y arrogancia religiosa, espiritual, cultural o nacional hacia otros individuos, comunidades, sectores o grupos étnicos. El pacto o alianza de Dios con Israel es una manifestación concreta de la gracia divina, que desea llegar a toda la humanidad a través de una comunidad histórica definida.

Entre las ideas sobre Dios que se revelan en el A.T., se incluyen las siguientes, que no pretenden agotar el tema.

Dios es creador. Desde las líneas iniciales de la Biblia hasta sus ideas finales, ya sea en la Biblia hebrea o el N.T., se manifiesta una vertiente muy fuerte y definida que afirma que el mundo, de la forma que está organizado, no es el resultado de la casualidad histórica ni del azar cósmico, sino producto de la acción divina inteligente, organizada y programada. Y esa importante declaración teológica, se revela con claridad meridiana tanto en las antiguas narraciones épicas de la Biblia (Gn 2.7, 21-22), como en la poesía (Sal 139.7-8, 13, 15-16), y también en los mensajes proféticos (Is 40.12-31; 45.8-13).

En efecto, el Dios bíblico es el Señor que crea el cosmos, la naturaleza, la flora y la fauna, y como culminación de esos procesos de creatividad extraordinaria, crea a los seres humanos a su imagen y semejanza. Y de acuerdo con el testimonio del libro de Génesis, que también se manifiesta en el resto de la literatura bíblica, el proceso dinámico de creación, que es una forma de establecer orden y separar espacios definidos en el mundo, se lleva a efecto mediante la palabra divina: Dios ordena, y la naturaleza responde...

De singular importancia en la teología del canon bíblico, es que el mensaje escritural comienza en Génesis con la creación de «los cielos y la tierra» (Gn 1.1-3), y finaliza, en el libro de Apocalipsis, con la creación de «los cielos nuevos y la tierra nueva» (Ap 21—22). En efecto, el gran paréntesis teológico, que cubre toda la teología bíblica y las narraciones escriturales, es la creación divina.

Dios es santificador. Este tema es de fundamental importancia en la teología bíblica, especialmente en las comunidades sacerdotales y los círculos cúlticos y litúrgicos (Lv 17—25). La santidad divina, que es un atributo insustituible del Dios de Israel, es un concepto que pone de manifiesto la creatividad e imaginación de los teólogos en las Escrituras. Para profetas como Isaías, el tema cobró importancia capital, pues destacaba las cualidades de Dios en contraposición a las divinidades extranjeras (Is 45.20-25), representadas por los imperios internacionales que amenazaban la estabilidad social y económica, independencia política y militar, y la salud mental y espiritual del pueblo. Una afirmación teológica adicional merece especial atención en el análisis de este importante concepto bíblico. De acuerdo con las leyes sacerdotales, Dios mismo demanda y reclama la santidad del pueblo, para que se manifieste con claridad la continuidad ética divina-humana. Con la solemne declaración «sean santos, porque yo soy santo» (Lv 19.2), se pone claramente de manifiesto el corazón del concepto. En el contexto de las leyes que regulan los comportamientos humanos, y que también manifiestan las preocupaciones éticas y morales de la Torá, se destaca y subraya el imperativo categórico de vivir a la altura de las leyes y los preceptos de Dios. De acuerdo con las enseñanzas del Pentateuco, la santidad no es un tema secundario, bueno para la especulación filosófica; por el contrario, es un valor indispensable y necesario para el gobierno y la administración de los procesos decisionales de la vida.

Dios es liberador. Las lecturas bíblicas sistemáticas descubren sin mucha dificultad que la liberación es un tema de gran importancia histórica y teológica en las Sagradas Escrituras. Las diversas formas de liberación que se incluyen, tanto en el A.T. como en el N.T., son, en efecto, expresiones concretas del poder divino y de la misericordia del Señor. Y esas manifestaciones de la autoridad y las virtudes de Dios, le permiten a individuos y naciones romper con las dinámicas que le cautivan y le impiden desarrollar el potencial que tienen. Según la revelación en las Escrituras, el Dios bíblico es esencialmente libertador.

El libro de Éxodo es el relato básico, de acuerdo con los escritores y redactores del Pentateuco, de la gesta inicial y fundamental de liberación del pueblo de Israel del cautiverio ejercido sobre ellos por el faraón de Egipto. Esa característica divina rechaza, de forma categórica, abierta y firme, los cautiverios y las acciones que atentan contra la libertad humana. La salida de Egipto, aunque representó el evento fundamental para la constitución del pueblo de Israel, era también una enseñanza continua. Dios no creó a las personas ni a los pueblos para que vivieran cautivos, sojuzgados, perseguidos, derrotados, angustiados, disminuidos y destruidos: Los creó para que disfrutaran la libertad con que fueron creados.

Dios es justo. Y relacionado con el importante tema de la liberación, se pone en evidencia clara en las páginas de la Biblia la afirmación teológica de que Dios es justo. Esa declaración y comprensión teológica, es una forma efectiva de traducir las virtudes eternas y extraordinarias de Dios, en categorías humanas concretas, asimilables, entendibles, compartibles... La justicia divina es un tema que no debe reducirse a los diálogos teológicos del pueblo y sus líderes, sino que demanda su aplicación concreta y efectiva en medio de las realidades cotidianas de la existencia humana, y entre las acciones y negociaciones nacionales e internacionales. La gran crítica de los profetas a los líderes del pueblo era que, aunque participaban de algunas experiencias cúlticas y religiosas significativas en el Templo, no ponían en práctica las implicaciones concretas de las enseñanzas religiosas. Para los profetas de Israel, la implantación de la justicia era el criterio fundamental e indispensable para evaluar las acciones de las personas, particularmente las decisiones de los reyes.

El Mesías. Otro gran tema del A.T., que tiene fundamental importancia e interés en la lectura cristiana de la Biblia, es la teología del Mesías. Esta teología se manifiesta de forma gradual, continua, creciente y firme en la Biblia hebrea, pero cobra dimensión nueva en el período intertestamentario, y se fortalece en varias secciones proféticas y apocalípticas del A.T. Los profetas hablan con autoridad, expectativa y esperanza de la era mesiánica.

La esperanza mesiánica adquiere notoriedad y protagonismo en el N.T., pues los primeros cristianos identificaron la promesa del advenimiento del Mesías con la aparición de la figura histórica de Jesús de Nazaret. Las grandes esperanzas veterotestamentarias, de acuerdo con el mensaje de las iglesias primitivas y las enseñanzas de los primeros apóstoles, se hizo realidad en la vida y las acciones sanadoras, pedagógicas y homiléticas del famoso predicador galileo.

Dios es paz. Y en el contexto de estas enseñanzas teológicas, el A.T. presenta un mensaje capaz de llevar salud mental y espiritual a quienes lo leen, estudian y aplican. El importante concepto bíblico de *shalom*, que en castellano se ha vertido generalmente como «paz», tiene una acepción más amplia y profunda en el idioma hebreo. Ese *shalom* no se relaciona únicamente con la eliminación de las dificultades, ni tampoco con los deseos de superar los conflictos con sentido de inmediatez, sin tomar en consideración las implicaciones futuras de las decisiones.

La «paz» bíblica se relaciona inminentemente con las ideas de bienestar, salud, prosperidad, abundancia, gozo, felicidad. Es un valor que incluye los conceptos de sentirse completo, bendecido, feliz, dichoso, bienaventurado. La experiencia religiosa que incentiva y promueve ese tipo de paz, contribuye de forma sustancial y significativa a la salud emocional, social y espiritual de sus adeptos.

La paz en la Biblia es el resultado de la implantación concreta y específica de la justicia... No es un estado emocional que evade sus realidades ni respeta las adversidades de la vida. Por el contrario, es una actitud de seguridad y afirmación que le permite a la gente enfrentar los mayores desafíos de la existencia humana con sentido de seguridad, optimismo, realidad y esperanza.

Los nombres de la Biblia

Las formas de identificar y referirse a la Biblia hebrea son varias, y pueden distinguirse tanto por su origen como por su antigüedad. La expresión «Sagrada Escritura» es de origen bíblico, y se remonta a las formas que la versión de los LXX se refería a los libros sagrados (p.ej., 1Cr 15.15; 2Cr 30.5; Esd 6.18). Posteriormente, los escritores del N.T. adoptaron y adaptaron esa terminología en el desarrollo de su literatura. Y entre las formas que utilizaron, se encuentran las siguientes: «Escrituras» (Mt 21.42; 22.29; 26.54; Mr 12.10, 24, 42, 49; Lc 24.27, 32, 45 Jn 2.22; Rm 11.2; Gá 3.8); «Sagradas Escrituras» (Rm 1.2; 2Ti 3.15); y «Escritura es inspirada por Dios» (2Ti 3.16).

La palabra «Biblia» proviene directamente del idioma griego *biblía*, que es el plural neutro del singular *biblíon*, que significa esencialmente «libro», pero en diminutivo. Del griego pasó al latín, *biblia o bibliorum*, donde se transformó en singular femenino, y se utilizó para designar un conjunto de libros sagrados, de procedencia tanto judía como cristiana. De esa forma se singularizó la expresión, y «Biblia» se refiere, en castellano, no solo al grupo de obras religiosas antiguas independientes, sino al conjunto de ellas, para afirmar de esa forma la unidad de la colección. El termino «libro», en el peculiar sentido de «biblia», que enfatiza la singularidad, se encuentra tanto en Daniel (Dn 9.2; DHH) como en el segundo libro de los Macabeos (2M 8.23). Fue el patriarca de Constantinopla, San Juan Crisóstomo, quien utilizó la palabra Biblia, como nombre propio, por primera vez para referirse a las Sagradas Escrituras.

Las referencias al A.T. y al N.T. tienen también un fundamento bíblico. La expresión «testamento» corresponde al término griego (*diatheke*), que la Septuaginta (LXX) utiliza para traducir el hebreo «alianza» o «pacto» (*berit*). De esta forma, la palabra se utilizó, primeramente, para significar el pacto de Dios con el pueblo de Israel, y posteriormente, para aludir a la nueva alianza de Cristo con su iglesia. Así, la antigua alianza y el nuevo pacto con el tiempo vinieron a identificar las Escrituras hebreas y las cristianas.

En la actualidad, sin embargo, algunos estudiosos de las Escrituras evitan la referencia al Antiguo y Nuevo, pues pudiera presuponer algún tipo de juicio valorativo, en el cual lo nuevo es mejor y sustituye lo antiguo. Aunque esa no fue la intensión de los escritores bíblicos, ni tampoco el propósito de las iglesias al utilizar esas designaciones, los creyentes contemporáneos deben ser sensibles a esa situación lingüística, que tiene serias implicaciones teológicas.

Para cambiar esa sensación, se ha propuesto utilizar las expresiones «Primer y Segundo Testamento». Esas designaciones, sin embargo, no están exentas de críticas, pues no revelan la gran tradición histórica que han vivido estos importantes documentos religiosos.

Otras designaciones antiguas de los libros bíblicos incluyen las siguientes: «*instrumentum*» (Tertuliano), que destaca el uso de las Escrituras como instrumento o documento de fe y autoridad; «Sagradas Letras» (San Agustín); y «*testimonium divinum*» (San Jerónimo). Las formas de identificar los diversos libros del A.T. se relacionan con las dos tradiciones mayores que los transmitieron en la antigüedad. En la Biblia hebrea se conocen los libros según la primera palabra del escrito: Por ejemplo, *Bereshit*, «en el principio», constituye la primera expresión del libro. De acuerdo con la tradición griega de la LXX, sin embargo, los libros se identifican de acuerdo con el tema y contenido que destacan. De esa forma, el primer libro de la Biblia es el Génesis, porque contiene la información de los comienzos del mundo y la historia.

Desde la perspectiva judía, la Biblia hebrea se conoce como *Tanak*, que es un acrónimo que une las primeras letras de las palabras **T**orá (o los libros de Moisés, el Pentateuco), **N**eviim (o los libros proféticos, anteriores y posteriores), y los **K**etubim (o Escritos, que incluye el resto del Antiguo Testamento; es decir, la literatura poética, cronista, sapiencial y apocalíptica).

Las diferencias entre la Biblia hebrea y el Antiguo Testamento no son muchas, pero significativas e importantes: Por ejemplo, el orden diferente de los libros (el A.T. finaliza con una profecía en torno al Mesías que viene, y la Biblia hebrea culmina con una referencia al fin del exilio babilónico), y el número de libros que incluyen (las ediciones que se basan en la Septuaginta y la Vulgata incluyen los libros apócrifos o deuterocanónicos, que posiblemente son de origen griego, y son obras que no aparecen en las Biblias hebreas).

El canon de las Escrituras

Un detalle importante al estudiar la literatura judía antigua es descubrir que la Biblia no incluye todos los libros que se produjeron en esas épocas. Inclusive, la misma Biblia alude a obras que ya no poseemos, como el libro del Justo (Jos 10.13; 1S 1.18), que debe haber sido una colección antigua de poemas ya desaparecidos. El canon actual de la Biblia no tiene todos los libros de la comunidad hebrea de la antigüedad, sino que revela un proceso crítico de evaluación y aceptación.

La palabra «canon», que se utiliza para identificar la lista de libros que se aceptan como inspirados por Dios y aceptados con autoridad por las iglesias y los creyentes, se deriva del término griego que describe una regla o caña para medir o, inclusive, alude a un modelo. La expresión, en su traducción al castellano y significación religiosa, se relaciona con los libros que han sido aceptados como genuinos y autoritativos, tanto en las iglesias como en las sinagogas. De esta forma, la palabra «canon» describe adecuadamente los libros que integran y forman parte de las Biblias, tanto judías como cristianas.

Sin embargo, las comunidades judías difieren de las cristianas en torno al grupo de libros que aceptan como fundamento de su fe y sus prácticas religiosas, además del orden en que se encuentran. Junto al A.T. o la Biblia hebrea, las iglesias han incorporado y aceptado el N.T. (que contiene los mismos libros en todas las confesiones), con sus veintisiete libros, que incluyen una nueva perspectiva de la vida y la experiencia religiosa, fundamentada en las enseñanzas y los mensajes expuestos por Jesús de Nazaret y sus seguidores.

Inclusive, diversas confesiones cristianas difieren en torno al número de libros que constituyen el A.T. Por ejemplo, las iglesias que fundamentan sus versiones de la Biblia en la tradición de la Septuaginta (LXX) y la Vulgata (V) (p.ej., la Católica y las Ortodoxas), incluyen una serie de libros que no aparecen en las ediciones judías o protestantes de las Escrituras, los llamados «Deuterocanónicos», entre los católicos, o «Apócrifos», entre los protestantes o evangélicos.

A continuación se incluyen las listas de los libros de acuerdo con los cánones judío y cristiano de la Biblia. Mientras que el canon judío se fundamenta en libros que se escribieron en hebreo, los libros deuterocanónicos en su edición actual aparecen en griego. Y fundamentadas en ese argumento lingüístico, además de otros análisis teológicos, las iglesias asociadas a la Reforma Protestante no han aceptado estos libros apócrifos como parte de sus Biblias. Esas ediciones protestantes o evangélicas de la Biblia siguen la tradición judía al no aceptar esas obras como parte de su canon. La palabra griega «apócrifo», relacionada con esos libros, significa «ocultos». La implicación, en círculos protestantes, es que no tienen el mismo peso de revelación ni la autoridad doctrinal que el resto del canon. Cuando se editan Biblias para comunidades protestantes con los libros deuterocanónicos, se agrupan en una sección entre los testamentos bajo el título «Apócrifos».

Otras iglesias, por ejemplo, como las ortodoxas y las etíopes, contienen en sus cánones del A.T. otros libros que no se incluyen entre los deuterocanónicos católicos, aunque sí aparecen entre los apócrifos protestantes: p.ej., 1 Esdras y la Oración de Manasés.

El proceso de canonización de la Biblia hebrea, que sirvió de base para las Escrituras cristianas, tomó mucho tiempo. La primera sección en ser reconocida con autoridad por la comunidad fue la Ley o Pentateuco, la primera sección de las Escrituras; el resto de los libros de la Biblia hebrea, de alguna forma directa o indirecta, aluden a la revelación divina que se ponen en evidencia en la Torá. Ya a finales de la época monárquica en Israel, se reconoció el valor y la autoridad de, por lo menos, algunas secciones de la Ley, pues fue base para algunas reformas religiosas y sociales de gran importancia en Jerusalén.

Posteriormente, la sección de los Profetas fue reconocida como parte de los documentos inspirados, en el período postexílico, al igual que la llamada historia deuteronomista. Y esa sección histórica incluye desde el libro del

Deuteronomio al segundo libro de los Reyes. La sección de los Escritos fue la más que se tardó en ser reconocida como canónica, pues incorpora literatura postexílica que estaba en proceso de redacción. Ya para el siglo II a.c., las tres secciones mayores de la Biblia hebrea se habían reconocido con alguna autoridad, de acuerdo con el prólogo al libro de Eclesiástico. Las iglesias cristianas siguieron esa tradición, pues esa fue la única Biblia que leyó y estudió Jesús de Nazaret, y que recibieron y analizaron los primeros apóstoles y las iglesias primitivas.

La Biblia hebrea que utilizaron los cristianos de habla griega fue mayormente la versión Septuaginta (LXX). Esa Biblia, que era la traducción al griego de los textos hebreos, provino de Alejandría, donde los judíos helenísticos tenían un canon más extenso que sus correligionarios de Palestina. La LXX incluye los llamados libros Deuterocanónicos, y la disposición de los manuscritos que tenemos a disposición representa una estructuración con un fundamento teológico claro y bien definido: La historia de Israel llega a su culminación con el advenimiento del Mesías, el Cristo, que para las iglesias primitivas era Jesús de Nazaret. La LXX finaliza con la promesa divina en el libro del profeta Malaquías (Mal 4.5-6), que el Señor enviaría un nuevo Elías, que posteriormente en el N.T. se relaciona directamente con Juan el Bautista (Mt 1.1—3.17).

Los géneros literarios de la Biblia hebrea

El mensaje histórico, teológico y religioso de la Biblia se articula en términos humanos, mediante una serie de géneros literarios que facilitan la comprensión y propician el aprecio de la revelación divina. Para los creyentes, tanto judíos como cristianos, esta revelación bíblica tiene muchas virtudes espirituales, que se manifiestan con vigor en medio de la belleza literaria y estética que se encuentra en sus escritos.

Los escritos bíblicos se pueden catalogar, en una primera evaluación, en los dos grandes géneros literarios: La narración y la poesía. Sin embargo, un análisis más riguroso, minucioso, detallado y sobrio de esta literatura, descubre que entre esos dos géneros mayores, se encuentra una serie compleja y extensa de formas de comunicación que no solo añaden belleza a los escritos sino que facilitan los procesos de memorización y disfrute de la revelación divina.

La lectura de las Escrituras, desde la perspectiva del análisis literario, descubre los siguientes géneros, entre otros:

- Relatos históricos, que pretenden transmitir las experiencias de vida de algunos personajes importantes de la historia de Israel (p.ej., Gn 11.27—25.7). Este tipo de narración alude al pueblo de Israel, presenta a sus personajes más importantes y significativos, y alude a las naciones vecinas y sus gobernantes.

- Narraciones épicas, como la liberación de Egipto, el peregrinar por el desierto Sinaí, o la conquista de las tierras de Canaán, que revelan las gestas nacionales que le brindan al pueblo de Israel sentido de identidad, cohesión y pertenencia (p.ej., Éx 1—15).

- Leyes y documentos legales, que ponen de manifiesto las regulaciones religiosas y las normas éticas y morales que debía seguir el pueblo si deseaba mantener una relación adecuada de pacto con Dios. Estas leyes también revelan la naturaleza divina, que se describe con términos significativos y valores fundamentales, como santidad, justicia, fidelidad y rectitud (p.ej., Éx 19.1—24.18; Lv 17.1—25.55).

- Genealogías, que son piezas literarias de gran importancia y significación para el mundo antiguo, pues intentaban afirmar el sentido de perte- necía y pertinencia de una persona o una comunidad. Estas formas literarias tienen un gran valor teológico en la Biblia hebrea, pues relacionan al pueblo de Israel con la creación del mundo y el origen de la humanidad (p.ej., Gn 5.1-32; 10.1-32; 11.10-31).

- Poemas de orígenes, que son piezas literarias de naturaleza religiosa presentan el inicio de la historia de la humanidad y la creación del mundo desde la perspectiva teológica y espiritual (p.ej., Gn 1.11—3.24). La finalidad no es hacer una descripción científica del comienzo de la vida y la existencia humana, sino afirmar que fue Dios y solo Dios el responsable de la existencia de la naturaleza y de todo lo creado.

- Poemas cúlticos, que eran piezas literarias que se utilizaban como parte de la liturgia en el Templo, y también en las expresiones religiosas individuales de la comunidad judía. Y entre ese tipo de poemas y literatura poética se encuentra el material que se incluye abundantemente en los libros de los Salmos, Lamentaciones y Proverbios.

- Poemas proféticos, que se incluyen en muchos de los mensajes de los grandes profetas de Israel. Estos paladines de la justicia articulaban sus oráculos y comunicaciones en formas poéticas, quizá para facilitar la comunicación y la memorización, y también para incentivar las respuestas positivas al mensaje (p.ej., Is 1.10-18; 43.1-7).

- Literatura sapiencial, que podía ser poética o narrativa, que tomaba la sabiduría popular y las reflexiones del pueblo, y las presentaban en formas pedagógicas para afirmar los valores morales en individuos, desarrollar comportamientos éticos en la comunidad y destacar algunos principios teológicos que pusieran de relieve el compromiso del pueblo en relación a la revelación divina manifestada en el pacto. Este tipo de literatura se encuentra en los libros de Proverbios, Eclesiastés y Job.

Los capítulos y versículos

La disposición moderna de la Biblia, en capítulos y versículos, no proviene de tiempos muy antiguos. Originalmente, las Sagradas Escrituras se presentaban en manuscritos de papiro o cuero que se organizaban por libros, secciones o temas. El sistema de capítulos se introdujo en el siglo XIII por el Obispo de Cantuaria, Stephen Largon. En la ciudad de París (en el año 1231) fue que apareció por primera vez una Biblia dividida en capítulos. La incorporación de los versículos posteriormente se llevó a efecto en Ginebra (en el año 1551). Fue el exiliado tipógrafo protestante francés, Robert Estiénne, que los introdujo para facilitar la identificación de párrafos y la búsqueda de porciones de importancia. Y con estas innovaciones, se editaban las Biblias hasta que llegó la revolución de la imprenta y la Reforma protestante en Europa.

En el siglo XV, la Biblia fue el primer libro en ser publicado con el sistema de imprenta de Gutemberg. Hasta ese momento, las Escrituras solo eran conocidas, leídas y estudiadas por grupos selectos de religiosos. La gente común solo conocía lo que escuchaban de quienes sabían leer y les explicaban sus mensajes. Los manuscritos en círculos de personas literatas eran objeto de veneración, reconocimiento y aprecio, pero eran desconocidos por la gran mayoría de los creyentes que no sabían leer.

El texto hebreo de la Biblia

Hasta los años finales del primer siglo de la iglesia, la Biblia hebrea se transmitía a través de diversas familias y grupos de copistas, que se encargaban de transcribir y procesar cuidadosamente los manuscritos recibidos. Al caer Jerusalén en el año 70 d.C., y con el advenimiento del grupo de los fariseos como los representantes oficiales del judaísmo normativo, surge en la comunidad la necesidad de preservar los textos sagrados con particular esmero y determinación. De esa forma es que surgen los manuscritos que se relacionan con la tradición masorética, que alude al grupo de eruditos judíos que compilaron por el siglo X d.C. los manuscritos de la Biblia hebrea.

La alusión a los «masoretas» hace referencia a la «masora», que es el conjunto de notas y aclaraciones en forma de apéndice que se juntaron al texto bíblico para ayudar en el proceso de comprensión del mensaje escritural. Ese grupo excepcional de eruditos judíos fue el que se encargó de añadir un sistema de vocales a las consonantes con que se transmitió por siglos el texto hebreo. El trabajo de los masoretas fue tan efectivo, que con el tiempo fue remplazando gradualmente otras formas de transmisión de los textos hebreos, hasta el grado que representan los manuscritos más antiguos de la Biblia hebrea, con solo algunas excepciones (p.ej., los documentos descubiertos en Qumrán, en el Mar Muerto), provienen del siglo X d.C. Referente a la efectividad de esos textos masoréticos, es importante indicar que los manuscritos de Qumrán confirman, en la mayoría de los casos, el buen trabajo de los masoretas judíos.

Los libros de la Biblia hebrea fueron escritos en hebreo, aunque hay algunas secciones menores que se encuentran en arameo (p.ej., dos palabras en Gn 31.47; Jer 10.11; Dn 2.4-7,28; Esd 4.8—6.18; 7.12-26), lenguas semíticas que provienen del mismo sector noroccidental del Oriente Medio. Los libros deuterocanónicos se escribieron tanto en hebreo (p.ej., Sirácide, 1 Macabeos, Baruc y algunos fragmentos de Ester), como en griego (p.ej., Sabiduría y 2 Macabeos); además, se conservan algunas copias griegas de posibles previos manuscritos semíticos (p.ej., Tobías, Judit y algunos fragmentos de Daniel).

La escritura del idioma hebreo tuvo tres períodos importantes de desarrollo. El primer tiempo, y el más antiguo, se relaciona con el uso de los caracteres fenicios en la grafía del idioma; posteriormente se utilizó el alfabeto de las consonantes arameas, después del exilio en Babilonia; para finalmente llegar al sistema de las vocales del siglo VI al X d.C.

Las narraciones bíblicas orales más antiguas, se redactaron primeramente con los caracteres fenicios; posteriormente se transliteraron al hebreo con las consonantes arameas; y al final del proceso redaccional, en el Medioevo, se incorporaron las vocales y los demás signos diacríticos, junto a las observaciones textuales hechas por los eruditos masoretas.

Los materiales que se utilizaban para escribir los textos hebreos eran variados: Por ejemplo, desde piedras razas (Éx 24.12; 31.18; 34.1) o cubiertas de cal (Dt. 27.2), hasta tablillas de barro cocido; desde tablas de plomo, bronce, plata u oro (Job 19.24; Is 8.1; 1M 8.22; 14.18, 26), hasta tablas de arcilla (Ez 4.1). Además, se escribía en cuero, papiros y pergaminos, y el instrumento de escribir era el estilete de hierro con punta de diamante, o la caña para escribir en materiales más suaves, como los papiros (Jer 17.1; Job 19.24; 3Jn 13).

Las Escrituras se preparaban, guardaban y disponían en forma de rollos (véase, p.ej., Jr 36.2; Ez 3.1; Zac 5.1; Sal 40.8; Job 31.35): Una larga hoja, o tira de papiro o pergamino, de acuerdo con la extensión del documento, se enrollaba hasta llegar al final, que tenían una especie de bastones que mantenían al rollo en su lugar y facilitaban su manejo. Hacia el siglo II d.C. se comenzó a utilizar las formas de códices en los pergaminos (que era una especie básica de libro), pero los hebreos mantuvieron el sistema de rollos por siglos, antes de implantar finalmente esa nueva tecnología de escritura y administración de documentos.

Los autores originales e inspirados del mensaje bíblico no guardaron sus documentos iniciales o mensajes básicos. En la actualidad solo poseemos copias de copias de esos primeros manuscritos, llamados autógrafos, que no llagaron hasta nuestros días. Posiblemente desaparecieron no mucho después de su redacción, pues los materiales en los cuales se escribía no eran duraderos, como el papiro que se deterioraba con relativa facilidad.

Las copias más antiguas que tenemos de algunas porciones de la Biblia hebrea provienen del siglo II a.C.: En primer lugar, poseemos copias del papiro Nash, y también disponemos de los famosos manuscritos descubiertos en las cuevas de Qumrán, muy cerca del Mar Muerto. La preservación de estos importantes manuscritos se debió principalmente a las condiciones climáticas desérticas de los lugares en donde fueron encontrados. El papiro Nash contiene parte del Decálogo (Éx 20; Dt 5.6-26), y la oración Shemá (Dt 6.4-9). Y los manuscritos de Qumrán contienen numerosas copias de casi todos los libros de la Biblia hebrea, junto a otras obras de gran importancia para la comunidad esenia que vivía en la región del Mar Muerto.

El texto hebreo de mayor autoridad y respeto entre los eruditos el día de hoy es el masorético (TM). Aunque otras familias de manuscritos antiguos, tanto hebreos como griegos, cargan gran peso e importancia en el estudio de la Biblia, el análisis crítico del Texto Masorético (TM) ha revelado que representa una tradición bien antigua, especialmente en referencia a las consonantes de los manuscritos, que fue fijada por un grupo docto, escrupuloso y muy especializado de rabinos por los siglos I y II d.C. Otra familia importante de manuscritos se relaciona con la versión griega de la LXX, que es muy útil para la comprensión de pasajes complejos o la comprensión y traducción de algunas palabras y expresiones difíciles de entender en el TM.

Versiones antiguas de la Biblia hebrea

Las versiones de la Biblia hebrea son las traducciones de esos antiguos manuscritos y textos a los diversos idiomas que hablaba la comunidad judía antigua. Algunas de estas versionas antiguas de la Biblia han jugado un papel protagónico en el desarrollo de las doctrinas de las iglesias y en la diseminación del mensaje cristiano. Ese es el caso de algunas de las traducciones bíblicas al griego y al latín.

Versiones griegas. Entre las versiones griegas de la Biblia, se encuentran la Septuaginta, también conocida como de los Setenta o LXX, y las versiones de Aquila, Teodocio y Simaco. La LXX posiblemente constituye el primer intento sistemático de transmitir el mensaje de la Biblia hebrea en otro idioma. La referencia a «los setenta» proviene de una narración en la Carta de Pseudo-Aristeas, que intenta explicar el proceso milagroso de redacción que experimentó esta particular traducción, en el cual las autoridades judías de Jerusalén enviaron a un grupo de 72 traductores (número que se redondeó a 70), seis por cada una de las tribus tradicionales de Israel, que trabajaron por separado, pero produjeron documentos idénticos. Este tipo de leyenda pone de manifiesto el gran aprecio a esta versión griega de la Biblia hebrea, que tenía el grupo de judíos que vivía en Alejandría, Egipto.

Por varios siglos, la LXX fue la Biblia que utilizaron las comunidades judías de la diáspora, que no dominaban el idioma hebreo. Posteriormente, las iglesias cristianas hicieron de esta versión el texto fundamental para sus usos cúlticos, y también para el desarrollo efectivo de su apologética.

Como la LXX era el texto bíblico usado por los cristianos en sus argumentaciones contra los judíos, con el tiempo, esa importante versión griega se convirtió en una esencialmente cristiana, y las comunidades judías de habla griega comenzaron a utilizar otras versiones. Los judíos, poco a poco, comenzaron a rechazar la versión de los LXX por el uso que le daban los cristianos y por algunas diferencias que presentaba con respecto al texto hebreo. De esta forma paulatina, las versiones de Aquila, Teodocio y Simaco sustituyeron a la LXX, entre los lectores judíos.

De acuerdo con las tradiciones rabínicas, Aquila fue un converso judío del paganismo, oriundo de Ponto, que tradujo la Biblia hebrea al griego, con suma fidelidad al TM. En su traducción, intentó, inclusive, reproducir en griego palabra por palabra del texto hebreo, incluyendo los modismos del lenguaje. Esas características lingüísticas y teológicas hicieron de esta versión griega la más popular entre las sinagogas de la diáspora, posiblemente por cuatro siglos, hasta la entrada la época árabe.

Teodocio fue un judío converso de Éfeso, que por el año 180 d.C. revisó la traducción de los LXX, con la finalidad de atemperarla a las necesidades de la comunidad judía. Esta traducción, sin embargo, aunque era un intento por hebraizar el texto de los LXX, carecía de elementos anticristianos, y fue rechazada por la comunidad judía y apreciada por la cristiana.

Simaco era un judío fiel que con el tiempo se incorporó a las comunidades de los ebionitas. Por el año 200 d.C., y posiblemente para mejorar la traducción de Aquila, revisó nuevamente el texto griego de la Biblia. En esta ocasión, es de notar, que no se apegó tanto a la literalidad del texto hebreo y buscó transmitir con fidelidad el sentido fundamental de los pasajes particularmente difíciles de las Escrituras.

De estas tres versiones griegas, Aquila, Teodocio y Simaco, no tenemos lamentablemente los manuscritos completos. Solo poseemos algunos fragmentos que han sobrevivido parcialmente en las famosas Hexaplas de Orígenes, que consiste en una publicación que dispone siete versiones de la Biblia en paralelo. En esta importante obra, se encuentran inclusive referencias a otras versiones griegas y antiguas de la Biblia, las cuales conocemos principalmente por su ubicación en la obra. De particular importancia son las versiones que se encuentran en las columnas quinta, sexta y séptima.

Versiones arameas. Cuando el hebreo comenzó a ser sustituido por el idioma arameo, después del regreso del exilio en Babilonia, la comunidad judía sintió la necesidad de traducir y presentar sus documentos sagrados en esa nueva lengua. Las versiones arameas de la Biblia se conocen como targúmenes, que proviene del hebreo que significa traducción. Esas nuevas traducciones de la Biblia se utilizaban de forma destacada en las sinagogas, pues vertían al arameo las lecturas bíblicas del idioma hebreo. Servían de base para las liturgias y especialmente las explicaciones, enseñanzas y sermones. Eran esencialmente explicaciones libres, y en ocasiones expandidas o parafrásticas, de los textos bíblicos.

En sus comienzos, estas traducciones se producían de manera oral, pues se llevaban a efecto a la vez que se presentaban los pasajes bíblicos en el culto sinagogal. Con el tiempo, sin embargo, se fijaron en formas literarias, y se les añadían, inclusive, comentarios y reflexiones de naturaleza doctrinal, pedagógica y homilética. A su vez, estas nuevas traducciones de los manuscritos inspirados eran una forma novel de interpretar y aplicar esos importantes textos sagrados.

Existen traducciones arameas o targúmenes de todos los libros bíblicos, con la posible excepción de Esdras, Nehemías y Daniel. Y el uso de estas versiones bíblicas llegó hasta el período neotestamentario, como se desprende de la presencia de los Targum de Job y de Levítico entre los manuscritos de Qumrán.

En torno a la Torá, se han encontrado cuatro targúmenes. El primero, redactado en un arameo babilónico, y ciertamente el más antiguo e importante del grupo, se conoce como el Targum de Onquelos. El manuscrito que poseemos proviene posiblemente del siglo i o ii d.C., y presenta una paráfrasis sobria de las narraciones y las leyes del Pentateuco. Los otros targúmenes se han redactado en arameo palestino, y presentan paráfrasis más libres de los textos bíblicos: El Targum Yerushalmi I o de Pseudo-Jonatán; Targum Yerushalmi II o *Fragmentarium*, del cual se conservan solo unos 850 versículos; y el Targum Neophyti, que se encontró en la Biblioteca del Vaticano en el 1956.

Referente a la sección de los profetas o *Neviim* en la Biblia hebrea, el Targum de Jonatán ben Uzziel contiene las traducciones parafrásticas de los profetas anteriores y posteriores. Aunque es de origen palestino, este targum recibió su edición definitiva en Babilonia en los siglos iii y iv d.C. Se atribuye a Jonatán, que es posiblemente un discípulo distinguido de Hillel, el gran rabino del siglo i d.C.

De los Escritos o *Ketubim* existen manuscritos de casi todos sus libros, y de Ester se poseen tres. Redactado en un arameo palestinense, contiene traducciones e interpretaciones del texto bíblico que provienen de diversos períodos históricos y de diferentes autores. Su edición definitiva se produjo en los siglos viii y ix d.C.

Otras versiones antiguas. Otras versiones del texto hebreo circularon en diferentes contextos judíos y cristianos en la antigüedad. Entre ellas, de particular importancia, son las traducciones al latín y al sirio, que han tenido un uso generalizado en las iglesias.

1. Versiones occidentales. Entre estas versiones occidentales, las versiones latinas merecen especial atención, por su importancia en la historia de la iglesia, y en la exégesis y el desarrollo doctrinal. La primera de estas versiones es la *Vetus Latina*, que es la forma tradicional de referirse a las traducciones al latín antes de la obra de San Jerónimo. El propósito de estos esfuerzos de traducción bíblica incluía la expansión del cristianismo por todo el mundo conocido de Occidente, en un momento en que el latín se había convertido en lengua principal de la región.

Dos de estas versiones griegas merecen especial atención: La primera proviene del África, c. 150 d.C.; y la segunda, posiblemente de Roma, entre los siglos ıı y ııı d.c. Esta segunda versión latina es superior a las otras versiones por la fidelidad el texto hebreo y la claridad en la comunicación. El texto base para el A.T. fue la LXX.

La versión de la Biblia conocida como la Vulgata ha jugado un papel protagónico en la historia de la iglesia cristiana, pues se convirtió en texto bíblico oficial de la Iglesia Católica hasta épocas muy recientes. San Jerónimo llevó a efecto esta traducción (383-404/6 d.C.), en la histórica ciudad de Belén, por encomienda expresa del Papa San Dámaso que quiso tener una edición de la Biblia que ayudara a superar las dificultades textuales y las confusiones teológicas que generaban los diversos esfuerzos latinos de traducción previos.

De los esfuerzos de traducción de San Jerónimo, el más importante, posiblemente, es la traducción del A.T., que llegó a formar parte de la Vulgata y se convirtió en el documento bíblico definitivo de las iglesias por siglos. Esa traducción se basó en el texto hebreo que se utilizaba en la sinagoga local de Belén, que era un texto en la tradición del TM. El trabajo de San Jerónimo incluyó la traducción de todos los libros del protocanon, y de los libros deuterocanónicos de Tobías y Judit. Tradujo, además, las secciones apócrifas o deuterocanónicas de Daniel del texto griego de Teodocio.

Entre las características fundamentales de la Vulgata Latina, se encuentran la fidelidad que manifiesta a las lecturas del texto hebreo y la gran capacidad de comunicación y elegancia del latín. Una de sus preocupaciones básicas fue hacer inteligible el mensaje bíblico, añadiendo, inclusive, en ocasiones, alguna nota marginal que expandía la comprensión de algún término o explicaba con sencillez y profundidad conceptos de importancia teológica, por ejemplo, como las referencias al Mesías.

Respecto a la Vulgata, debemos añadir que el Papa Paulo VI creó una especial comisión pontificia para la revisión de este texto latino antiguo. De esos importantes esfuerzos y trabajos, se produjo la Neovulgata, que es una edición latina de la Biblia que, aunque conserva en su mayor parte la antigua traducción de San Jerónimo, incorpora en sus textos los descubrimientos, las contribuciones y los progresos de las ciencias bíblicas contemporáneas. Su utilidad actual se relaciona con la liturgia y la exégesis. Desde la perspectiva técnica y científica, esta nueva edición de la Biblia en latín se fundamenta en los mejores textos críticos, tanto del A.T. así como del N.T.

Otras versiones occidentales de la Biblia merecen alguna consideración, como son las traducciones a las lenguas gótica y eslava. De la primera, debe indicarse que es la obra literaria de más antigüedad en lengua teutónica, y fue realizada por el Obispo Ulfilas a mediados del siglo ɪᴠ d.c. ¡Para su redacción se necesitó crear un nuevo alfabeto! Y referente a la eslava, es menester indicar que la primera versión se produjo con una finalidad esencialmente litúrgica, por los hermanos Cirilo y Metodio (siglo ɪx d.c.). Esta versión constituye el texto eclesiástico básico para las iglesias eslavas desde el siglo xv d.c.

2. *Versiones orientales.* Las versiones de las Sagradas Escrituras en el mundo eclesiástico del Oriente son principalmente las Biblias en los idiomas sirio, copto, armenio, etíope, georgiano y árabe. Estas ediciones de la Biblia contribuyeron sustancialmente a la expansión del cristianismo y al desarrollo de las grandes doctrinas de las iglesias de esta región.

En esta tradición de traducciones bíblicas una versión siria merece tratamiento especial. Conocida desde el siglo x d.c. como la Peshita (que significa corriente, común o usual), es una obra de varios autores, aunque no podemos precisar si fueron judíos o cristianos. La traducción del A.T. se llevó a efecto en el siglo ɪɪ d.c., y se fundamentó en algunos manuscritos hebreos con diferencias importantes del TM. Posteriormente fue revisada y corregida a la luz de la versión de LXX. Desde muy temprano en la historia, esta versión gozó de gran popularidad entre los cristianos de habla siria, y contribuyó de forma destacada a la expansión del cristianismo en esa región.

La versión de la Biblia al idioma copto obedece al rápido crecimiento del cristianismo en Egipto. Hay cuatro versiones coptas, y de ellas, la bohaírica, ha sido las más difundida y utilizada por las iglesias. Inclusive, esta versión copta ha permanecido en la liturgia hasta nuestros días. La traducción del A.T. proviene de los siglos ɪɪ y ɪɪɪ d.c., y se basó en la versión LXX.

En el idioma armenio, la Biblia fue traducida en el siglo ᴠ d.C., y utilizó como base, posiblemente, la versión siria o Peshita, que se incluye en la obra Hexapla de Orígenes. Se conoce como la reina de las versiones de la Biblia, por la calidad literaria de la traducción.

La traducción de la Biblia al idioma etíope se inició, posiblemente, a mediados del siglo ɪᴠ d.C., y utilizó como base el texto de la LXX. La versión georgiana proviene del siglo ɪᴠ d.C. Y las traducciones al árabe, que se llevan a efecto después del desarrollo del Islam y la conquista árabe del Oriente, vienen del siglo ᴠɪɪɪ d.C. (aunque el evangelio se predicó en lengua árabe quizá desde antes del siglo ɪɪɪ d.C.), y el A.T. se tradujo tomando en consideración los textos hebreos, la LXX y la Peshita.

3. *Versiones políglotas europeas.* Durante el Medioevo, los esfuerzos por traducir la Biblia a los diversos idiomas nacionales, continuó e inclusive, incrementó. Esos proyectos, sin embargo, no siempre intentaban producir todas las Sagradas Escrituras. Eran más bien proyectos parciales. Y en ese contexto de traducción y producción de Biblias, específicamente en Europa,

comenzaron a imprimirse una serie multilingüe de ediciones de las Escrituras, que se conocen como las Biblias políglotas. Estas Biblias contenían, por lo general, las lenguas originales y uno o más versiones a diversos idiomas europeos.

Entre las ediciones más importantes de las Biblias políglotas, se encuentran cuatro, que se conocen como ediciones «mayores», y se identifican por el nombre de la ciudad donde fueron editadas e impresas.

- Políglota Complutense o de Alcalá: 1514-1517, 1522
- Políglota de Amberes o Antuerpiense o Regia: 1569-1572
- Políglota Parisiense: 1629-1645
- Políglota Londinense o Waltoniana: 1645-1657

Traducciones de la Biblia al castellano

Como el latín se mantuvo como la lengua literaria en España hasta mediados del siglo xii, las traducciones al idioma del pueblo, que ya manifestaba características propias y definidas, se pospuso hasta esa época. Entre los siglos xiii y xv se produjeron varias traducciones en lengua castellana, tanto por eruditos judíos como cristianos. De particular importancia fueron las Biblias traducidas por judíos y protestantes en el siglo xvi.

Posiblemente, la más famosa de las traducciones judías castellanas de ese período es la Biblia de Ferrara o Biblia de los Hebreos (1533). Luego apareció la muy celebrada traducción de Casiodoro de Reina, impresa en Basilea, y conocida como la Biblia del Oso, por el grabado en su portada (1569). Esa importante versión castellana fue seriamente revisada por Cipriano de Valera (1602) en Ámsterdam. Esta edición revisada de la Biblia, conocida como la tradición de traducciones Reina-Valera, ha sido una de las más importantes en el mundo de habla castellana, particularmente en comunidades protestantes o evangélicas, en sus diversas revisiones, hasta el siglo xxi.

Junto a la tradición Reina-Valera, se pueden identificar otras versiones castellanas de la Biblia que poseen gran importancia, ya sea por su calidad literaria y fidelidad a los originales, o por el uso que tienen en las comunidades de fe, tanto católicas como protestantes o evangélicas. A continuación se identifican algunas de las Biblias castellanas más prominentes, con su fecha de publicación, identificadas por su traductor principal o por la casa editora. La siguiente lista no pretende ser exhaustiva ni completa. Es solo una guía de estudio.

- Felipe Scio de San Miguel: 1790-1793
- Félix Torres Amat: 1823-1825
- Eloíno Canar Fuster y Alberto Colunga: 1944, Rev. 1974

- José María Bover y Francisco Cantera: 1947, Rev. 1962
- Francisco Cantera y Manuel Iglesias González: 1975
- Juan Straubinger: 1948-1951
- Biblia de la Casa de la Biblia: 1966, Rev. 1992
- Martín Nieto: 1965, Rev. 1988
- Biblia de Jerusalén: 1967, Rev. 1975
- Biblia para la iniciación cristiana: 1977
- Biblia latinoamericana: 1969
- La Biblia. Dios habla hoy: 1979
- La Nueva Biblia Española: 1975
- La Biblia de Navarra: 1975-2002
- El libro del pueblo de Dios. La Biblia: 1981
- La Biblia Reina-Valera: 1909, 1960, 1995
- La Biblia. Nueva Versión Internacional: 1999

Diversos métodos para el estudio de la Biblia

La Biblia es un documento complejo, tanto por su extensión y antigüedad, como por la variedad de géneros literarios que expone, y los asuntos y temas que presenta. Sin embargo, por su naturaleza religiosa, y también por los valores morales y espirituales que tiene entre las personas creyentes, su estudio riguroso y ponderado, para que sea provechoso, demanda la elaboración de metodologías que contribuyan positivamente a apreciar su carácter, descubrir el sentido, disfrutar sus enseñanzas, facilitar su comprensión, y propiciar la aplicación de los valores expuestos.

Para atender esas importantes necesidades de comprensión, se han desarrollado con el tiempo diversas formas de estudiar las Escrituras, para superar las complejidades y dificultades que se manifiestan en estos documentos. Cada metodología contribuye, desde su particular perspectiva, al esclarecimiento de los asuntos expuestos, y al entendimiento de los principios y conceptos que se articulan y enuncian.

En el mundo de las ciencias bíblicas y los análisis rigurosos de las Escrituras, este tipo avanzado de metodología de estudio se identifica con la expresión «crítica» que, lejos de ser una expresión peyorativa hacia las Sagradas Escrituras, alude al análisis profundo, a la evaluación sosegada, y a la ponderación cuidadosa de los documentos y los libros estudiados. En ese proceso, se analizan detenidamente los acentos, las palabras, los silencios, las frases, los pasajes, las secciones y los libros de la Biblia desde diversas perspectivas, por ejemplo, las estructurales, literarias y temáticas.

La crítica de las fuentes está interesada en el análisis de la estructura literaria, el vocabulario y el estilo que se manifiestan en los textos bíblicos, para así descubrir las diversas tradiciones orales y escritas que lo componen. Ese particular tipo de estudio nos puede ayudar a precisar las posibles fechas de composición del pasaje escritural bajo consideración. Esta metodología ha sido de gran utilidad para la comprensión, por ejemplo, del Pentateuco, con la llamada «teoría documentaria», que intenta descifrar sus complejos procesos de transmisión oral y literaria, y la final redacción y edición de la obra, al identificar y analizar las diversas fuentes que lo componen.

Otra forma de estudios bíblicos de gran importancia se conoce como la crítica de las formas. En esta metodología se intenta analizar las formas literarias de los pasajes estudiados, para relacionar esas porciones con las fuentes orales previas a su fijación escrita. Con este análisis, además, se desea comprender el proceso de transmisión de oral o literaria del pasaje, antes de adquirir su forma definitiva en la Biblia. Con esta metodología se han estudiado, por ejemplo, las narraciones de los patriarcas y matriarcas de Israel, y también los Salmos. El resultado de estos estudios ha beneficiado en gran manera la comprensión de estos textos, pues nos ha permitido entender mejor los entornos históricos y sociales en que esos pasajes antiguos fueron transmitidos de generación en generación.

La crítica de la redacción es la metodología que desea identificar los diversos géneros literarios y los temas de los libros de la Biblia, para descubrir las fuerzas teológicas y temáticas que motivaron a los autores sagrados a relacionar esos materiales antiguos. Este tipo de análisis contribuye sustancialmente a la comprensión de los pasajes bíblicos en su forma canónica final, que es una gran ayuda en la aplicación de las dinámicas hermenéuticas. Al aplicar este método de estudio bíblico a los dos relatos de creación de Génesis (Gn 1.1—2.3a; 2.4b—3.24), por ejemplo, se descubren, entre otras, una serie importante de diferencias temáticas, teológicas, estilísticas y literarias.

Para atender el texto bíblico en su forma canónica, definitiva y final, se han elaborado diversas formas de críticas literarias. El objetivo de esta metodología es descubrir el significado que tenía alguna porción bíblica para la comunidad antigua que lo escuchó. Estas formas de estudios bíblicos analizan las Escrituras para descubrir sus virtudes estéticas significativas, que contribuyen de forma destacada al descubrimiento y disfrute del sentido de los pasajes.

Este método es una manera de reaccionar a los procesos de estudios bíblicos que se especializan en descomponer los pasajes en diversas partes y secciones, tanto orales como literarias. Es una forma de tomar muy seriamente en consideración lo que, en última instancia, produce sentido en la persona que lee algún pasaje: Su estado literario final, que ciertamente es el documento que poseemos y podemos estudiar con seguridad.

El estudio de las parábolas de Jesús se ha beneficiado grandemente de estos análisis literarios, pues el descubrimiento de sentido requiere que las personas que leen y estudian estas piezas literarias, se incorporen en el proceso pedagógico, y que se sientan aludidas e interpeladas por el mensaje, además, que respondan al propósito transformador del discurso. También en el estudio de las narraciones patriarcales estas metodologías han sido de gran ayuda, pues la comprensión de esos relatos requiere que los lectores y lectoras lean entre líneas y suplan alguna información que se presupone pero que no se brinda claramente en los pasajes.

Las metodologías relacionadas con la crítica literaria descubren y destacan el importante papel que juega el lector o lectora en los procesos de estudio y comprensión de la Biblia. Las Sagradas Escrituras se componen de documentos literarios que manifiestan ciertas características estéticas, literarias, espirituales, morales, educativas, éticas, teológicas y filosóficas, a las que las personas lectoras reaccionan desde sus diversas perspectivas y experiencias de vida. En estas formas de estudio, el contexto en que se encuentran los lectores juega un papel protagónico en las dinámicas de acceder al texto, descubrir el sentido y comprender los pasajes bíblicos.

Estas metodologías de análisis presuponen también que el sentido no lo produce únicamente el autor de algún documento, sino que las personas que lo leen, desde sus realidades diarias, también contribuyen al descubrimiento y disfrute de esos diversos niveles semánticos. Ni el texto ni los lectores son recipientes pasivos de las ideas y los conceptos, también los contextos, tanto del pasaje bíblico como de los lectores, juegan papeles de importancia en los procesos de comprensión de los pasajes.

Por la importancia que juega el lector o lectora en estas formas dinámicas de estudios bíblicos, diversos grupos y sectores de la comunidad han incorporado estas metodologías literarias a sus modos continuos de estudio de las Sagradas Escrituras. Estas formas de estudio han sido particularmente importantes en sectores sociales y en comunidades que han sido víctimas de procesos de opresión y cautiverio, y políticas de marginación y rezagos. Diversos grupos minoritarios han visto en estas metodologías de estudios bíblicos una gran ayuda para entender la Biblia con virtud liberadora y con poder transformador.

Ese es el particular caso de las mujeres que han descubierto el carácter patriarcal y misogénico de los documentos bíblicos, y han comenzado a leer los documentos bíblicos en clave de liberación. Al comprender que la Biblia procede de esos ambientes y contextos fundamentados prioritariamente en las perspectivas masculinas de la sociedad y la existencia humana, han elaborado lecturas alternativas que brindan esperanza y futuro a las mujeres.

Las metodologías literarias han sido importantes en el desarrollo de las teologías latinoamericanas, pues han relacionado las vivencias, los dolores y las miserias de los grandes sectores empobrecidos del Continente, con los relatos de la salida de los israelitas de la opresión del faraón de Egipto, bajo el mandato de Moisés. También en la teología del Oriente Medio, particularmente en la palestina, estas metodologías literarias han sido fundamentales para redescubrir el tema de la esperanza, en sociedades inmersas en continuos conflictos políticos y guerras que parecen humanamente insalvables.

Para las personas que leen y estudian la Biblia, estas diversas metodologías de estudio son herramientas útiles para descubrir el sentido y para facilitar la comprensión del mensaje. Estas metodologías, sin embargo, son solo herramientas de estudio, no constituyen un fin en sí mismas, sino que son parte de un proceso pedagógico y literario que puede contribuir positivamente a un mejor entendimiento y disfrute del mensaje escritural.

La gente que llega a las Sagradas Escrituras desde la perspectiva de la fe, afirma que esos documentos tienen gran autoridad espiritual y moral, y fundamentan sus estilos de vida y prioridades en la existencia humana, en los valores y las enseñanzas que se desprenden de esos importantes documentos religiosos. Esas lecturas reconocen que la Biblia contiene la Palabra de Dios, y que su mensaje tiene gran relevancia y pertinencia en las sociedades contemporáneas.

II
NARRACIONES HISTÓRICAS Y TEOLÓGICAS

Murieron José y sus hermanos y toda aquella generación.
Sin embargo, los israelitas tuvieron muchos hijos,
y a tal grado se multiplicaron
que fueron haciéndose más y más poderosos.
El país se fue llenando de ellos.
Éxodo 1.6-7

Desafíos y oportunidades

Escribir la historia del pueblo de Israel durante los tiempos bíblicos, es una tarea extraordinaria y desafiante. En primer lugar, el período que comprende el estudio es extenso; además, las fuentes que tenemos a nuestra disposición deben ser analizadas con mucha cautela y precisión; y las repercusiones políticas de una tarea de esta naturaleza y magnitud, no son pocas. Ciertamente es retadora esta empresa de investigación, pues, a la vez, se unen al estudiar este apasionante tema, asuntos temáticos, teológicos, metodológicos y políticos.

Esos desafíos formidables, sin embargo, lejos de descorazonar este esfuerzo académico, lo entusiasma y motiva. Es también un momento ideal para reinterpretar varios de los temas históricos y teológicos tradicionales; revisar algunos descubrimientos arqueológicos antiguos y comprender adecuadamente a la luz de las nuevas metodologías y tecnologías, los nuevos hallazgos; y también entrar en diálogo con grupos políticos e ideológicos contemporáneos en la Tierra Santa, para explorar las implicaciones políticas y sociales de nuestros estudios, descubrimientos y conclusiones.

Las fuerzas que mueven las investigaciones, los estudios y las conclusiones en torno a la historia de Israel en el período bíblico son varias. Y esas fuerzas o dinámicas, son tan importantes, que tienen la capacidad de afectar las conclusiones del estudio. La gran pregunta al acercarnos a esta disciplina, es la siguiente: ¿Qué papel desempeñará la Biblia en estos estudios? ¿Qué rol, si alguno, tendrán las narraciones bíblicas en nuestras comprensiones de la historia del pueblo de Israel? ¿Cómo debemos utilizar los relatos escriturales para comprender la historia de la comunidad que dio a luz estos documentos y reflexiones en torno a la vida?

Esa pregunta, que a primera vista puede parecer sencilla y obvia, es extremadamente compleja. Y esas complejidades se relacionan con la naturaleza teológica de los documentos bíblicos. La Biblia es el recuento de las intervenciones divinas en medio de la sociedad antigua, de acuerdo con las percepciones teológicas y espirituales de los hombres y las mujeres que redactaron o transmitieron esas tradiciones orales o documentos. Los textos bíblicos son esencialmente documentos de fe, escritos desde una perspectiva teológica.

El objetivo de los textos bíblicos no es indicar lo que sucedió en la historia, de forma imparcial o descriptiva; por el contrario, la finalidad de esos documentos es afirmar las manifestaciones divinas en medio de la historia nacional. Y ese singular acercamiento, está lleno de afirmaciones de fe, interpretaciones teológicas, extrapolaciones espirituales, y comprensiones religiosas de las realidades y la historia. En efecto, la Biblia es un documento eminentemente teológico.

Para utilizar las narraciones bíblicas en nuestras investigaciones en torno a la historia del pueblo de Israel, debemos estar conscientes de esa naturaleza teológica de los documentos básicos, pues esa comprensión y aceptación, nos ayudará a entender mejor la teología bíblica y nos permitirá utilizar estos importantes documentos en nuestros análisis históricos.

El campo de las investigaciones históricas referente a nuestro tema se divide en dos grandes secciones y acercamientos básicos. La gran pregunta metodológica y teológica, para estudiar la historia del Israel bíblico, es la siguiente: ¿Qué rol va a tener la Biblia en nuestro estudio? ¿Hasta qué punto la Biblia, que es un documento eminentemente teológico, puede ayudarnos a entender la historia del pueblo que lo generó?

Por un lado, se encuentran las personas que tradicionalmente afirman que la Biblia debe ser utilizada sin inhibiciones, pues contiene las narraciones que ponen de manifiesto la historia nacional. Este sector de estudiosos, que generalmente se conocen como «los maximalistas», han dominado el campo de los estudios bíblicos a través de la historia. Y sus conclusiones referentes a la historia del pueblo de Israel, se relacionan directamente a las narraciones escriturales.

A ese grupo de estudiosos, en el siglo xx, se unió un sector importante de eruditos que desarrolló una metodología diferente. Al comprender la naturaleza teológica e interpretativa de la literatura hebrea, poco a poco fue distanciándose de los textos bíblicos para depender, en la comprensión de la historia del Israel bíblico, de la historia de los pueblos del Oriente Medio

Antiguo, los descubrimientos arqueológicos, y las lecturas y comprensiones de las literaturas de las comunidades aledañas a Israel. Este sector de eruditos, que se identifican como «los minimalistas», han tomado fuerza en las postrimerías del siglo xx y comienzos del xxi.

En nuestra presentación de la historia de Israel, vamos a tomar en consideración el resultado de las investigaciones de estos dos sectores de estudiosos bíblicos. Por un lado, reconocemos la naturaleza teológica y simbólica de las narraciones y los poemas en las Sagradas Escrituras; y también tomaremos en consideración el resultado de las investigaciones históricas, arqueológicas y sociológicas, de los pueblos vecinos de los grupos hebreos antiguos y también de las comunidades israelíes y judías. La Biblia es importante, pues es fuente primaria de información en torno a los temas históricos y teológicos que vamos a estudiar en este libro. Y la arqueología y estudios culturales y antropológicos son determinantes, pues ponen a nuestra disposición nueva información con la que podemos comprender mejor las narraciones bíblicas.

No utilizar los textos bíblicos en nuestro análisis de la historia de Israel, equivale a rechazar la gran mayoría de la información que tenemos a nuestra disposición; e ignorar o subvalorar los descubrimientos arqueológicos y sociológicos contemporáneos, es actuar de forma poco responsable con el resultado de los esfuerzos intelectuales modernos y con el desarrollo de nuevas metodologías científicas. En nuestra presentación de la historia de los israelitas, tomaremos en consideración, tanto las narraciones escriturales como el resultado de las investigaciones científicas del Oriente Medio Antiguo.

Narración de la historia bíblica

La Biblia hebrea está redactada, en una gran parte, en narraciones, aunque los componentes poéticos nunca deben menospreciarse ni subestimarse. La naturaleza literaria e histórica de esas narraciones debe ser bien entendida para adquirir una comprensión adecuada de su mensaje. Los escritores bíblicos estaban interesados en contar una «historia» que se fundamentaba en la fe que tenían en Dios; presentan narraciones desde la perspectiva de sus convicciones religiosas. No redactaban lo sucedido de acuerdo con un orden cronológico definido ni fundamentados en las comprensiones científicas que tenemos en la actualidad. Por el contrario, lo que narraban eran sus percepciones e interpretaciones de los eventos que presenciaban o que escuchaban, algunos que se contaban por generaciones, desde la óptica de la fe.

En ocasiones, y mediante complejos análisis literarios, teológicos, históricos y arqueológicos, podemos descifrar algo de lo que realmente sucedió en la antigüedad y que se presupone ciertamente en el recuento bíblico. Hay momentos, sin embargo, en que ese conocimiento preciso y específico de lo que acaeció, por ejemplo, en la antigua Palestina, en el desierto del Sinaí o en el exilio en Babilonia, escapa a nuestras comprensiones y conocimientos actuales, pues el texto bíblico lo que desea destacar es la intervención divina que tiene una finalidad redentora o educativa para el pueblo. Para la persona estudiosa de la Biblia, sin embargo, es determinante saber que los materiales que estudia son las grandes verdades del pueblo de Israel, que nos llegan matizadas y filtradas por la fe viva que tenía una comunidad antigua en la capacidad de intervención liberadora del único Dios verdadero. Lo que se incluye en las Sagradas Escrituras no son recuentos precisos de científicos o académicos, sino las experiencias de vida de una comunidad de fe.

Es ese importante marco teológico el que debe guiar nuestro estudio y servir de entorno filosófico y metodológico para nuestra comprensión del A.T. o Biblia hebrea. Quienes escribieron la Biblia no eran historiadores independientes o testigos «neutrales» de los eventos que presentan, que trataron de articular de forma escrita la secuencia precisa de las acciones antiguas. Fueron personas de fe en Dios las que entendieron que debían cumplir con esa encomienda literaria y educativa. Fueron hombres y mujeres de bien, y de convicciones firmes y decididas, los que decidieron mover las antiguas tradiciones orales, y reducirlas a piezas literarias para el beneficio de la posteridad.

En efecto, las narraciones bíblicas son documentos y relatos «históricos» redactados desde la importante perspectiva de la fe. Escribieron y editaron los materiales que posteriormente llegaron a formar parte del canon de las Escrituras hebreas para sus contemporáneos. Sin embargo, por la naturaleza religiosa de esos documentos, y también por sus virtudes estéticas y literarias, esos manuscritos y documentos antiguos, han roto los linderos del tiempo, y han llegado a diversas generaciones y diferentes naciones como palabra divina. Esas narraciones bíblicas antiguas cobran vida nueva en diversas culturas y en generaciones diferentes de forma permanente, porque la gente de fe vuelve a leer y escudriñar esos documentos y descubre enseñanzas y valores que pueden aplicar en sus vidas. ¡Esos textos antiguos son también mensajes modernos, ante los ojos de la fe!

Estas comprensiones teológicas nos permiten descubrir que la revelación de Dios a la humanidad, de acuerdo con el testimonio bíblico, no se pone en clara evidencia mediante la elaboración compleja y el desarrollo progresivo de las diversas filosofías e ideas antiguas. Según el A.T., Dios se revela al mundo mediante una serie importante de hechos concretos y específicos; y la reflexión que se hace en torno a esos eventos significativos, nos permite descubrir y apreciar las enseñanzas religiosas y los valores teológicos que forman parte de la revelación divina.

A continuación, presentamos una historia del pueblo de Israel, de acuerdo con las narraciones de la Biblia. Esta historia realmente articula la perspectiva teológica de los eventos, las experiencias personales y colectivas, y los recuerdos nacionales, fundamentados en la fe de ese singular pueblo. No se basan, por ejemplo, en lo que se llamaría en las ciencias contemporáneas, una presentación crítica de la historia nacional. Lo que realmente tenemos a nuestra disposición es, más bien, una elaboración religiosa de las memorias más significativas e importantes de Israel como pueblo. Contamos, en efecto, la historia de la redención y la salvación de un pueblo.

De gran importancia al estudiar estos temas, es comprender que la información que poseemos en el A.T. no solo es teológica sino que representa la perspectiva social de un particular sector del pueblo. Tenemos en la Biblia hebrea, mayormente, las reflexiones y narraciones que provienen de un singular grupo intelectualmente desarrollado del pueblo, que estaba educado de manera formal o informal, y que poseía capacidad literaria; posiblemente tenía, además, una aventajada infraestructura económica, gubernamental y social, que le permitía invertir tiempo de calidad en este tipo de proyecto de reflexión religiosa, histórica y política.

Seguiremos, en nuestra presentación, el orden canónico de la Biblia, que se articula con cierta coherencia: Desde la creación del mundo, pasando por los relatos fundamentales de la liberación de Egipto y el establecimiento de la monarquía, hasta llegar al período del exilio en Babilonia y el regreso de los deportados.

Posteriormente en esta obra haremos un análisis más detallado y sobrio de los diversos eventos nacionales e internacionales que sirven de base para la redacción de la Biblia. Evaluaremos de esa forma los detalles de esa historia y la comprensión teológica de esas importantes narraciones.

Los comienzos. De acuerdo con el orden canónico, los relatos de la historia del pueblo de Israel comienzan con la creación del cosmos, el mundo y la humanidad. Los comienzos no son solo los inicios de la nación desde la perspectiva histórica, sino la declaración de una serie de afirmaciones teológicas que no solo ponen a Israel en el proceso de la creación divina, sino que revelan de manera categórica y firme que Dios es el creador de los cielos y la tierra. Y esa gran visión teológica de la historia, se reitera con fuerza a través del A.T. y también del N.T.

Muy temprano en el canon bíblico, se pone claramente de manifiesto la relación íntima entre el Dios creador y el pueblo de Israel: El Señor, que tiene el poder absoluto de la creación del cosmos, se relaciona con un pueblo de forma singular, pues forma parte de su acervo cultural y sus memorias históricas. La primera imagen del A.T. presenta a Dios creando el mundo de forma ordenada, y como culminación del proceso crea a los seres humanos.

Las narraciones de los comienzos u orígenes (Gn 1.1—2.3a) prosiguen con un segundo relato de creación (Gn 2.3b—3.24), donde el proceso de las acciones divinas se presenta de forma más íntima y dialogada, y se indica que la primera pareja se llama Adán y Eva. Después de la creación de esa primera familia, se describen varios eventos de gran significado cultural, histórico y teológico para el pueblo de Israel: La llegada del pecado a la humanidad; el primer crimen, ¡un fratricidio! (Gn 3.1-16); el relato del gran diluvio que afectó adversamente al mundo conocido, y el pacto de Dios con Noé y su familia (Gn 6.1—10.32); la narración de la confusión de los idiomas en Babel, por el soberbia y arrogancia humana (Gn 11.1-26); y la lista de los antepasados de Abram (Gn 11.27-32).

Estos pasajes, que tanta importancia tienen en los estudios bíblicos, presentan una visión más teológica que histórica de los inicios de la vida. Los escritores antiguos de estas narraciones no estaban interesados en los detalles científicos, como se entenderían en la sociedad contemporánea. Deseaban transmitir, de generación en generación, las grandes afirmaciones religiosas y declaraciones teológicas que estaban ligadas a sus memorias como pueblo y que les brindaban a la comunidad sentido de pertenencia histórica y cohesión espiritual.

La lectura del Pentateuco, y de toda la Biblia, comienza con una declaración extraordinaria de fe. La creación del universo, la naturaleza y las personas no es fortuita, ni resultado del azar, ni el producto de las luchas mitológicas de las divinidades de los panteones antiguos: ¡Todo lo que existe es producto de la iniciativa y la voluntad de Dios! Y esa gran declaración teológica generaba seguridad y esperanza en un pueblo que se veía continuamente amenazado por las diversas potencias políticas y militares del antiguo Oriente Medio.

Las fuentes extra bíblicas que nos permiten estudiar con profundidad la historia de Israel en este período antiguo, conocido como la «pre-historia del pueblo», no son muchas y los documentos son limitados. Por esta razón, el estudio del libro de Génesis es de vital importancia teológica, pues nos brinda memorias muy antiguas de las formas de vida y la cultura de épocas antiquísimas en el Oriente Medio antiguo.

Los antepasados de Israel. El resto de las narraciones en Génesis se relacionan directamente con la historia de los patriarcas y las matriarcas de Israel. Estos importantes personajes bíblicos, en esencia, eran una especie de jefes de clanes o de familias extendidas, en el contexto mayor de las comunidades nómadas del Creciente Fértil antiguo. Sus grupos se movían de lugar en lugar, pues no se dedicaban aún a la agricultura ni tenían asentamientos o moradas permanentes. Se quedaban en algún lugar hasta que los ganados consumían los alimentos de la región. Posteriormente, continuaban sus migraciones nómadas en busca de comida y agua para sus ganados.

De acuerdo con el relato bíblico, la familia de Abram y Saray provenía de la antigua ciudad de Ur, que estaba situada propiamente junto al río Tigris en Mesopotamia. En ese lugar, el famoso patriarca recibió la promesa divina de que su descendencia sería numerosa, y que se convertiría en una nación grande (Gn 12.1-3; cf. 15.1-21; 17.1-4). Y fue en ese singular contexto de revelaciones divinas, que comienza el proceso de desarrollo y crecimiento familiar: Primero nace su hijo Isaac, que a su vez es padre de Jacob. De esta forma es que Génesis presenta los inicios de la historia del pueblo de Israel: ¡Desde una perspectiva familiar!

Desde Ur, Abram y su familia llegaron a las tierras de Canaán, que entendieron era el lugar que el Señor les había prometido. Esa migración familiar descrita en la Biblia, tiene paralelos con otras salidas de grupos nómadas desde esa región mesopotámica durante el mismo período. Y en ese importante peregrinar al futuro, Abram y su familia se movieron primeramente hacia el norte, y luego al oeste y al sur. En el viaje, se detuvieron en varios lugares que están identificados en las Escrituras (p.ej., Jarán, Siquén, Hai y Betel; Gn 11.31—12.9). Posteriormente, siguieron su camino que les llevó hasta Egipto, por el desierto del Néguev, pero regresaron a Canaán, y se establecieron de forma definitiva en Mamré, que está ubicada muy cerca de la actual ciudad palestina de Hebrón (Gn 13.1-3,18).

Con la muerte de Abraham (Gn 25.7-11; cf. 23.2,17-20), Isaac, si hijo, hereda su liderato y se convierte en el protagonista de las narraciones bíblicas. De acuerdo con el libro de Génesis, Isaac se relaciona con los pueblos de Guerar y Berseba (Gn 26.6, 23), que están más al sur de Mamré y Hebrón, en la región desértica del Néguev (Gn 24.62). Su estilo de vida es similar al que tenían las personas del segundo milenio a.C.: Por ejemplo, asentamientos temporales, viajes continuos en busca de aguas y comida para los ganados, en ocasiones llevan a efecto algunas tareas agrícolas breves, y conflictos con los pobladores de regiones que tenían pozos de agua (Gn 26).

Después del protagonismo de Isaac, la narración bíblica destaca los conflictos y las dificultades entre dos hermanos: Jacob y Esaú. El relato tan detallado de estos problemas, es una forma literaria de anticipar las dificultades entre los descendientes de Jacob, los israelitas, y los de Esaú, los edomitas. Esta sección del Génesis es más detallada, complicada y larga que las anteriores, pues intenta preparar al lector y lectora para el recuento del resto de la historia de Israel.

Los relatos de las aventuras de Jacob, incluyen lo siguiente: Su salida y huida a Padán Aram en Mesopotamia; su inteligencia y riquezas; su regreso a las tierras de Canaán; su encuentro transformador con Dios en Peniel; el cambio dramático de su nombre de Jacob a Israel; la renovación de las promesas divinas hechas anteriormente a Abraham (Gn 35.1-14), que ahora se les aplicaban a Jacob; varias narraciones en torno a José; para terminar, finalmente, con la muerte de Jacob en Egipto (Gn 37.1—50.14).

De esa forma familiar, las narraciones del Pentateuco se mueven de la época patriarcal al período del éxodo. Los relatos intentan mantener algún tipo de secuencia lógica e histórica. Los autores han demostrado gran capacidad literaria y educativa, pues hacen uso de la reiteración y repetición para enfatizar algunos de los temas que desean destacar. De la historia de una familia, la trama bíblica se mueve a la historia de una nación.

El éxodo de Egipto. El Génesis culmina con la narración de la muerte de José en Egipto. Ese mismo evento es el que toma el escritor del libro de Éxodo para comenzar su historia nacional. La afirmación en torno a que el nuevo faraón no conocía a José, más que una declaración histórica es una teológica (Éx 1.8). Lo que implica es que la nueva administración egipcia no iba a proseguir con la política de respeto y afirmación hacia la comunidad israelita, entre otros grupos minoritarios, sino que implantarían una serie de nuevas directrices gubernamentales que les afectaría de forma adversa y nefasta.

Durante la época patriarcal, Egipto fue gobernado por un grupo invasor proveniente de Mesopotamia conocido como los hicsos, que antes de llegar al delta del Nilo pasaron por Canaán y se relacionaron con los líderes de esa región (siglo xviii a.C.). Posiblemente, por esa razón histórica, es que cuando los patriarcas —por ejemplo, Jacob y toda su familia— llegaron a Egipto, fueron recibidos de forma positiva por las autoridades nacionales. Quizá por esa misma conexión histórica es que debe entenderse que uno de los descendientes de los patriarcas haya llegado a ocupar una posición de tan alta responsabilidad en el gobierno del faraón, como es el caso de José (Gn 41.37-43).

Sin embargo, cuando los hicsos fueron definitivamente derrotados y expulsados de Egipto, la política nacional en torno a las comunidades extranjeras cambió de forma drástica. Los nuevos gobernantes decidieron revertir los privilegios que la administración anterior había otorgado a los israelitas. Esa es posiblemente la implicación política de que los nuevos gobernantes que «no conocían a José»; es decir, no reconocían su autoridad y prestigio y, además, rechazaban las acciones políticas previas hacia su comunidad. La nueva hostilidad gubernamental hacia los israelitas que vivían en Egipto, posiblemente, está relacionada con el hecho histórico de la derrota de los hicsos, que eran sus protectores.

La nueva política hacia los israelitas era de trabajos forzados, vejaciones, maltratos y opresiones. Les obligaron a trabajar en condiciones infrahumanas en la construcción de algunas nuevas ciudades, como Pitón y Ramesés (Éx 1.11). El ambiente de respeto y paz que vivían, fue transformado en relaciones inhóspitas, inhumanas y agresivas. Y en medio de esas dinámicas de cautiverio y desesperanza, nació un nuevo líder hebreo: Moisés.

Los episodios que enmarcan la narración del nacimiento de Moisés son extraordinarios: ¡Fue salvado de forma milagrosa de morir ahogado en las aguas del Río Nilo! Y ese acto prodigioso marcó la trayectoria de su vida, pues se convirtió en líder indiscutible, legislador y libertador del pueblo de Israel.

La liberación de los israelitas de la opresión egipcia fue un proceso extenso e intenso. Moisés tuvo que convencer al faraón que dejara salir al pueblo, en medio de una serie interesante y reveladora de combates espectaculares con los magos del reino. Finalmente, la sabiduría y el poder de Moisés prevalecen sobre las magias egipcias, y el pueblo de Israel salió al desierto, para peregrinar por la Península del Sinaí por cuarenta años, de acuerdo con el testimonio bíblico.

La identidad precisa del grupo que salió de Egipto es muy difícil de precisar. Esos israelitas o mejor, hebreos antiguos, provenían de diversos sectores de la sociedad. Algunos eran parte de tribus seminómadas que vivían en el desierto, pero que trabajaban por temporadas en la construcción de las nuevas ciudades egipcias; otros, posiblemente, eran grupos de alguna forma relacionados con los anteriores, pero que ya se habían asentado en las tierras de Egipto; y aún otros eran tribus del desierto que se unieron al grupo de Moisés cuando viajaban por el desierto.

En ese proceso de liberación bajo el liderato de Moisés, según los relatos bíblicos, el pueblo experimentó una serie importantes de manifestaciones divinas: Por ejemplo, se revela el nombre personal del Dios que les había liberado (Éx 3.1-16); los ejércitos del faraón, que perseguían y amenazaban con destruir al pueblo de Israel, fueron derrotados y echados a la mar de forma milagrosa y definitiva (Éx 14.1—15.21); y, además, se dan, en el Monte Sinaí, los Diez Mandamientos, que constituyen la base y núcleo fundamental para lo que posteriormente se conoce como la Ley de Moisés (Éx 19.1—20.17).

Las narraciones de la liberación de Egipto le permiten al pueblo de Israel tener el fundamento teológico básico para entenderse como pueblo escogido y llamado por Dios. Este evento de liberación nacional marcó de forma permanente la teología de sabios, profetas y poetas del pueblo, que fundamentados en estos recuentos épicos extraordinarios, desarrollaron teologías que les permitían a las futuras generaciones responder con valor y autoridad a los grandes desafíos de la existencia humana.

Y como punto culminante de la experiencia de liberación de Egipto, el libro del Éxodo presenta el pacto o la alianza que Dios establece con el pueblo de Israel. Esa relación singular del Señor con su pueblo, se convirtió en el tema teológico privilegiado de los profetas, que evaluaban el comportamiento de pueblo de Israel y sus monarcas, a la luz de las estipulaciones del pacto. Si la gente cumplía con los mandatos divinos, afirmaban los profetas, vivían en paz y prosperidad; sin embargo, si se alejaban de esos estatutos éticos y morales, recibirían el juicio divino, de acuerdo con el mensaje profético.

La conquista de Canaán. De acuerdo con las narraciones del Pentateuco, después de la muerte de Moisés (Dt 34), el liderato nacional recayó en manos de Josué, cuyo objetivo primordial era llevar a los israelitas hasta Canaán que, desde la perspectiva de las tradiciones patriarcales, ya era conocida como la «Tierra Prometida». Marcó el inicio de ese proceso, el cruce del Río Jordán —desde la región ocupada por la actual Jordania a Israel y Palestina—, que guarda ciertos paralelos con el cruce de Moisés a través del Mar Rojo (Jos 1—3; Éx 14—15). La llamada «conquista» del territorio cananeo, fue un proceso difícil, largo y complejo (Jue 1), que en ocasiones se llevó a efecto de manera pacífica, pero que en otros momentos incluyó hostilidades, conflictos y guerras (Jue 4—5). Ese fue un período de fundamental importancia en la historia bíblica, pues los israelitas pasaron de ser una comunidad nómada o seminómada a convertirse en un pueblo asentado, en las tierras con las cuales se relacionarían el resto de su historia nacional.

Los pueblos que los israelitas encontraron en Canaán tenían en común una ascendencia semita, pero también mostraban elementos culturales distintivos e historias nacionales definidas. Por esa razón, en ocasiones, las luchas fueron intensas, pues estaban en juego no solo los terrenos y los pueblos necesarios para vivir y desarrollar una nación, sino la identidad cultural, que brinda a las comunidades sentido de historia y cohesión, sino salud emocional, espiritual y social. Con el tiempo, muchas de las comunidades cananeas se fundieron con los grupos israelitas que comenzaban a poblar y colonizar la región (Jue 9).

Mientras que en Canaán los israelitas estaban en pleno proceso de asentarse en la región, habían comenzado una serie importante de cambios políticos en el resto del Oriente Medio. Las grandes potencias de Egipto y Babilonia comenzaban a ceder sus poderes a nuevos pueblos que intentaban sustituirlos en la implantación de políticas internacionales. Esos cambios y transiciones de poder, en el contexto mayor de la Creciente Fértil, permitió a los pueblos más pequeños, como los de Canaán, desarrollar sus propias iniciativas y adquirir cierta independencia económica, política y militar.

De esos cambios internacionales, que dejaron un cierto vacío político en Canaán, se beneficiaron los recién llegados grupos de israelitas. Desde la perspectiva de la profesión religiosa, los pueblos cananeos tenían un panteón bastante desarrollado, que incluía una serie importantes de celebraciones y reconocimientos en honor al dios Baal y a las diosas Aserá y Astarté. Además, tenían un panorama complejo de divinidades menores, que primordialmente se relacionaban con la fertilidad. En esencia, las religiones cananeras eran agrarias que adoraban a Baal como dios principal y señor de la tierra.

El período de los caudillos. El llamado «período de los caudillos» o «jueces» en la historia bíblica comienza con la muerte de Josué (Jos 24.29-32), y con la reorganización de los grupos israelitas que se habían asentado en las tierras Canaán. La característica política, social y administrativa fundamental de este período (c. 1200-1050 a.C.), es posiblemente la restructuración social de los israelitas que llegaron de Egipto, más los que se les habían unido en Canaán, en diversos grupos tribales de naturaleza casi independientes. Ese era un tipo de modelo administrativo que se vivía en la región cananea antes de la llegada de los israelitas.

Y en ese contexto de independencia parcial de los grupos, ahora separados por regiones y tribus, en ocasiones se levantaban líderes para unirlos y enfrentar dificultades sociopolíticas y económicas, y desafíos en común. Esos líderes son conocidos como «jueces» o «caudillos» (Jue 2.18), aunque su finalidad no estaba cautiva necesariamente en las tareas de interpretación y aplicación de las leyes. Un buen ejemplo de los poemas y las épicas que celebran los triunfos de estas uniones militares estratégicas entre las tribus, es el singular Cántico de Débora (Jue 5), que afirma y disfruta la victoria definitiva de los grupos israelitas sobre las antiguas milicias cananeas.

Pero mientras los israelitas se consolidaban en Canaán, y las potencias internacionales de Egipto y Babilonia estaban en pleno proceso de decadencia política y militar, llegaron a las costas, provenientes de Creta y otros lugares del Mediterráneo y del sur de Turquía, unos grupos conocidos como «los pueblos del mar», que por algunas transformaciones lingüísticas fueron conocidos posteriormente como, los filisteos. Con el tiempo, fueron estos filisteos los que representaron las mayores dificultades y constituyeron las amenazas más importantes y significativas a los diversos grupos israelitas.

Aunque los filisteos trataron de conquistar infructuosamente a Egipto, lograron llegar y asentarse en Canaán. Se apoderaron, en primer lugar, de las llanuras costeras (c. 1175 a.C.), y fundaron posteriormente en cinco importantes ciudades: Asdod, Gaza, Ascalón, Gat y Ecrón (1S 6.17). Y desde esas ciudades llevaban a efecto incursiones militares en las zonas montañosas de Canaán, que les fueron ganando con el tiempo el reconocimiento y el respeto regional.

Posiblemente el fundamento del éxito filisteo estaba relacionado con sus trabajos con el hierro, que les permitía la fabricación de equipo agrícola resistente y el desarrollo de armas de guerra poderosas (1S 13.19-22). Estos filisteos constituyeron una de las razones más importantes para que los israelitas pasaran de una administración local de caudillos al desarrollo de una monarquía.

La monarquía en Israel. Para responder de forma adecuada y efectiva a los nuevos desafíos que les presentaban las amenazas militares de los grupos filisteos, las tribus israelitas debieron reorganizar y transformar sus gobiernos locales en una administración central, con los poderes necesarios y recursos inherentes para establecer, entre otros, un ejército. Y ese fue el comienzo de la monarquía en Israel: La necesidad de responder de forma unificada a los desafíos que les presentaban la relación con el resto de las naciones, particularmente en tiempos de crisis.

Luego de superar las resistencias internas de grupos opuestos al gobierno central (1S 8), y bajo el poderoso liderato de Samuel, que fue el último caudillo, se estableció finalmente la monarquía en Israel. Fue Samuel mismo quien ungió al primer rey, Saúl, e inició formalmente un proyecto de monarquía (c. 1040 a.C.), aunque en ocasiones accidentado, que llegó hasta el período del exilio y la deportación de los israelitas a Babilonia (c. 586 a.C.).

El rey Saúl comenzó su administración tras una gran victoria militar (1S 11); sin embargo, nunca pudo reducir definitivamente y triunfar sobre las fuerzas filisteas. Y fue precisamente en medio de una de esas batallas cruentas contra los filisteos en Guilboa, que murió Saúl, el primer rey de Israel, y también perecieron tres de sus hijos (1S 31.1-6).

David fue entonces proclamado rey en la histórica ciudad de Hebrón (2 S 2.4), para sustituir a Saúl, después de algunas luchas internas e intrigas por el poder. Y aunque su reinado comenzó de forma modesta, solo con algunas tribus del sur, su poder fue extendiéndose de forma gradual al norte, de acuerdo con las narraciones bíblicas. Tras ser reconocido como líder máximo entre todas las tribus de Israel, las unificó, al establecer su trono y centro de poder político y religioso en Jerusalén, que era una ciudad neutral y de gran prestigio, con la cual se podían relacionar libremente tanto las tribus del norte como las del sur.

Bajo el liderato de David, el gobierno central se estabilizó y expandió; además, se unieron al nuevo gobierno central ciudades cananeas previamente no conquistadas, y también se sometieron varios pueblos y ciudades vecinas, ante el aparato militar de David, que ya había demostrado ser buen militar, y también buen administrador y político. Y entre sus victorias significativas, está el triunfo sobre los filisteos, que le permitió, con la pacificación regional, expandir su reino y prepararlo para los nuevos proyectos de construcción y los programas culturales de su sucesor. Los relatos de los libros de Samuel y Reyes ponen de manifiesto estas hazañas de David, que se magnifican en los libros de las Crónicas.

Antes de morir, y en medio de intrigas, dificultades y conflictos, para iniciar su dinastía, David nombró a uno de sus hijos, Salomón, como su sucesor, que con el tiempo, y por sus ejecutorias políticas y diplomáticas, adquirió fama de sabio y prudente (1R 5—10). Durante la administración de Salomón, el reino de Israel llegó a su punto máximo esplendor y extensión, de acuerdo con el testimonio bíblico. De particular importancia en este período fueron las grandes construcciones y edificaciones, entre las que se encuentran las instalaciones del palacio real y el templo de Jerusalén.

La monarquía dividida. Luego de llegar al cenit del poder y esplendor, bajo el liderato del famoso rey Salomón, la monarquía en Israel comenzó un proceso acelerado de descomposición, desorientación, desintegración y decadencia. La necesaria unidad nacional a la que se había llegado, gracias a las decisiones políticas y administrativas de David, se rompió bruscamente como respuesta a los abusos del poder político y administrativo desde la ciudad de Jerusalén, y particularmente por las malas decisiones en torno a la clase trabajadora y la implantación de un sistema desconsiderado e injusto de recolección de impuestos.

A la muerte de Salomón, y con la llegada al poder de su hijo, Roboán (1R 12.1-24), resurgieron las antiguas rivalidades, conflictos y contiendas entre las tribus del norte y las del sur. Al carecer de la sensatez administrativa, el buen juicio, y la madurez personal de sus predecesores, y en medio de continuas rebeliones, insurrecciones y rechazos, el nuevo rey presenció cómo la monarquía unificada fue finalmente sucumbiendo, dando paso a los reinos del norte, con su capital en Samaria (1R 16.24), y del sur, con su sede en Jerusalén. Roboán se mantuvo como rey de las tribus del sur, Judá; y un funcionario de la corte de Salomón, Jeroboán, fue proclamado rey en el norte, Israel.

Los reinos del norte y del sur prosiguieron sus historias de forma paralela, aunque para los profetas de Israel, paladines de la afirmación, el compromiso y la lealtad al pacto o alianza de Dios con su pueblo, esa división nunca fue aceptada ni apreciada. El desarrollo político y social interno de los pueblos dependió, en esta época, no solo de las decisiones nacionales sino de las políticas expansionistas de los imperios vecinos.

En el sur, la dinastía de David se mantuvo en el gobierno por más de 300 años, aunque en ese proceso histórico, su independencia fue en varias ocasiones muy seriamente amenazada: En primer lugar, por los asirios (siglo VIII a.C.), y luego por los medos y los caldeos (siglo VI a.C.). Finalmente, la caída definitiva de Judá llegó en manos de los babilónicos (586 a.C.), y la ciudad de Jerusalén fue destruida y devastada por los ejércitos invasores, y posteriormente saqueada por varias naciones vecinas, entre las que se encontraban Edom y Amón (Ez 25.1-4).

En torno a la caída del reino de Judá, y las experiencias de la comunidad derrotada, la Biblia presenta algunas descripciones dramáticas (2R 25.1-30; Jer 39.1-7; 52.3-11; 2Cr 36.17-21) y poéticas (p.ej., el libro de las Lamentaciones). Esa experiencia de destrucción, tuvo grandes repercusiones teológicas, espirituales y emocionales en el pueblo y sus líderes políticos y religiosos. Esa fulminante derrota constituía la caída de la nación y la pérdida de las antiguas tierras de Canaán, que se entendían les habían sido dadas por Dios, como parte de las promesas a los antiguos patriarcas y a Moisés.

En el norte, por su parte, la administración gubernamental no pudo solidificar bien el poder, y el reino sufrió de una continua inestabilidad política y social. Esa fragilidad nacional provenía tanto por razones administrativas y conflictos internos, como también por razones externas: Las potencias del norte estaban en el proceso de recuperar el poder internacional que habían perdido, y amenazaban continuamente el futuro del frágil reino de Israel. Y como lamentablemente los esfuerzos por instaurar una dinastía estable y duradera fracasaron, a menudo en formas repentinas y violentas (Os 8.4), la inestabilidad política no solo se mantuvo sino que aumentó con los años. Esas dinámicas internas en el reino del Norte, hicieron difícil la instalación de una administración gubernamental estable, que llegara a ser económicamente viable, y políticamente sostenible.

La caída y destrucción total del reino de Israel se produjo de forma gradual. En primer lugar, los asirios impusieron un tributo alto, oneroso e impagable (2R 15.19-20); posteriormente, siguieron con la toma de varias comunidades y con la reducción de las fronteras; para finalmente llegar y conquistar a Samaria, y llevar al exilio a un sector importante de la población, e instalar en el reino un gobierno extranjero títere, una administración local que era fiel a Asiria.

Reyes de Judá e Israel. Es extremadamente difícil identificar las fechas de incumbencia específicas de los diversos monarcas de Judá e Israel, y las razones son varias: Por ejemplo, la imprecisión de algunas de las referencias bíblicas en torno al comienzo y culminación de algunos reyes, la costumbre de tener corregentes en el reino, y las evaluaciones teológicas que hacen los escritores bíblicos de algunas administraciones.

El exilio en Babilonia. El período exílico en la Biblia es uno de dolor intenso y creatividad absoluta. Por un lado, las narraciones bíblicas presentan la naturaleza y extensión de la derrota nacional y las destrucciones que llevaron a efecto los ejércitos de Nabucodonosor; y del otro, ese mismo período es uno fundamental para la creatividad teológica y para la edición final de los documentos que formaron con el tiempo Biblia hebrea.

La derrota y destrucción de Judá dejó la nación devastada, pero quedaron personas que se encargaron de proseguir sus vidas en Jerusalén y en el resto del país. En Babilonia, por su parte, las políticas oficiales hacia los deportados permitían la reunión y formación de familias, el vivir en comunidades (p.ej., en Tel Aviv, a las orillas del río Quebar; véase Ez 3.15), la construcción de viviendas, el cultivo de huertos (p.ej., Jer 29.5-7), y el derecho a consultar a sus líderes, jefes y ancianos en momentos determinados (Ez 20.1-44). De esa forma, tanto los judíos que habían quedado en Palestina como los que habían sido deportados a Babilonia, comenzaron a reconstruir sus vidas, paulatinamente, en medio de las nuevas realidades políticas, económicas, religiosas y sociales que experimentaban.

En ese nuevo contexto y vivencias, la experiencia religiosa judía cobró un protagonismo inusitado. En medio de un entorno explícitamente politeísta, el pueblo judío exiliado debió actualizar sus prácticas religiosas y teologías, para responder de forma efectiva y creativa a los nuevos desafíos espirituales. Y en ese contexto de extraordinario desafíos culturales y teológicos, es que surge la sinagoga como espacio sagrado para la oración, la enseñanza de la Ley y la reflexión espiritual, pues el templo estaba destruido, y a la distancia.

La Torá, que ya gozaba desde tiempos preexílicos de prestigio y autoridad en Judá y Jerusalén, fue reconocida y apreciada con el tiempo como documento fundamental para la vida del pueblo, y los libros proféticos se revisaban y comentaban a la luz de la realidad de la deportación. Los

Salmos, y otra literatura que posteriormente se incluyó en las Escrituras, comenzaron a leerse con los nuevos ojos exílicos (p.ej., Sal 137), y cobraron dimensión nueva.

De esa forma dramática, la estadía en Babilonia desafió la inteligencia y la creatividad judía, y el destierro se convirtió en espacio de gran creatividad literaria e importante actividad intelectual y espiritual. En medio de todas esas dinámicas complejas que afectaban los diversos niveles y expresiones de la vida, un grupo de sacerdotes se dedicó a reunir y preservar el patrimonio intelectual y espiritual del pueblo exiliado. Y entre ese grupo de líderes, que entendieron la importancia de la preservación histórica de las memorias, se encuentra el joven Ezequiel, que además de sacerdote, era profeta y poeta (Ez 1.1-3; 2.1-5).

Mientras un sector importante de los deportados soñaba con regresar algún día a Jerusalén y Judá, y hacían planes específicos para el retorno (Is 47.1-3); otro grupo, sin embargo, de forma paulatina, se acostumbró al exilio y, aunque añoraba filosóficamente un eventual regreso a su país de origen, para todo efecto práctico, se preparó para quedarse en Babilonia. La verdad fue que, en efecto, las esperanzas de un pronto regreso a Jerusalén y Judá fueron decayendo con el tiempo, pues el exilio se prolongó por varias décadas (c. 586-539 a.C.).

El período del retorno y la restauración. Tras varias décadas de exilio, surgió un aliento de esperanza entre los deportados. Con el crecimiento y desarrollo del imperio persa bajo el liderato de Ciro, los israelitas, que habían vivido por años en el ambiente adverso del destierro babilónico, comenzaron a anidar nuevamente un sentido de esperanza en el retorno a Judá, en la reconstrucción nacional, y en la restauración de la ciudad de Jerusalén.

Como rey de Anshán, Ciro había demostrado su capacidad administrativa, su poder militar, sus virtudes diplomáticas y su política hacia los pueblos conquistados. Esas características hicieron del nuevo líder persa una figura ideal para actuar a favor de las comunidades exiliadas, particularmente las israelitas. En su carrera política y militar, fundó el imperio medo-persa, con su capital en Ecbataná (553 a.C.); posteriormente conquistó casi todo el Asia Menor (c. 546 a.C.); y entró de forma imponente a Babilonia (539 a.C.). Ese imperio dominó la política del Creciente Fértil por casi doscientos años.

La política oficial del nuevo imperio persa en torno a los pueblos conquistados era de apertura, comprensión y respeto. Y esas políticas administrativas del imperio, redundaron en beneficio directo de las comunidades exiliadas israelitas en Babilonia. Ciro les permitió conservar sus tradiciones y mantener sus costumbres religiosas, que para los deportados de Jerusalén era visto como una nueva intervención de Dios a favor del pueblo en cautiverio. Inclusive, Ciro decretó, de acuerdo con el testimonio de las Escrituras, un particular edicto que les permitía a los deportados de Judá regresar a sus ciudades de origen.

Del famoso Edicto de Ciro, la Biblia incluye dos versiones (Esd 1.2-4; y Esd 6.3-12). Esencialmente, el decreto real indicaba, no solo que se permitía a los exiliados el retorno seguro a Judá y Jerusalén, sino que les devolvió los tesoros que Nabucodonosor había tomado del templo de Jerusalén. Además, de acuerdo con el Edicto, se aprobó un apoyo gubernamental adicional para ayudar en los procesos de repatriación y reconstrucción.

El retorno a las tierras de Canaán debió haber sido lento, paulatino, doloroso, complicado... Según el testimonio escritural, el primer grupo llegó bajo el liderato de un tal Sesbasar (Esd 1.11), de quien no tenemos mucha información. Al tiempo, comenzó el proceso de reconstrucción del templo, que llegó a su término por el año c. 515 a.C. Y para apoyar administrativa y religiosamente el proceso de reconstrucción, el imperio persa envió inicialmente a varios delegados: Por ejemplo, a Zorobabel, el gobernador, y Josué, el sumo sacerdote. Además, los profetas Hageo y Zacarías afirmaron decididamente el importante proyecto de la restauración nacional.

Sin embargo, ese proyecto de reconstrucción fue mucho más complejo de lo que los primeros repatriados pensaron. Se manifestaron problemas de diferente naturaleza, pero todos complicados. La empresa de reconstrucción nacional tuvo graves dificultades económicas, pues aunque el decreto oficial de Ciro aprobaba una partida económica, la verdad es que ese apoyo fiscal nunca se materializó. En la comunidad judía de Jerusalén se manifestaron diferencias de criterio en torno a cómo debía llevarse a efecto el proyecto. Y de particular importancia, entre los conflictos que se manifestaron relacionados con la reconstrucción, está la enemistad histórica y hosti- lidad creciente de los grupos samaritanos, que rechazaron abiertamente el proyecto judío, y también lo boicotearon.

Un alto funcionario del imperio persa, Nehemías, de origen judío, al percatarse de las dificultades que enfrentaba el programa de reconstrucción en Jerusalén, solicitó ser gobernador de Judá y dirigir él mismo el proceso de restauración. Su llegada a Judá probó ser de gran utilidad administrativa e importancia histórica, pues bajo su mandato y liderazgo no solo se reconstruyeron los muros de protección de la ciudad, sino que se renovó la vida espiritual de la nación (Neh 8—10).

Esdras, que, a la vez, era escriba y sacerdote, llegó también a la ciudad de Jerusalén con el mandato oficial y específico del monarca persa de atender las necesidades cúlticas y espirituales de la comunidad judía, administrar las actividades en el templo de Jerusalén, e incentivar el cumplimiento de la Ley en las dos comunidades judías, la que había quedado en Jerusalén y Judá, y la que había regresado del destierro (Esd 7.12-26).

Algunos estudiosos piensan que las importantes reformas introducidas por Esdras en Jerusalén, fueron responsables para que se conozca el pueblo de Israel como el «pueblo del Libro», en referencia a la Ley de Moisés.

El período helenista. El imperio persa mantuvo su poder como potencia internacional hasta que hizo su entrada en el mundo de la política militar del Oriente Medio un joven general, que deseaba conquistar el mundo conocido: Alejandro el Grande. Ante los avances firmes y decididos de los ejércitos griegos, Darío II de Persia tuvo que ceder el poder regional en la ciudad de Isos (333 a.C.). Y de esa manera comenzó a sentirse en el Creciente Fértil la manifestación firme y continua del helenismo, que no solo era un avance administrativo, político y militar, sino una conquista social, cultural, lingüística y religiosa.

Sin embargo, aunque el imperio de Alejandro se extendió de forma vasta por el mundo antiguo, los conflictos internos y las diferencias entre los generales impidieron que se consolidara el poder y se desarrollaran estructuras políticas estables y definidas. Por esa razón, con la muerte a destiempo de Alejandro, los generales más importantes de su ejército se dividieron el poder y el imperio.

En relación con estos conflictos, la región de Palestina, en un primer tiempo, quedó bajo el poder de los Tolomeos (o Lagidas) en Egipto; aunque con el pasar de los años, toda la región pasó a manos de los Seléucidas, que gobernaban, administraban y llevaban a efecto sus planes políticos y económicos desde el norte, en Siria.

La fuerza del helenismo arropó los diversos sectores del Creciente Fértil, pues el griego pasó a ser en poco tiempo la lengua franca de todo el imperio. Inclusive, los judíos que se habían mantenido en la diáspora comenzaron a utilizar esa lengua como su vehículo de comunicación primario, en sustitución del hebreo y el arameo. Y de esa importante transformación lingüística es que se siente la necesidad, específicamente entre los judíos de Alejandría, Egipto, de traducir la Biblia al idioma griego, de donde se produce finalmente la versión de los Setenta, o la Septuaginta (LXX).

Con el fuerte avance del helenismo en Palestina, la comunidad judía de Judá y Jerusalén reaccionaron con adversidad y rechazo. Muchos judíos habían adoptado estilos de vida y prácticas griegas, que estaban abiertamente reñidas con las leyes de Moisés. Esta tensión, entre los tradicionales judíos y los modernistas griegos, continuó en aumento, hasta que las políticas antijudías de Antíoco IV Epífanes, provocó una gran rebelión nacional.

Esa revolución, que se conoce como la sublevación de los «Macabeos» (que significa, posiblemente, «martillo»), la organizó inicialmente un sacerdote, Matatías, indignado por las prácticas profanas de los grupos Seléucidas en el templo. Luego se le fueron añadiendo sus cinco hijos y el pueblo, que también rechazaron decididamente las abominaciones que se practicaban en el templo del Señor a las divinidades paganas.

Tras la muerte de Matatías, la revolución prosiguió con su tercer hijo, Judas, que se proclamó finalmente victorioso en esa heroica gesta revolucionaria, contra los ejércitos sirios. La fiesta de la Dedicación (Jn 10.22), o *Hannuká*, recuerda el triunfo definitivo de los Macabeos contra el helenismo en sus diferentes manifestaciones.

A la muerte de de Simón, el último de los hermanos Macabeos, el poder recayó sobre su hijo, Juan Hircano, que inició una importante dinastía, conocida como los asmoneos (134-104 a.c.). Esa administración se mantuvo en Judá y Jerusalén hasta la aparición de otro imperio, el romano. El poder extraordinario de ese nuevo imperio se hizo sentir con firmeza en Palestina, con la llegada victoriosa de sus ejércitos, dirigidos por el hábil general Pompeyo.

Con la imponente conquista de Pompeyo, el futuro de Judá y de Jerusalén quedó bajo el poder del imperio romano, que gobernó con puño de hierro y firmeza la región por varios siglos. En ese singular entorno histórico, político, militar, religioso y social del imperio romano, es que Jesús de Nazaret hace su entrada en la historia, y ese mismo imperio es el que autoriza y lleva a efecto su tortura ilegal y su ejecución injusta en la cruz.

La teología bíblica

Para la comprensión adecuada de la teología bíblica, hay que reconocer, en primera instancia, que las Sagradas Escrituras no articulan sus reflexiones, pensamientos, convicciones y reflexiones en torno a Dios de forma sistemática. La Biblia no es un tratado de teología sistemática, que presenta sus diversos conceptos e ideas en torno a la divinidad de manera ordenada y coordinada.

Por el contrario, las teologías que se incluyen en la Biblia se presentan en las narraciones y se descubren en los poemas, se identifican en los oráculos y se revelan en los proverbios, se articulan en la vida de los patriarcas y matriarcas del pueblo y se desprenden de las memorias de las vivencias históricas del pueblo. La teología bíblica, en efecto, se desprende de los relatos que aparecen en las diversas partes del canon.

Esas formas de articulación teológica, sin embargo, no desmerecen sus convicciones ni mucho menos disminuye el poder de sus virtudes. La teología bíblica está íntimamente unida a los documentos que le brindan significado histórico y espiritual al pueblo, y que se pone en clara evidencia en la lectura y evaluación de las narraciones canónicas, que en nuestro singular caso, son las que se encuentran en las Escrituras judías, el A.T. o la Biblia hebrea.

La gran pregunta teológica en la Biblia no es si Dios existe, sino cómo esa particular divinidad se manifiesta libremente en medio de las realidades cotidianas de su pueblo. El mayor interrogante es cómo ese Dios se revela para contribuir positivamente al desarrollo de un sistema social, económico, político, religioso y espiritual, que ponga en evidencia clara su compromiso con los valores impostergables de amor, verdad, justicia, paz y santidad.

En efecto, el presupuesto bíblico básico y fundamental de la Biblia, es que Dios existe. Solo la persona necia es capaz de «decir en su corazón», o pensar: «No hay Dios» (Sal 14.1; 53.1).

La preocupación fundamental de la teología bíblica no es «probar» la existencia de Dios sino descubrir, identificar, explicar, afirmar y contextualizar las manifestaciones divinas en la vida de individuos, comunidades y naciones. Y su finalidad litúrgica, es celebrar y agradecer esas intervenciones extraordinarias de Dios en la naturaleza y el cosmos.

«En el principio Dios creó los cielos y la tierra» (Gn 1.1). De esa manera directa, firme y contundente comienzan las Sagradas Escrituras. Y desde ese mismo momento, el tema de Dios se convierte en la vertiente teológica principal de toda la Biblia. En el corazón mismo de la literatura bíblica se encuentra la revelación del Dios que desea comunicarse con las personas de forma directa y clara. Particularmente se manifiesta al pueblo de Israel, y más específicamente, a personas marginadas y sufridas en la vida, a gente en necesidad y angustia en la sociedad, a comunidades en cautiverio y opresión en el mundo.

La Biblia narra lo que, a juicio de sus redactores, Dios ha hecho, ha dicho y ha prometido. Las Escrituras revelan cómo Dios intervino en medio de las angustias del pueblo, y cómo puso de manifiesto su voluntad, poder, autoridad, virtud y paz con justicia. Y esa revelación divina se presenta a través de relatos, poesías, oráculos, biografías, historias familiares, enseñanzas sabias, leyes, etc.

Metodologías de estudio

A través de la historia, muchas personas eruditas y estudiosas han desarrollado formas diversas de estudiar la llamada «teología bíblica». El objetivo es comprender mejor el mensaje de las Escrituras e identificar adecuadamente los componentes sustantivos de la naturaleza divina, de acuerdo con las afirmaciones de la Biblia. Estos acercamientos metodológicos son varios y, en muchos casos, se complementan.

El «método descriptivo» pone su atención principal en lo que el texto bíblico quiso decir al pueblo de Israel, y no está interesada tanto en la contextualización y aplicación del mensaje escritural. Describe lo que sucedió, explica sus orígenes y analiza las ideas, los temas y las importancias teológicas de los asuntos planteados. Es limitante, sin embargo, esta metodología de análisis, pues es incapaz de descubrir y afirmar las implicaciones contextuales y transformadoras de las enseñanzas bíblicas, que tienen un valor fundamental para las religiones proféticas.

Otra forma de estudiar la teología bíblica se conoce como el «método confesional», e intenta poner de relieve la importancia de la fe cristiana y sus valores al estudiar el A.T. En esa metodología se reconoce que leemos el A.T. o la Biblia hebrea como creyentes cristianos, y que debemos interpretar esos documentos fundamentados en las doctrinas cristianas básicas, no en los méritos propios de la literatura hebrea antigua. Una preocupación en torno a esta metodología, es la posibilidad del anacronismo histórico, al leer la teología y los valores de la iglesia cristiana en las narraciones hebreas antiguas.

El «método transversal» es una forma adicional de estudiar la teología bíblica, que identifica los procesos y eventos históricos que se encuentran subyacentes en las experiencias religiosas del pueblo. Su propósito básico es descubrir las creencias fundamentales de los escritores bíblicos, según los diversos períodos, para descubrir las relaciones teológicas e históricas entre el A.T. y el N.T. De acuerdo con esta metodología, el principio teológico rector de las Escrituras en el pacto o alianza que Dios estableció con su pueblo. Lamentablemente esta metodología no explica algunas secciones importantes de la Biblia hebrea, por ejemplo, como la literatura sapiencial.

De acuerdo con el «método diacrónico», los estudiosos deben de antemano reconocer la complejidad inherente de las Escrituras, y afirmar la naturaleza, variedad y extensión de las tradiciones bíblicas. Se analizan las narraciones históricas y proféticas del pueblo de Israel, para descubrir sus comprensiones de Dios, del mundo, la historia, la naturaleza, el futuro, la esperanza. Y de esta forma, el estudio toma en seria consideración la naturaleza kerigmática de la Biblia, pues identifica las confesiones más importantes y los credos hebreos antiguos fundamentales.

Esta metodología, que es muy importante en los estudios bíblicos, ha sido muy criticada, pues es incapaz de identificar un núcleo básico y fundamental que revele el tema prioritario en las tradiciones bíblicas. Y esa ambigüedad, hace que la aplicación de este método sea complicada e inefectiva. Aunque algunas de sus contribuciones a la comprensión de la Biblia han sido extraordinarias.

El «método canónico» tiene como objetivo básico hacer una reflexión teológica del A.T. en su contexto canónico. Fundamenta su análisis en los libros bíblicos que realmente tenemos a nuestra disposición, pues no contamos con las tradiciones orales previas ni con los documentos pre-canónicos antiguos. Su afirmación prioritaria es que no podemos fundamentar la teología bíblica en las especulaciones académicas abstracta, sino en los documentos que realmente poseemos.

Este método toma seriamente en consideración los temas del A.T. que se citan en el N.T., analiza la totalidad del mensaje escritural, y reconoce la importancia que la gente de fe le ha dado a los documentos bíblicos. El mayor desafío de esta metodología, sin embargo, es que el movimiento entre los testamentos no es siempre claro, suave y continuo, pues las diferencias teológicas, históricas, culturales, políticas, sociales y espirituales no pueden ignorarse.

El método que nosotros utilizamos para estudiar la teología bíblica, le da prioridad al concepto de Dios y discute cómo esas convicciones antiguas, en torno a la divinidad de Israel, se van manifestando en las diversas percepciones del pueblo. Esa comprensión nos permitirá actualizar los mensajes que se desprenden de sus enseñanzas.

Esta metodología nos permite acercarnos al texto bíblico desde una perspectiva canónica, a la vez que respetamos las categorías teológicas de los escritores originales. Además, identifica las categorías teológicas y temáticas que tienen virtudes pastorales, educativas y homiléticas para la comprensión, el disfrute y la aplicación del mensaje de la Biblia.

Conceptos de Dios

La lectura cuidadosa de las Sagradas Escrituras revela una serie de vectores teológicos que pueden darnos algunas pistas para comprender mejor la divinidad que se revela en la Biblia. Esos vectores, o ejes, tendencias o teologías, se manifiestan en la Biblia hebrea, y también en el N.T.

Entre esas ideas fundamentales en torno al Dios bíblico, se puede afirmar que es creador, liberador y santificador; además, establece pactos con la humanidad. Esas tendencias teológicas importantes, presuponen que el Dios que revela sus virtudes y poder en las Sagradas Escrituras, es soberano, eterno y vivo. Ese tipo de divinidad, que interviene de forma decidida en medio de la historia humana, tiene nombre propio, y que en el análisis de su nombre, se pueden descubrir aspectos básicos y fundamentales de su naturaleza.

El Dios soberano. La afirmación teológica fundamental en la Biblia es que Dios es soberano. Y esa gran declaración le brinda a las Escrituras un claro sentido de dirección, coherencia y unidad. Una lectura inicial de los testimonios sagrados pone claramente en evidencia que todo lo que existe es una manifestación extraordinaria y expresión formidable de su voluntad. Y ese descubrimiento y aceptación teológica, es la que incentiva la adoración y el reconocimiento divino.

La Biblia no trata de explicar la naturaleza divina ni intenta probar su existencia, aunque se pueden encontrar algunos pasajes y mensajes que podrían utilizarse para responder a esas importantes inquietudes filosóficas: Por ejemplo, en torno a las pruebas cosmológicas (Sal 19.1; Is 40.21), las pruebas teológicas (Sal 8.5-7; 104.25; Jer 14.22) y las pruebas morales (Gn 31.42; Sal 94.10).

El Dios soberano crea los cielos y la tierra, libera a los hijos e hijas de Israel de las tierras de Egipto, y también los lleva a la Tierra Prometida. Ese Dios acompaña el pueblo por el desierto y la historia, y llega hasta el exilio en Babilonia para poner de manifiesto su poder liberador. Mediante sus emisarios, los profetas, revela su palabra desafiante y amonestaciones al pueblo y sus líderes, para que entiendan las implicaciones éticas de la revelación divina en el Sinaí.

En efecto, el Dios que se revela con soberanía, autoridad y virtud en las Escrituras, pone de manifiesto su poder extraordinario en medio de las vivencias cotidianas del pueblo, y apoya especial y decididamente a la gente en dolor, necesidad y angustia. Si el pueblo de Israel es particularmente escogido y seleccionado por Dios, es principalmente por su naturaleza frágil, por su condición de esclavo en Egipto, y por su experiencia de cautiverio y opresión bajo las políticas esclavistas y discriminatorias del faraón.

El Dios eterno y vivo. Ese Dios soberano, que pone de manifiesto su poder sobre la historia, la naturaleza, el cosmos, las naciones y los individuos, también es eterno. Y ese sentido y característica de eternidad se pone de relieve en la afirmación: «Desde antes que nacieran los montes // y que crearas la tierra y el mundo, // desde los tiempos antiguos y hasta los tiempos postreros, // tú eres Dios» (Sal 90.2). Este texto pone claramente de manifiesto la unidad entre la soberanía divina y su eternidad.

De acuerdo con el salmista, el Dios soberano existe desde antes de la creación. Y ese singular sentido de eternidad, se relaciona íntimamente con la vida, que es una característica fundamental e indispensable en la teología bíblica. En efecto, el Dios soberano y eterno está vivo, afirmación teológica que no pueden hacer los ídolos antiguos ni las divinidades locales en el Oriente Medio antiguo. La eternidad divina se fundamenta en la vida, que es una manifestación clara de su deseo de intervenir en medio de la historia humana.

Lo que distingue particularmente al Dios bíblico de los panteones regionales antiguos, por ejemplo, es su vida. Y esas convicciones profundas se ponen en evidencia clara en las reflexiones teológicas de varios profetas. Jeremías, por ejemplo, critica a las divinidades extranjeras por su impotencia y falta de vida (Jer 10.9-10); y en el libro de Isaías esa crítica llega a niveles literarios y teológicos extraordinarios, pues esas divinidades no tienen la capacidad ni el deseo de comunicarse con la humanidad ni mucho menos tienen la capacidad de intervenir en la historia (Is 45.21, 22).

Como el tema de la vida de Dios manifiesta gran importancia espiritual en la Biblia, se articula en un lenguaje simbólico, poético, descriptivo y antropomórfico. Estas formas figuradas de hablar en torno a Dios, no son expresiones teológicas primitivas ni mucho menos poco sofisticadas, sino una extraordinaria expresión polivalente y metafórica para poner de manifiesto la relación íntima entre la vida humana y la existencia divina.

Una de esas afirmaciones teológicas de importancia capital en las Escrituras, se incluye en el Salterio: El salmista exclama asombrado: «Cual ciervo jadeante en busca del agua, // así te busca, oh Dios, todo mi ser. // Tengo sed de Dios, del Dios de la vida...» (Sal 42.1-2a).

En este poema se pone de relieve el clamor humano por un tipo de divinidad que supera las expectativas religiosas de la época. El Dios aludido no puede limitarse a las dinámicas tradicionales del panteón antiguo, sino debía poseer una característica teológica y existencial única: La vida. ¡Y esa vida supone interacción, la capacidad de comunicación, el deseo de intervenir!

La «vida divina» se expresa en un lenguaje poético que representa al Dios soberano y eterno. Esa vida es la característica teológica indispensable y fundamental en la presentación Dios bíblico. Por esa razón, el poeta exclamaba: ¡Mi alma tiene sed del Dios vivo!

En esa tradición literaria y poética, Dios «habla» (Gn 1.3), «escucha» (Éx 16.12), «ve» (Gn 6.12), «siente» (1S 26.19), «ríe» (Sal 2.4) y «silva» (Is 7.18). Además, ese Dios viviente cuenta con los órganos adecuados y los sentidos necesarios para implantar su voluntad: Por ejemplo, tiene «ojos» (Am 9.4), «manos» (Sal 139.5), «brazos» (Is 51.9), «orejas» (Is 22.14) y «pies» (Neh 1.13). Y en la descripción de sus acciones, también se utiliza ese mismo idioma figurado: Por ejemplo, «cabalga entre las nubes» (Dt 33.26), cierra la puerta del arca de Noé (Gn 7.16), desciende del cielo (Gn 11.7) y es «guerrero» (Éx 15.3).

Las manifestaciones de la vida de Dios, que utilizan ese tipo de lenguaje poético y antropomórfico, sirven también para revelar los sentimientos más profundos de Dios: Por ejemplo, «gozo» (Sof 3.17), «aborrece» (Lv 20.23), «arrepentimiento» (Gn 6.6) y «celo» (Éx 20.5). Ese singular idioma humano para referirse al Dios soberano, eterno y vivo, tuvo sus límites en la ortodoxia, pues los escritores bíblicos no imaginan ni presentan la esposa o compañera de Dios, ni se sienten en libertad para producir sus imágenes.

Los nombres de Dios. El Dios bíblico necesitaba un nombre propio que representara su esencia soberana, eterna y viva. El estudio cuidadoso de los diversos nombres relacionados con el Señor puede ayudarnos a comprender mejor la naturaleza y poder divinidad que los representa.

En la cultura hebrea antigua, los nombres representaban la esencia misma de las personas que los llevaban (véase el caso de Nabal, que significa «insensato», 1S 25.25). Carecer de un nombre era estar desprovisto de significado en la vida, pues el nombre poseía una especie de mística que se relacionaba íntimamente con la persona. Conocer el nombre era equivalente a poseer y controlar a esa persona, era sinónimo de tener poder sobre ella. ¡Quien nombraba, ejercía poder y autoridad sobre lo nombrado!

Respecto a las divinidades, conocer sus nombres era importante y necesario en la antigüedad, pues no se podía invocar efectivamente a ninguna divinidad desconocida, pues no había proceso de comunicación y conocimiento. Por esa razón, Moisés le preguntó directamente a Dios por su nombre, de acuerdo con el relato de la revelación divina en la zarza, el monte Horeb (Éx 3). En ese contexto extraordinario de teofanía inefable y especial, Dios revela su nombre a Moisés: «*Yo soy el que soy*», y «*Yo soy*», y además, relacionó el nombre personal divino, Yavé con el Dios de los antepasados: Dios de Abraham, de Isaac y de Jacob (Éx 3.14-15).

Yavé (Señor) es siempre el nombre propio del Dios bíblico. Y la evaluación de su significado, se descubre de tres formas: El nombre puede proceder de la expresión antigua Yah (Sal 147.1, JAH en RVR-60), que es una exclamación de adoración que manifiesta reconocimiento, aprecio, temor, reverencia, aceptación. La segunda teoría lingüística respecto al nombre divino, relaciona a «Yah» con el pronombre personal para obtener la expresión «Yahu», que significaría, en tono de exclamación, «Oh, es él».

Además, esa es una expresión onomatopéyica del trueno, que se asociaba a la idea antigua de Dios (2R 2.14; Jer 5.12).

El uso de las cuatro vocales divinas, el llamado tetragrama, YHWH, es una forma imperfecta de la raíz verbal «hwh», que en árabe se relaciona con la idea de soplar. De esa forma se transmite la idea del Dios que sopla o el «Dios de las tormentas, truenos y relámpagos», que es una idea importante en las culturas del desierto.

Inclusive, la raíz hebrea «hwh» se puede asociar con las ideas de «ser», «existir» o «acontecer». Posiblemente esa es una interpretación importante del significado del nombre personal divino. Yavé (SEÑOR, NVI), desde esta perspectiva, significa, el que es, el que existe, el que hace acontecer las cosas, el eterno, el que interviene, el que se manifiesta, el que actúa, el que estará presente siempre. Y una posible traducción adecuada del nombre divino, puede ser «El Eterno».

Sin embargo, la comprensión de las complejidades y extensión del nombre divino no puede estar fundamentada únicamente en el análisis lingüístico. Se requiere la ponderación teológica para penetrar en el significado amplio y profundo del nombre del Señor. Por esa razón, es importante evaluar algunas de las diversas formas literarias compuestas del uso del nombre divino, pues nos permitirá comprender su amplitud teológica.

Entre esos nombres divinos se encuentran los siguientes: Yavé, Dios de los patriarcas y matriarcas (Éx 3.14-15); Yavé *Tsebaot*, o SEÑOR Todopoderoso (¡aparece en más de 279 ocasiones en el A.T.!); y Yavé Rey (Is 6.5). En la presentación compuesta de esos nombres se revelan las tendencias teológicas de quienes los utilizaban: En el primero, se destaca la revelación a los antepasados del pueblo y las promesas divinas; en el segundo se afirman las victorias extraordinarias del Señor en los procesos de liberación de Egipto y en la conquista de Canaán; y en el tercero se pone en evidencia la soberanía divina.

Algunas implicaciones contextuales

Como este libro se escribe desde una perspectiva pastoral y latinoamericana, la contextualización de los temas teológicos cobra dimensión nueva, pues no constituye un extra optativo en la intensión del autor. La Biblia hebrea es de vital importancia para las tareas ministeriales, pues entre sus páginas y enseñanzas se encuentran mensajes de gran importancia teológica, ética, moral, espiritual y pastoral. Temas, por ejemplo, como la teología de la creación, que permite a las pastoras y pastores exponer el importante tema de la ecología, la integridad de la creación, la salud ambiental y el respeto a la naturaleza. Y narraciones como la liberación de Egipto, facilita los procesos educativos que incentivan y promueven la existencia digna, renovada y transformada, y la vida sin cadenas, que amarren los sentimientos, las voluntades, los anhelos y las decisiones individuales y colectivas, personales y familiares, nacionales e internacionales.

El estudio sobrio y serio de los nombres de Dios, no solo pone de manifiesto la naturaleza divina, sino que afirma las experiencias, los sentimientos y las expectativas de los adoradores. La gente de fe llama a Dios de acuerdo con sus necesidades inmediatas. Cuando las personas recurren al Dios liberador, es que se sienten cautivas; cuando llaman al Dios sanador, es que enfrentan alguna enfermedad; y cuando reclaman la intervención del Dios eterno, es que sienten su pequeñez y fragilidad. En efecto, el uso de los nombres divinos es un magnífico indicador de las vivencias y las teologías del pueblo de Israel, y también puede ser un buen puente para la contextualización del mensaje bíblico.

Esta obra también toma muy en serio las lecturas y comprensiones bíblicas de los diversos pueblos en la Tierra Santa. Desde las ciudades milenarias y de gran significación histórica y espiritual, como Jerusalén, Nazaret y Belén, la lectura de la Biblia hebrea cobra dimensiones noveles, inusitadas y extraordinarias. Los creyentes de estas ciudades y regiones del mundo pueden contribuir positivamente a los procesos educativos que ayuden a las iglesias del resto del mundo a comprender las implicaciones políticas y sociales de las interpretaciones bíblicas.

Por el conflicto palestino-israelí, algunos creyentes del Oriente Medio han relegado la lectura del A.T. a un segundo plano. Piensan que esas narraciones hebreas antiguas solo tienen que ver con el pueblo de Israel, como han sido interpretadas por la mayoría de los religiosos judíos, y también por algunos cristianos que favorecen el Estado de Israel de forma acrítica. Esas dinámicas sociopolíticas, que se fundamentan en interpretaciones parcializadas de las Escrituras, han producido reacciones que afectan adversamente la vida de las iglesias y los creyentes en la región.

La verdad teológica fundamental e impostergable, es que las interpretaciones de las Sagradas Escrituras que tienen la intensión de cautivar, oprimir, desmerecer y ofender a cualquier sector de la sociedad, no hacen justicia al corazón mensaje divino, que se pone de manifiesto con claridad en el A.T.. Los oráculos de los profetas tenían el propósito claro y definido de afirmar la paz y promover la justicia, y llamaban al pueblo a la fidelidad y al arrepentimiento. Las recomendaciones y enseñanzas de la literatura sapiencial incentivaban la vida responsable, digna, noble, grata y justa. Y las narraciones del éxodo ponen claramente de relieve, algunas características fundamentales de Dios: El Señor no se alegra de la cautividad de las personas, y no ve con buenos ojos las acciones discriminatorias y opresoras de los faraones de todas las épocas, los pueblos, las culturas y las religiones.

Uno de los criterios más importantes al estudiar el A.T. o la Biblia hebrea es identificar los valores que le brindan sentido de cohesión y que sobresalen como temas recurrentes y fundamentales en sus narraciones. Y uno de esos conceptos es la justicia, principio rector que se desprende de la lectura de las Escrituras. Desde los primeros relatos de la creación en el libro de Génesis, hasta los importantes mensajes de los grandes profetas de Israel, la teología bíblica destaca y afirma la importancia de la justicia, pues esa es una de las características básicas del Dios bíblico.

Fundamentado en esos importantes conceptos teológicos, por ejemplo, la justicia, Jesús de Nazaret comenzó su misión pedagógica en Galilea, que lo llevó hasta la ciudad de Jerusalén con un mensaje de renovación espiritual y transformación social. Y aunque le costó la vida, sus enseñanzas, palabras y acciones continuaron vigentes en las tareas apostólicas de los primeros predicadores y predicadoras de la iglesia, y se mantienen efectivas en los ministerios contemporáneos que han decidido ser fieles a la revelación divina.

El ejemplo de Jesús, que estudió con detenimiento las enseñanzas bíblicas, en el hogar y la sinagoga, es de vital significación, tanto para creyentes latinoamericanos como los del Oriente Medio, particularmente en Israel y Palestina. En medio de una reunión en la sinagoga de Nazaret, se levantó a leer el texto bíblico, y explicó el mensaje que se encuentra en al libro del profeta Isaías (Is 61.1-3). En efecto, el Espíritu del Señor lo había ungido para anunciar una nueva época, y para proclamar un nuevo año de liberación, paz, restauración, renovación y vida.

III
EL MUNDO DE LA BIBLIA HEBREA

Dios, en el principio,
creó Dios los cielos y la tierra.
La tierra era un caos total,
las tinieblas cubrían el abismo
y el Espíritu de Dios se movía
sobre la superficie de las aguas.
Génesis 1.1-2

La región de Palestina

La comprensión adecuada de la Biblia hebrea requiere un entendimiento básico de las fuerzas físicas, sociales, políticas, económicas y religiosas que sirvieron de marco a la historia del pueblo de Israel. Inclusive, la topografía de la región fue determinante para la vida cotidiana de individuos y comunidades que poblaron sus ciudades.

La necesidad de ese entendimiento se pone claramente de manifiesto al estudiar las narraciones bíblicas y notar las continuas referencias a la naturaleza y al ambiente, las alusiones repetidas a los pueblos vecinos y la geopolítica de la época, y la evocación reiterada a las culturas e imperios circundantes a Jerusalén. No es posible estudiar, analizar y comprender la Biblia hebrea sin, por lo menos, un conocimiento general de las múltiples dinámicas que rodearon la vida del pueblo hebreo a través de su historia nacional.

El entorno geográfico que fue el contexto histórico de las narraciones de la Biblia hebrea es, principalmente, una pequeña franja de terreno que está enclavada al este del Mar Mediterráneo. Rodeada por los grandes imperios de la antigüedad (p.ej., Egipto, Asiria, Babilonia, Persia y Roma), esta región jugaba un papel protagónico en la geopolítica de su época: ¡Era el puente entre Asia, África y Europa!

En muchas ocasiones, por estas particulares características geográficas, las políticas internas nacionales dependían de las decisiones de las grandes potencias vecinas; en efecto, las decisiones locales en Palestina respondían a las prioridades de los principales centros de poder en la región, que en ocasiones es conocida como el Creciente Fértil. De gran importancia, además, es entender las luchas internacionales que llevaban a efecto los gobernantes de esos imperios antiguos. Para la comprensión de diversas porciones bíblicas en la literatura profética, por ejemplo, hay que estar conscientes de las políticas, acciones e intensiones intervencionistas de estos imperios, y hay que notar el crecimiento político y militar de varias naciones, durante el período bíblico. Esas fueron las dinámicas a las que respondieron teológicamente los profetas, y esas son las dificultades a las que aluden las plegarias intensas de los Salmos.

La época de Moisés hay que relacionarla con Egipto; y los relatos de los triunfos militares de David, deben ser evaluados a la luz del conflicto con los filisteos del momento. Igualmente, el ministerio de Ezequiel hay que analizarlo con el telón de fondo del imperio babilónico, y posteriormente el persa. Y el mensaje del libro de Isaías, responde a las crisis que generaban los imperios dominantes en el Oriente Medio, al querer implantar políticas militares que afectaban adversamente la región de la Palestina antigua.

Por estar ubicada en los caminos que llevaban de la antigua Mesopotamia al África y Europa, la importancia de la Palestina antigua no debe entenderse en términos de su extensión física sino como un coeficiente de su utilidad como frontera entre imperios antagónicos. En efecto, los territorios de las actuales Israel y Palestina, desde muy temprano en la historia, han estado inmersos en conflictos bélicos, invasiones extranjeras y revoluciones internas. Esas tierras, que han sido el contexto primario de la literatura bíblica, también se han caracterizado por la violencia inmisericorde y las continuas confrontaciones políticas y militares.

El nombre más antiguo con que se conoce la región, de acuerdo con las narraciones canónicas de la Biblia, es «tierra de Canaán» (Gn 12:5), aunque posteriormente, con el advenimiento de las tribus israelitas se conoció como «territorio» o «tierra de Israel» (1S 13.19; Ez 11.17; Mt 2.20). Como por algunos siglos los filisteos, que provenían de las islas del Mar Mediterráneo, habitaron y gobernaron la región, cuando se implantó el proceso de helenización, tanto los griegos como los romanos prefirieron llamar al lugar Palestina, que es el nombre propio que surge de los cambios lingüísticos de la palabra «filisteo». Durante algún tiempo, especialmente durante la administración romana, por lo menos, una sección importante de la región, se conoció con el nombre de Judea.

La topografía de la región palestina está definida por cuatro secciones básicas que brindan los espacios pertinentes para el desarrollo político, social, agrícola, familiar y personal. Son cuatro grandes franjas que corren casi paralelas del norte al sur de la región. Cada una de esas secciones tiene, por supuesto, sus propias características tantao geológicas internas, asi como también sus climas.

El primer sector topográfico cananeo se encuentra paralelo al mar Mediterráneo, y se extiende al norte hasta cerca de la Galilea, específicamente hasta el monte Carmelo. En esta sección de tierras arenosas, conocida como la planicie costera se encuentran, al nivel del mar, varias ciudades de importancia bíblica: Por ejemplo, Gaza, Ascalón, Asdod y Jope, y un poco más al norte, Cesarea Marítima. En esa misma región se encuentra la moderna ciudad de Tel Aviv.

Al este de la planicie costera, se encuentra una sección importante de montañas de poca altura que separa la costa de la cordillera central de Canaán, Palestina e Israel. Era una especie de frontera natural entre las poblaciones de Judá y las comunidades filisteas, durante la época monárquica. Se identifica con el nombre de la Sefelá palestina, que significa, acertadamente, tierras bajas o base de las montañas.

La sección central de Palestina la compone una cordillera que nace en el norte, muy cerca del Líbano, y se extiende al sur hasta el desierto del Néguev. Entre la Galilea y Samaria se interpone, en medio de las montañas, la llanura de Esdrelón o de Jezrel. En esta sección es que se encuentran las ciudades de Jerusalén y Belén (c. 800 m. sobre el nivel del mar).

Al este de las montañas centrales se puede identificar la cuenca del Jordán, que incluye el Río Jordán, el mayor de la región, que en la actualidad divide los territorios de Jordania, con los de Israel y Palestina. Nace en el norte de Galilea, en la base misma del monte Hermón, sigue al sur como 300 km., atraviesa el lago Merón y el mar de Galilea o de Tiberiades, y prosigue todavía más al sur, hasta llegar al Mar Muerto o Mar Salado (c. 392 m. bajo el nivel del mar). En esta región palestina se encuentran la antigua ciudad de Jericó y las famosas cuevas de Qumrán, muy cerca del Mar Muerto. ¡Es la región habitada más baja de la tierra!

La región también puede dividirse en cuatro sectores o grupos poblacionales. La comunidad de Galilea, al norte; la sección de Samaria, al centro de Palestina; Judá, cuyos pobladores vivían entre montañas y en terrenos secos, que en algunas secciones se hacían desérticos; y el Néguev, que llega hasta la región del Sinaí en Egipto, esencialmente es una zona desértica y poco habitada.

El clima en la antigua Canaán o la «tierra de Israel» es subtropical: Particularmente seco, árido y desértico al sur, y fértil al norte. Las montañas están llenas de piedras, condición que dificulta los cultivos familiares y complica la agricultura industrial. Al norte, sin embargo, en la llanura de Jezrel, en la sección Galilea, en el valle del Jordán, al este, y en el oeste, en la costa del Mediterráneo, abundan los terrenos fértiles, y la agricultura progresa y prospera.

Las temperaturas varían con las estaciones del año, la altura de las montañas y la hora del día. La región incluye desde climas desérticos, inhóspitos y extremadamente difíciles para la vida, hasta regiones de temperaturas cálidas y agradables. Las estaciones del año son básicamente dos: el invierno y el verano. En relación al clima que favorece la vida y la agricultura, es menester mencionar las «lluvias tempranas», que llegan entre octubre y noviembre, y las «tardías», que caen en mayo.

Esas temporadas de lluvias son de una fundamental importancia para la infraestructura de toda la región, pues es una época para almacenar el agua que se utilizará por el resto del año. Respecto a las lluvias, o la falta de ellas, es importante mencionar que las sequías en la región son frecuentes y severas.

Rutas antiguas

Por estar entre Egipto, al sur, y Mesopotamia, al norte, Israel, Palestina o Canaán siempre han contado con una serie de rutas comerciales y también militares, que han facilitado la comunicación, entre esos sectores distantes de la región, tradicionalmente conocida como la Creciente o Media Luna Fértil antigua.

La *Via Maris,* o el camino del mar (Is 9.1), proviene de Egipto, y corre de forma paralela al mar Mediterráneo. También es conocida como el camino de la tierra de los filisteos. Era la ruta comercial por excelencia al oeste de Palestina, y junto a sus caminos, se fueron construyendo ciudades que aprovechaban el intercambio comercial y el continuo flujo de caravanas de mercaderes. Al llegar al valle de Sarón, el camino del mar se divide en dos secciones primarias: Hacia el norte, por la llanura de Acre, se llega a Fenicia y Ugarit, y desde allá hasta la Anatolia. Y hacia el oriente, se llegaba hasta Damasco y Mesopotamia, pasando por los valles Ara, Esdrelón y Hazor. Desde Meguido había un ramal que unía el camino del mar con el camino real en Transjordania.

El llamado camino real (Nm 20.17) unía los países del sur de Arabia con la ciudad de Damasco. La sección que está al norte también es conocida como el camino de Basán (Nm 21.33), y fue una ruta muy popular. A la parte sur se le llama ruta del desierto de Edom (2R 3.8), desde donde surgían otros caminos hacia Egipto, Acaba y Petra.

Imperios y naciones vecinas de Israel

Como el poder político de las naciones en la región, que incluye a Siria y Canaán, la influencia de las potencias extranjeras en la vida interna de los pueblos de Judá e Israel y sus vecinos era muy importante. En efecto, la configuración geopolítica de la región siro-palestina de la antigüedad convertía a las naciones pequeñas, por ejemplo, como era el caso de Israel y

Judá, en estados dependientes de los grandes centros de poder e imperios del Oriente Medio antiguo. Las decisiones políticas, económicas y militares que se tomaban fuera de sus fronteras, afectaban la vida diaria de sus ciudadanos y su administración gubernamental.

Durante la mayor parte del segundo milenio a.c., la potencia internacional que más influía en Canaán era Egipto, que había desarrollado un imperio expansionista, eficiente y firme. Esas influencias se manifestaban con fuerza en las dinámicas sociales que quizá vivieron los antiguos patriarcas y matriarcas de Israel, cuando llegaron a esa región. Posteriormente, en el primer milenio a.c., el poder de Egipto fue paulatinamente cediendo ante las continuas invasiones y el crecimiento económico, político y militar de algunas potencias del este, particularmente desde Mesopotamia, imperios que eran identificados con Asiria y Babilonia.

En algunas ocasiones las naciones que estaban al norte de Israel, región que en la actualidad sería el Líbano y el sur de Turquía, se organizaban y unían para ejercer algún poder en los pueblos del sur. Posiblemente es durante los reinos de David y Salomón (siglo x a.c.) que el pueblo de Israel logró vivir un período de real independencia de las naciones y potencias extranjeras, aunque aún durante ese período las influencias internacionales eran significativas.

A continuación, presentaremos información básica de las potencias políticas y militares más importantes del Oriente Medio antiguo, durante la época de la Biblia hebrea.

Egipto. La importancia de Egipto como potencia política y militar en la antigüedad no debe nunca ser subestimada. Y su desarrollo cultural e historia se relacionan directamente con el río Nilo y el desierto. Como casi no tiene lluvias, el agua necesaria para consumo humano y agrícola se recibe del Nilo. Además, por ese importante cuerpo de agua es que se desplazaban sus pobladores para moverse del norte al sur del país. El Nilo nace en el corazón de África y corre como 6,500 kilómetros hasta desembocar en el mar Mediterráneo. El desierto, por su parte, proveía a Egipto de cierta protección natural contra las amenazas internacionales.

Misrayin, como se conoce en la Biblia a Egipto, tiene una de las civilizaciones más antiguas conocidas el día de hoy, y ya para el tercer milenio a.C. poseía una de las culturas más avanzadas de la antigüedad. De la lectura de alguna correspondencia del segundo milenio a.C. (p.ej., las Cartas de El Amarna), se desprende que el poder y la influencia egipcia se extendía con vigor hasta la región palestina, pues el faraón se comunica con algunos de sus oficiales que estaban estacionados en Canaán, donde posteriormente se ubicó la ciudad de Jerusalén.

Es de notar, sin embargo, que para el año 1,000 a.C. el poder egipcio había disminuido de forma considerable; hasta el punto de que las naciones palestinas y sirias habías desarrollado gobiernos con cierta autonomía e independencia. Esa fue la época del inicio de la monarquía en Israel. El poder de Egipto en la región no se recuperó hasta el siglo IV a.c., cuando llegaron y se implantaron las extraordinarias conquistas de Alejandro el Grande. Ese tipo de poder disminuido se pone de manifiesto en varias ocasiones (p.ej., Is 30.7), cuando Israel les solicitó ayuda ante las amenazas de las nuevas potencias mesopotámicas, pero las gestiones diplomáticas fueron infructuosas.

Asiria. Uno de los centros de poder que más influencia y poder ejerció en el Oriente Medio antiguo, particularmente sobre la región cananea, palestina o israelita provenía de la ciudad de Asur, de donde procede el gentilicio de asirios. Enclavados en el corazón de la gran Mesopotamia, específicamente en lo que hoy conocemos como la nación de Irak, el imperio asirio ejerció su poder sobre Israel, especialmente durante los siglos IX-VII a.c., en el período conocido como de la monarquía dividida.

Fue testigo, ese período, de la separación y hostilidad entre los gobiernos de Judá e Israel, que constituyeron los reinos del Sur y del Norte, y coincidió con el programa expansionista del imperio asirio, que deseaba conquistar los países vecinos. La importancia geográfica y estratégica de Israel era fundamental, si deseaban llegar y dominar a Egipto.

La influencia de Asiria sobre Israel y Judá no se sentía únicamente en períodos de conflictos o en medio de las políticas de conquista imperial, pues entre estos dos pueblos se manifiestan grandes afinidades culturales, particularmente en el pensamiento religioso. Es importante notar que aunque Egipto es un vecino más cercano, la relación de Israel y Judá con Asiria era más intensa y continua. El rey asirio, Senaquerib, conquistó a Israel en el 722 a.C., culminando de esa forma la independencia del reino del Norte.

Babilonia. Desde Mesopotamia se desarrollaron otros centros de poder de gran importancia, como el que provino de la ciudad de Babilonia. Ya para finales del siglo VII a.c. el poder regional se había desplazado de los asirios a los babilónicos, luego de grandes batallas y conflictos. Y bajo ese gran poder político y militar babilónico fue que cayó la ciudad de Jerusalén y el reino del Sur, y comenzó el importante período que se conoce en le Biblia como el «exilio» o «destierro», donde se deportaron ciudadanos importantes, de acuerdo con las narraciones bíblicas, a las ciudades de Babilonia.

Nuestro conocimiento del imperio babilónico se fundamenta no solamente en los relatos de las Escrituras sino en documentos oficiales del estado, tales como las llamadas Crónicas babilónicas. Esas crónicas coinciden con el testimonio escritural sobre la presencia de los ciudadanos de Judá en sus ciudades, que con el tiempo llegaron a ser una importante comunidad dentro del imperio. Esa comunidad judía en la diáspora o exilio, jugó un papel de gran importancia en el desarrollo de la literatura hebrea, no solo en relación a la Biblia sino en torno a la literatura postbíblica, como el Talmud.

Siria o Aram. La verdadera historia de Siria, hasta tiempos reciente, no era muy conocida. Sin embargo, ese estado de cosas cambió significativamente con los descubrimientos arqueológicos en las antiguas ciudades de Ugarit y Ebla, que nos han brindado un panorama adecuado y amplio de la región. De particular importancia, con el advenimiento de esta nueva información, es el reconocimiento de sus logros culturales y la oportunidad de estudiar de primera mano las religiones de Canaán.

Los sirios constituyeron los vecinos más cercanos de Israel. Y más que una nación monolítica, unida y organizada, Siria era una especie de estados vecinos cuasi independientes, cuyas fronteras no siempre estaban precisa y claramente definidas. Desde la perspectiva del A.T., los sirios se identifican como Aram, y su capital más importante era Damasco, que está ubicada a solo 75 kilómetros al noreste del mar de Galilea. Esa cercanía hacía que cualquier conflicto y enemistad entre Siria e Israel fuera potencialmente muy peligroso. Tradicionalmente, entre estos dos pueblos se establecía algún tipo alianza temporal.

De importancia capital para la comprensión de la Biblia hebrea es el análisis de los hallazgos arqueológicos en la ciudad de Ugarit. Por ejemplo, se encontraron, entre sus restos, una magnífica colección de narraciones épicas y de ritos que nos permite estudiar las religiones cananeas desde su propia perspectiva, no desde el ángulo crítico de los profetas de Israel. Tenemos, de primera mano, algunos documentos teológicos que manifiestan paralelos importantes con la literatura bíblica.

Media y Persia. El poder político y militar en el siglo vi a.C. fue moviéndose de forma paulatina hacia el sur y el este de Mesopotamia. De esa región provenían dos grupos nacionalistas poderosos, que tenían el deseo de conquistar y llegar hasta Egipto. Los medos estaban ubicados al norte de la actual Irán; y los persas poblaban el sur de esa misma región. Fundamentados en los descubrimientos arqueológicos, se puede afirmar que ambos pueblos estaban cultural y militarmente muy adelantados.

Para lograr sus propósitos expansionistas, los medos hicieron una importante alianza con los babilónicos para sacar a los asirios del poder absoluto en el Creciente Fértil, u Oriente Medio (c. 614-609 a.C.). El triunfo de la alianza, sin embargo, no les duró mucho, pues los poderosos ejércitos de Darío, el rey de Persia, les despojó de su protagonismo político y militar en el 550 a.C.

Bajo el liderazgo de Ciro, los persas fueron conquistando de forma gradual los diversos reinos de la región, incluyendo Egipto, y crearon uno de los imperios más extensos y poderosos de la antigüedad, que se extendía desde la India hasta las fronteras con Grecia. Este particular imperio se mantuvo en el poder por más de 200 años, hasta que fue a su vez derrotado por Alejandro Magno.

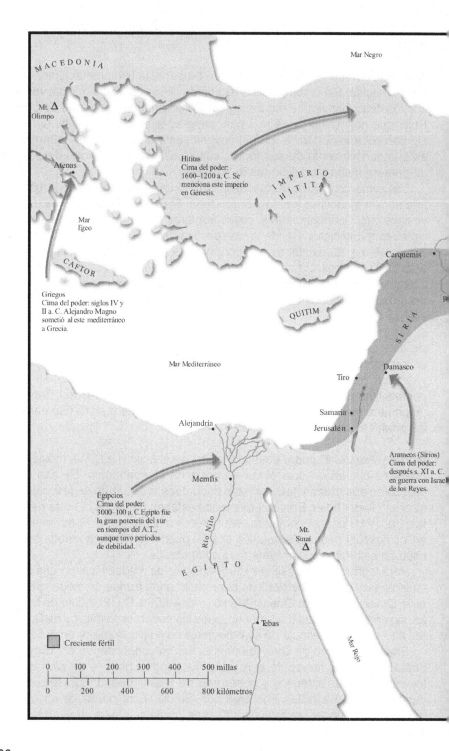

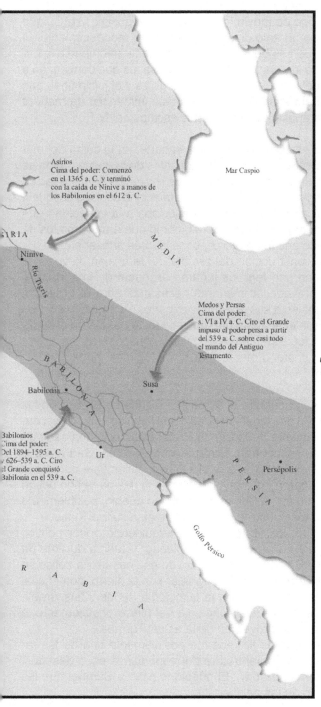

Asirios
Cima del poder: Comenzó
en el 1365 a. C. y terminó
con la caída de Nínive a manos de
los Babilonios en el 612 a. C.

Mar Caspio

Nínive

Río Tigris

MEDIA

SIRIA

EL MUNDO
DEL
ANTIGUO
TESTAMENTO

Medos y Persas
Cima del poder:
s. VI a IV a. C. Ciro el Grande
impuso el poder persa a partir
del 539 a. C. sobre casi todo
el mundo del Antiguo
Testamento.

BABILONIA

Babilonia

Susa

Babilonios
Cima del poder:
Del 1894–1595 a. C.
y 626–539 a. C. Ciro
el Grande conquistó
Babilonia en el 539 a. C.

Ur

PERSIA

Persépolis

Golfo Pérsico

R A B I A

81

De particular importancia para los estudios bíblicos, es la religión persa. Zoroastro desarrolló un tipo de movimiento religioso en el siglo vi a.c., que contenía las creencias en un solo dios y también en el reconocimiento de un sistema complejo de fuerzas benignas y malignas que afectaban a la humanidad. En ese contexto ideológico y teológico persa, es que comienzan a desarrollarse las ideas del cielo, el infierno, los ángeles y el juicio final, que posteriormente llegaron al pensamiento judío, hasta influenciar de manera importante a la literatura apocalíptica y a varios escritos del N.T.

Fenicia. El reino de Tiro estaba ubicado hacia el norte, en la costa del mar Mediterráneo, y al oeste de Aram o Siria. Desde antes de la época griega se conoce esta región como Fenicia. Además de sus proyectos de navegación comercial, uno de los fundamentos de su fama se relaciona con sus bosques. La importancia económica de los fenicios se asociaba a la capacidad que habían desarrollado para trabajar las maderas, por lo que eran llamados de diversas partes del mundo antiguo a ejercer esas labores artesanales.

En los proyectos de construcción del templo de Jerusalén, llevados a efecto por el rey Salomón, los fenicios jugaron un papel de importancia, no solo por producir y proveer las maderas necesarias para el proyecto, sino porque enviaron también a sus artesanos expertos. Además, fueron los fenicios los que elaboraron el alfabeto que ha servido de base para el desarrollo de la escritura, con los sistemas de vocales y consonantes, en primer lugar por los griegos y, posteriormente, por otros idiomas indoeuropeos, incluyendo el castellano.

Filistea. La región que se encuentra al suroeste de Judá se conoce en las Escrituras como Filistea. En ese lugar, un pueblo que llegó del mar, de ascendencia no semita, posiblemente de la isla de Creta, estableció una serie de ciudades entre las que se encuentran: Ecrón, Asdod, Ascalón, Gad y Gaza. Esas cinco ciudades se desarrollaron en Palestina, posiblemente durante la época en que también llegaron las tribus israelitas a la misma región desde Egipto y el desierto (c.1200 a.C.). Sus orígenes como pueblo, posiblemente se pueden ubicar mucho más al norte, quizá en la región sur de Rusia.

Con el paso del tiempo, los filisteos fueron adquiriendo poder político y militar, hasta que llegaron a un punto de esplendor y fuerza durante de época de Samuel, Saúl y David. El fundamento de ese desarrollo bélico se relaciona con la capacidad que tenían de trabajar con el hierro, con el cual hacían armas de guerra que superaban la tecnología de las tribus israelitas, que solo utilizaban el cobre. La tecnología del hierro posiblemente la aprendieron de los hititas, que provenían de la actual Turquía.

Esa dominación militar de los filisteos fue posiblemente una de las razones para que el pueblo de Israel tratara de responder a esos desafíos, con la instauración de la monarquía. ¡El pueblo le pidió a Samuel que les diera un rey como el resto de las naciones!

Finalmente, David pudo responder a las amenazas militares filisteas, y les venció de forma definitiva, convirtiéndolos en sus vasallos. Y aunque los filisteos lograron conseguir nuevamente su independencia de Israel, tras la muerte de Salomón, no recuperaron nunca más su poderío militar. En las campañas militares expansionistas y bélicas de Asiria en Palestina, terminaron su existencia por el siglo VIII a.c.

Amón, Moab y Edom. Cuando se cruza el Río Jordán desde las tierras de Canaán, Israel o Palestina, al otro lado del Mar Muerto, se encuentran dos ciudades que desempeñaron alguna importancia en varios períodos de la historia bíblica: Amón y Moab. Y junto a esas ciudades-estado se encuentra Edom, ubicada al sur del Mar Muerto, que era parte de ese trío que constituyó el imperio que organizó y administró el rey David en Palestina, según los relatos bíblicos.

Entre estos pueblos existe gran continuidad histórica y lingüística. Inclusive, en uno de sus legados literarios, conocido como la Piedra Moabita, se habla elogiosamente de una gran victoria del rey moabita Meshá, al cual también se alude en la Biblia como contemporáneo del rey Acab (2R 3.4). Además, las narraciones del Pentateuco mencionan a los reinos amoritas de Sidón y Og, que fueron vencidos por los grupos de israelitas que llegaban a la región desde Egipto. Esas narraciones también mencionan a Edom, Moab y Amón, pero se indica que los israelitas los invadieron.

La relación filial entre estos pueblos también se enfatiza en la Biblia, al indicar claramente que Esaú era el padre de Edom. Sin embargo, entre Israel y Edom se manifiesta una seria enemistad que aparece reflejada en la literatura profética (Abd; Jer 49; Ez 35) y poética (Sal 137). El territorio de este pueblo estaba ubicado al sur del Mar Muerto hasta llegar al mar Rojo, en la sección palestina conocida como el Arabá.

Moab estaba al norte de Edom, al cruzar el Mar Muerto, en el valle del río Arnón. Los moabitas era un grupo semita que adoraban al dios Quemós, y llegaron a la región al mismo tiempo que los edomitas. Amón está ubicado al norte de Moab entre los ríos Arnón y Jaboc, en Transjordania.

Reino de los hititas. Los hititas eran una comunidad no semita que estableció un imperio al sur de la actual Turquía, en Anatolia. Su capital, Hatusas, estaba situada cerca de la actual Ancara, y fue un imperio que prevaleció por varios siglos (c. 1500-1200 a.C.). Posiblemente su caída se relaciona con las invasiones de grupos del norte, entre los que pudieron estar los llamados «pueblos del mar» que se asentaron posteriormente en Filistea. Quizá los antepasados de los hititas eran de ascendencia aria, de origen indoeuropeo.

La evidencia arqueológica relacionada con este imperio hitita revela que, como conquistaron pueblos desde Siria hasta Babilonia, incorporaron costumbres e ideas de esas culturas mesopotámicas y cananeas, que se manifiestan en el arte y en sus narraciones épicas. En varias ocasiones se menciona a los hititas en las Sagradas Escrituras (p.ej. Éx. 3.8; 23.23; Jos 9.1).

Grecia. Con las conquistas de Alejandro el Grande, la influencia helenística comenzó a sentirse con fuerza en todo el Medio Oriente. En solo tres años organizó un ejército profesional, que le permitió derrotar fulminantemente a la temible y poderosa armada persa, y en un período de solo diez años, logró establecer un imperio que llegó hasta la India, en efecto, hasta el río Ganges. Sus ejércitos avanzaron con determinación no solo para lograr conquistas militares sino para implantar una nueva cultura, una manera alterna de enfrentar la vida y comprender la realidad.

Esas campañas militares de expansión y conquista estuvieron acompañadas de un bien agresivo y efectivo proceso educativo y de avance cultural, que propició que en solo un siglo el Oriente Medio estuviera fuertemente influenciado por la cultura griega, como se pone en evidencia al estudiar el arte, la política, la religión y la filosofía de toda esa región durante ese importante período.

Cuando falleció Alejandro, en el 321 a.C., sus generales se dividieron el reino y prosiguieron con el programa helenístico que marcó de forma permanente el Creciente Fértil. Ninguna nación de la región pudo evadir esas influencias, que se manifiestan con claridad en el período intertestamentario y también en el N.T.

Arqueología y Biblia

La arqueología ha desempeñado un papel importante y ha contribuido de forma destacada al mejoramiento y la profundización de los estudios bíblicos. Inclusive, las investigaciones arqueológicas en yacimientos antiguos en las regiones de Siria, Palestina, Israel, Jordania y Egipto han ayudado a esclarecer algunos pasajes bíblicos de importancia. Y aunque el propósito fundamental de las ciencias arqueológicas no es corroborar ni desmentir información alguna de la Biblia, el análisis de los descubrimientos nos ha ayudado a comprender y esclarecer mucho mejor el mundo del antiguo Oriente Medio, contexto en el cual surgieron los documentos que constituyen la Biblia.

Arqueología, literalmente, significa «el estudio de los orígenes»; pero como proyecto científico organizado y como disciplina académica profesional, analiza los restos de las civilizaciones antiguas para comprender mejor el mundo social, político, religioso y cultural en que vivían. La arqueología es, en efecto, una disciplina complementaria a las ciencias bíblicas, que contribuye de manera destacada al esclarecimiento y comprensión del contexto en el cual se desarrollaron los episodios que se relatan e interpretan en la Biblia.

Posiblemente, por esas razones metodológicas, es mejor, en vez de aludir a la «arqueología bíblica», identificar esta importante ciencia no con documentos concretos que se descubren y estudian en alguna parte del mundo, en épocas específicas, sino con la región a ser estudiada. Esa es la razón fundamental por la cual debemos hablar propiamente de arqueología del Oriente Medio, o de arqueología de Siria y Palestina.

El estudio crítico y sobrio de los hallazgos de edificios, herramientas, armas, monedas, vasijas, documentos y arquitectura son de vital importancia para la comprensión adecuada de la vida diaria en los tiempos bíblicos. Entre los descubrimientos arqueológicos de importancia bíblica, en la región y tierras de Canaán, se encuentran los siguientes, a modo de ilustración:

- El Calendario Gezer, siglo x a.C. nos ha permitido comprender mejor la vida diaria de los agricultores de esa época, además de brindar información valiosa sobre las casas, las calles, los enseres domésticos y el estilo de vida que llevaban.
- El descubrimiento de una medida de pesos, con la inscripción «pim», nos ha ayudado a entender mejor el texto de 1 Samuel 13.21, que es el único versículo de la Biblia que incluye el término.
- Los hermosos marfiles tallados que se hallaron en el palacio real de Samaria, capital del reino del Norte, que provienen del siglo ix a.C., nos permiten comprender la referencia que se hace sobre el palacio del rey Acab que incrustó de marfil» (1R 22.39).
- Los múltiples manuscritos descubiertos en Qumrán, muy cerca del Mar Muerto, nos han permitido identificar mejor las diversas familias de manuscritos hebreos, nos ha provisto de algunos nuevos manuscritos bíblicos que provienen desde épocas previas a la era cristiana, y nos han ayudado a llevar a efecto mejores traducciones de la Biblia, particularmente del A.T.
- En la ciudad de Jericó, muy cerca del Mar Muerto, que forma parte de las narraciones de la conquista de los israelitas al llegar a la antigua Canaán (Jos 2), se han descubierto los restos de diversas culturas y pueblos que provienen de los años 7000 a.C. Es una de las ciudades con murallas y torres más antiguas de la humanidad. Y entre sus visitantes distinguidos se pueden identificar al profeta Elías (2R 2.4-5) y Jesús (Lc 19.1-9).
- En Samaria se encontraron unas vasijas que tenían anotaciones en torno a las entregas de buen aceite de oliva y de vinos de calidad, que posiblemente provenían de los almacenes del rey Jeroboán II (789-748 a.C.) o del monarca Menajem (748-737 a.C.).
- La inscripción de Siloé posee gran importancia histórica pues se encontró en medio de un túnel de agua ubicado debajo de la Ciudad vieja de David, en Jerusalén, que se construyó durante el reinado de Ezequías en Judá (715-689 a.C.). El texto indica cómo los dos

trabajadores comenzaron a excavar en los lugares opuestos del túnel y se encontraron en el medio. Posiblemente el túnel fue parte de los preparativos del rey judío ante la amenaza de Senaquerib (701 a.c.), incidente al cual se alude en 2 Reyes 20.20 y en 2 Crónicas 32.30.

- La ostraca de Laquish presenta un recuento interesante de los últimos días de independencia del reino de Judá, antes de ser conquistada y destruida por los ejércitos de Nabucodonosor en c. 597 a.c. El texto proviene de un comandante de las tropas babilónicas que estaban próximas a conquistar la ciudad de Jerusalén.
- En el resto del Oriente Medio los siguientes descubrimientos has sido significativos para los estudios bíblicos. Esta lista es solo parcial, pues no son pocos los hallazgos de importancia.
- El Enuma Elish es un poema babilónico que presenta la creación del mundo y del cosmos como una gran batalla entre las fuerzas del orden y las del caos. El estudio de este poema épico descubre algunas similitudes con las narraciones de creación que se incluyen en el libro de Génesis.
- La épica de Guilgamesh presenta el deseo de inmortalidad del antiguo rey y sus esfuerzos fallidos por lograrla. Y en el proceso, escucha el relato de un gran diluvio en el cual se salvó Utnapishtim por la intervención de los dioses babilónicos. El poema también revela semejanzas con el relato del diluvio bíblico, en el que Noé y su familia fueron salvados por la intervención divina.
- El código de Hamurabi es posiblemente el más famoso y completo cuerpo de leyes que poseemos de la antigüedad. Proviene de la Babilonia del siglo XVIII a.C. Es estudio cuidadoso del texto manifiesta algunos paralelos con varias leyes y regulaciones que se incluyen en la Ley de Moisés (p.ej., Éx 21—23).
- La estela de Merneptah es una inscripción del faraón de Egipto alrededor de los años 1225 a.C. Su gran importancia bíblica y arqueológica proviene del comentario oficial en torno a que ese año los ejércitos egipcios derrotaron decididamente en Palestina a «Israel», convirtiéndose en la referencia literaria más antigua que poseemos del pueblo bíblico.
- El obelisco Negro es el recuento visual que dejó el rey asirio, Salmanaser III, en el que presenta al rey israelita Jehú (842-815 a.C.) rindiéndole pleitesía al monarca extranjero, en un gesto físico de sumisión y reconocimiento de autoridad. En las referencias bíblicas que se incluyen en la Biblia de este rey no se menciona este particular incidente (2R 9—10).
- El prisma de Senaquerib presenta una descripción de la batalla para conquistar la ciudad de Jerusalén. Aunque el prisma no admite la derrota, insinúa que no pudo tomar la ciudad. En 1 Reyes 18—19 se

hace el recuento bíblico del evento, en el que se indica que Senaquerib atacó la ciudad, pero no pudo tomarla por la intervención de Dios.

Los mitos antiguos

Una de las formas de comunicación de importancia en el Oriente Medio antiguo era la literatura mítica o mitológica. Este tipo de escrito o tradición oral era de carácter simbólico, poético y figurado, y transmitía las verdades más íntimas, profundas e inefables de alguna comunidad. Los mitos, lejos de ser «mentiras», como popularmente se puede entender, ponen de manifiesto las percepciones que los pueblos tienen de sus orígenes, de eventos significativos en su desarrollo nacional, y de sí mismos.

Entre los vecinos de Israel, se difundían una serie de relatos de orden mitológico, que articulaban las percepciones antiguas del comienzo de la historia y la creación de la naturaleza, el cosmos y la humanidad. Estos antiguos mitos de creación jugaron un papel de fundamental importancia en el desarrollo de las ideas religiosas en todo el Oriente Medio. Y como parte de la constelación de naciones que formaban parte del universo del Creciente Fértil, Israel entró en contacto con esas culturas y estuvo consiente de este tipo de género de comunicación que se transmitía de generación en generación, no solo en formas orales, sino que, con el tiempo, adquirió carácter literario.

Los descubrimientos arqueológicos en la costa de Siria, en la antigua ciudad de Ugarit, ha permitido estudiar con detenimiento una serie importante de textos míticos antiguos. Estos mitos nos permiten adentrarnos en las religiones cananeas, particularmente estudiar la religión relacionada con el dios Baal, que parece ocupaba una posición distinguida en el panteón antiguo regional.

Uno de los mitos descubiertos alude a la gran lucha entre Baal, la divinidad relacionada con las tormentas, y un monstruo relacionado con el caos y el mar, llamado Yam, que en los textos descubiertos en Ugarit, también se conoce como dragón, leviatán y serpiente. Este dios cananeo, Yam, es posiblemente el equivalente a Tiamat, el dios del caos, en la mitología mesopotámica.

En una batalla fantástica y cósmica, Baal vence a Yam y garantiza, de esa forma, el poder sobre las lluvias, el control de las diversas estaciones del año, y su autoridad sobre el orden del mundo. Después de su triunfo, Baal se proclamó rey y señor de la tierra, y el dios supremo del panteón, El, le obsequia un gran templo en su honor en la ciudad de Ugarit. Posiblemente estas narraciones y poemas míticos se recitaban en los festivales anuales, relacionados directamente con las cosechas y con la agricultura en general, pues se asociaban al importante tema de la fertilidad de la tierra.

El A.T. incluye algunos de los temas que se ponen de manifiesto en varios mitos antiguos (p.ej., Sal 74; Sal 89; Is 51), pero los escritores sagrados transformaron o desmitologizaron esos conceptos antiguos e imágenes. En los relatos de creación bíblicos (Gn 1—3), por ejemplo, no hay luchas entre las divinidades creadoras ni se vencen a los monstruos marinos para dar paso a la vida. En Israel no hay panteón con diversos dioses, pues el desarrollo del monoteísmo rechazó temprano en la historia este tipo de percepción religiosa e incentivó la producción de su teología monoteísta.

Instituciones sociales

Para adquirir una mejor comprensión de la Biblia es necesario, además de conocer las dinámicas políticas nacionales e internacionales que afectaron al pueblo de Israel, entender las fuerzas sociales que se manifestaban en la vida diaria del pueblo. De fundamental importancia en este análisis son las instituciones sociales que regulaban las interacciones entre individuos, comunidades, tribus, pueblos y naciones. Y como el período que cubre la literatura del A.T. es tan extenso, hay que tomar en consideración que esas mismas instituciones variaron con el tiempo y las regiones.

Familias, clanes y tribus. El mundo del A.T., desde el período patriarcal, manifiesta una dinámica social donde las familias extendidas se agrupaban en clanes, los clanes en tribus, y las tribus, con el tiempo, formaron naciones. El caso de Israel es similar, pues en el período previo al desarrollo de la monarquía con Samuel, Saúl, David y Salomón, las relaciones sociales seguían ese tipo de dinámica social.

Algunos estudiosos han propuesto que durante el período de los caudillos (jueces), las tribus que llegaron desde Egipto se organizaron en un tipo de federación temporal, conocida como anfictionía, que le permitía a los diversos grupos responder en común a los diversos desafíos y problemas de seguridad. Se propone el pacto o alianza en el Sinaí, cuyo signo visible era el arca del pacto. Era una especie de unión, sin mucha estructura o compromiso, que respondía particular y específicamente a las amenazas de grupos enemigos.

Quizá la relación entre las tribus no era tan definida y clara, porque las distancias y rivalidades entre ellas las mantenían en alerta, y también porque las prioridades locales les impedían desarrollar alianzas estratégicas regionales más estables, eficientes y funcionales. Esas mismas relaciones de conflicto interno, fueron parte de los problemas que generaron, con el tiempo, la división de las tribus antiguas en dos grandes bloques, que se organizaron como reinos: El reino del Norte, Israel, con su capital en Samaria; y el reino del Sur, Judá, con Jerusalén como su centro de poder.

No puede ignorarse, sin embargo, el hecho de que el concepto de tribu mantuvo cierta importancia a través de la historia bíblica, pues significó retener algunos compromisos sociales y afirmaciones de identidad en relación con esas dinámicas antiguas. Saúl, por ejemplo, se identifica como de la pequeña tribu de Benjamín (1S 9.21), para afirmar su humildad entre las familias y las tribus de Israel. Tras el exilio, sin embargo, la organización social de la comunidad superó el nivel funcional de los clanes y tribus, pero las familias extendidas mantuvieron su importancia en los procesos administrativos (Esd 10.16).

En tiempos del N.T., aunque la administración local se había desarrollado, se manifiesta una clara conciencia nacional en torno al tema de las doce tribus de Israel (p.ej., Lc 22.30; Stg 1.1; Ap 7.4-8). Quizá era un recuerdo que les permitía relacionarse con sus antepasados de alguna forma simbólica pero significativa. El apóstol Pablo, en esa tradición, alude a que también procede de la tribu de Benjamín, al presentar su mensaje pastoral a la comunidad de Filipo (Fil 3.5).

Los ancianos. En ese mundo de clanes y tribus, los «ancianos» jugaban un papel de capital importancia social. Estos personajes bíblicos eran líderes de familias o de clanes que se reunían a las puertas de la ciudad para escuchar los casos locales de dificultades y conflictos, para juzgarlos e implantar la justicia. Entre los ancianos de cada ciudad o comunidad se establecía una especie de concilio o corte, que adquiría un poder extraordinario para evaluar situaciones locales y también desarrollar algunas políticas administrativas.

En el libro de Job se presenta una idea de cómo funcionaban estos grupos de ancianos (Job 29.7-17), y se pone claramente de manifiesto la dignidad y autoridad del grupo; además, se afirma la imagen positiva que proyectaban ante la comunidad en general. De particular importancia para este grupo de ancianos o corte, era actuar a favor de las personas que estaban en necesidad o que eran víctimas inocentes de alguna injusticia, particularmente en la tradición de la Ley de Moisés, hacia las personas huérfanas, los extranjeros y las viudas.

Con el paso del tiempo, y también por las complejidades en las relaciones sociales, se necesitaron otros foros de justicia. Esas dinámicas legales se notan en las narraciones bíblicas en torno a Samuel y a sus hijos (1S 7.15—8.3), que actuaban como jueces en casos que superaban las prerrogativas de los ancianos en las puertas de la ciudad. Inclusive, de la lectura de algunos pasajes legales de la Torá, se desprende que los sacerdotes también tenían algunas funciones judiciales, especialmente cuando la evidencia expuesta no era contundente, clara y definitiva. En esos casos, los sacerdotes dependían de la suerte para la implantación de la justicia (Éx 22.7-8).

El rey y los sistemas de justicia. El foro último de apelación era el rey, que evaluaba casos particulares y complejos que le llevaban ante su consideración y juicio. El presupuesto teológico, filosófico y administrativo del proceso y el funcionario, era que una de las responsabilidades principales del monarca se relacionaba directamente con el establecimiento de la justicia, como se pone en evidencia clara en algunos poemas del Salterio (Sal 72.2, 4).

Tanto en Israel como en Judá la monarquía siguió algunas dinámicas administrativas, sociales y políticas que tenían continuidad con el resto del Oriente Medio. En los libros de los Reyes, las evaluaciones de los monarcas de ambos reinos, del Norte y del Sur, responden prioritariamente a criterios religiosos. En efecto, los escritores bíblicos analizan las ejecutorias y las decisiones de los reyes en términos específicos de su fidelidad a Dios y la pacto. Sin embargo, en algunas porciones bíblicas se revelan detalles que deben tomarse en consideración en la evaluación crítica de la institución de la monarquía: Samuel presenta un panorama extremadamente adverso de la vida bajo los reyes (1S 8.11-17), y del análisis de las acciones de Salomón y Jeroboán, se deduce que aun en medio de las administraciones más prósperas y económicamente desarrolladas, se manifestaban injusticias sociales, económicas y políticas (1R 12).

En el contexto más amplio del Oriente Medio, los reyes eran vistos como figuras cercanas a las divinidades. En Egipto, por ejemplo, ante los ojos del pueblo, el faraón era como una figura divina; y en Mesopotamia, el rey era el representante oficial de los dioses ante la humanidad. Esas altas percepciones de la monarquía se manifiestan, entre otras formas, en el esplendor de sus palacios, la grandeza de sus tronos y en las representaciones artísticas de sus reinos.

Esa particular ideología del sistema monárquico, donde el gobernante era una divinidad, no se manifestó entre los reyes de Israel y Judá. Hay que notar, sin embargo, que de acuerdo con el testimonio de la Biblia hebrea, el rey era hijo de Dios (Sal 89.27-28, 30-32), y sus tronos eran bien elaborados y majestuosos (1R 10.18-20).

Como en las diversas monarquías vecinas de Israel y Judá, los reyes tenían una especie de consejeros que formaban una corte o grupo de asesores y de apoyo real. Estas cortes se encargaban de implantar las políticas reales, y también de supervisar los diversos procesos administrativos y judiciales del país.

Generalmente eran miembros de estas cortes los familiares del monarca y personajes importantes de las familias más cercanas al rey, que con el tiempo adquirían un nivel social distinguido. De esa forma histórica y social, adquirían el reconocimiento como personas «nobles», «príncipes», «cortesanos».

De acuerdo con las narraciones bíblicas, el rey tenía asesores para asuntos legales, históricos y militares, además de ayudantes personales y secretarios (2S 8.15-18; 1R 4.2-6). Algunos, posiblemente, no provenían de familias nobles cercanas al rey, sino que habían sido seleccionados por sus cualidades personales y sus destrezas específicas.

Tanto en Egipto como en Mesopotamia se habían creado sistemas educativos para preparar a este tipo de funcionarios de la corte. Posiblemente en Israel y Judá se siguieron esas mismas políticas educativas. La Biblia habla específicamente que la corte de Judá, en medio de la amenaza de Senaquerib, tenía administrador, secretario, cronista y copero mayor, entre sus altos funcionarios (2R 18.18). Las monarquías tenían una infraestructura elaborada que les permitía la operación diaria de forma efectiva.

Sabios, sacerdotes y profetas. Las diversas culturas del mundo han identificado personas que por alguna calificación profesional, intelectual o familiar denominan «sabios». Son individuos que gozan del respeto y aprecio de la comunidad y se caracterizan por sus recomendaciones prudentes y acertadas. En efecto, tienen la virtud de aplicar el conocimiento y la inteligencia de forma responsable y ponderada.

En las Sagradas Escrituras, se identifican una serie de personas con ese distintivo, y de la lectura de algunas porciones se desprende que podría tratarse de un grupo determinado de líderes nacionales. Es precisamente un profeta, Jeremías, el que analiza las reacciones de la comunidad ante la naturaleza crítica de su mensaje, e indica que los sacerdotes no educarán, los profetas no darán la palabra y los sabios no brindarán sus consejos (Jer 18.18). La lectura de este pasaje parecería aludir a tres tipos de «oficios» específicos y definidos en la sociedad israelita antigua pues, de la misma forma que hay sacerdotes que ejercen sus funciones en el templo y profetas que reaccionan a las decisiones de los monarcas, los sabios también tenían un espacio específico y definido dentro de la sociedad. Posiblemente la referencia a estos sabios es una alusión a los consejeros del rey, que de acuerdo con el mensaje escritural, le orientaban en asuntos de diversa naturaleza.

La Biblia también incluye de forma destacada un tipo de escrito que se conoce como literatura sapiencial. Esta literatura consistía en la recopilación de enseñanzas que constituían la base para la educación moral y ética del pueblo. Esta literatura que se puede encontrar, entre otros libros de la Biblia, en Salmos y Proverbios, pone de manifiesto las reflexiones naturales que intentan descubrir y celebrar el sentido positivo y grato de la existencia humana. Más que afirmaciones filosóficas especulativas, son reflexiones en torno a la vida diaria que se fundamentan en las observaciones empíricas.

Los sacerdotes, por su parte, eran funcionarios oficiales de la corte. En torno a este tema, es importante señalar que en el Oriente Medio no se distinguen las dinámicas religiosas de las políticas. La vida es una, y no se divide en esferas religiosas y seculares.

En la antigüedad, el sacerdocio era, como el resto de las profesiones en Israel, una actividad heredada. En efecto, el oficio era aprendido en los entornos familiares y transmitido de generación en generación. Los documentos más antiguos indican que, al menos en en sus comienzos, el sacerdocio podía ser ejercido por cualquier persona, si era identificado y comisionado por la persona adecuada, que primordialmente eran los jefes de familias o de clanes (Jue 17—18).

El gentilicio «levitas» aludía inicialmente a los pertenecientes a la antigua tribu de Leví; sin embargo, con el paso del tiempo, el término adquirió una particular carga semántica, que lo relacionaba directamente con el sacerdocio. Inclusive, la tribu de Leví se identificó específicamente como una comunidad sacerdotal, después de la época de la monarquía. El libro del Deuteronomio afirma con claridad, en esa tradición teológica, que los levitas estaban calificados para actuar como sacerdotes del pueblo (Dt 18.1). Este libro representa una visión de las instituciones religiosas de Israel en el siglo VII a.C. En ese particular momento histórico, el sacerdocio servía únicamente en Jerusalén, y los sacrificios solo se ofrecían en el templo. Antes de esa época, los levitas ofrecían sacrificios al Señor en otros lugares con alguna significación religiosa.

Después del exilio, las dinámicas religiosas de la comunidad israelitas cambiaron de forma dramática. Las nuevas realidades sociales, políticas y religiosas de las dos comunidades judías, tanto las que habían quedado en Jerusalén como las que habían regresado desde Babilonia, requirió que se redefinieran los requisitos para ejercer el sacerdocio renovado en el templo restaurado. De esta forma se identificó, como personal sacerdotal certificado, solo a los descendientes de los sacerdotes que habían ejercido esas funciones en el templo antes del exilio. Se les conocía específicamente como «los hijos de Sadoc», y se trazaba su ascendencia familiar hasta Aarón, el hermano de Moisés. Sadoc sirvió como sumo sacerdote en el reinado de David.

Fue en el período que prosiguió al retorno a Jerusalén, que los levitas fueron ubicados en una posición inferior en la escala sacerdotal, pues podían apoyar la celebración de los eventos en el Segundo templo, particularmente en la música, pero no podían ofrecer sacrificios. Con el tiempo, posiblemente en el período helenístico, el sumo sacerdote tomó más responsabilidades políticas y sociales para administrar los asuntos nacionales, por la falta de un monarca con poder político claro y definido.

De singular importancia entre las responsabilidades básicas de los sacerdotes eran sus funciones educativas. Aunque los sacrificios constituían un componente importante en sus funciones litúrgicas, la educación del pueblo en los temas relacionados con la Torá era considerada como una de sus responsabilidades fundamentales, por lo menos ante los ojos de los profetas (Os 4.4-6; Mal 2.7-9).

Los profetas eran personajes singulares en la sociedad israelita. Sus funciones se relacionaban con las actividades del rey, aunque también contribuían de forma destacada en la formación de opinión pública en el pueblo. Eran personajes independientes que no se relacionaban ni estaban adscritos a ningún santuario definido. Constituían, posiblemente, una de las pocas profesiones en el Israel de la antigüedad que no era hereditaria, pues la vocación profética, más que un oficio, era una encomienda divina que se debía cumplir con responsabilidad y vehemencia bajo ciertas especificaciones estrictas. La institución de la profecía se desarrolló paralelamente con la de la monarquía, y no requería entrenamiento particular, solo se necesitaba estar llamado y comisionado por Dios.

Aunque no ejercían ninguna posición oficial dentro del reino, con regularidad se encontraban en diálogo directo con los monarcas (Is 8—9) y personas influyentes en el palacio real, pues algunos formaban parte del grupo de asesores y consejeros oficiales de los reyes. Esta orientación política y religiosa era requerida de los profetas, particularmente en tiempos de crisis nacional, o para tomar decisiones de importancia nacional e internacional, como por ejemplo, el comenzar una guerra (1R 22).

La expresión «hijos de los profetas» se refiere específicamente a los grupos que vivían en algún tipo de comunidad, específicamente en tiempos del profeta Eliseo (2R 2.15-17; 4.38-41; 6.1-7).

Los profetas, provenían de diversas regiones y sectores del país, inclusive, algunos reclamaban haber sido llamados por Dios mientras llevaban a efecto sus labores cotidianas (Am 7.14). Su labor principal consistía en anunciar la palabra divina al pueblo, en ocasiones por conducto del rey, aunque también tenían la capacidad de efectuar milagros. Con el tiempo se convirtieron en la consciencia moral del pueblo y sus líderes, llamándolos a vivir de acuerdo con las estipulaciones definidas en la Ley y de acuerdo con el pacto.

Relaciones familiares

La unidad básica de la sociedad antigua en Israel era la familia, que era entendida en términos extendidos e incluía abuelos, padre y madre, hijos e hijas, tíos y tías, sobrinos y sobrinas, y hasta sirvientes y esclavos. La estructura era patriarcal. Las personas de autoridad eran reyes, jueces, sacerdotes, sabios, guerreros, artesanos, agricultores. Y estas dinámicas sociales se producían no en contextos beduinos antiguos sino en las diversas ciudades en las que se asentaron los israelitas como pueblo al llegar a las tierras de Canaán.

Los hombres, en este tipo de arreglo social, tenían las responsabilidades mayores, y las mujeres ocupaban un sitial subordinado, como esposas, madres, hijas o viudas. Los niños y las niñas también eran relegados a jugar un papel secundario, pues eran vistos como una posesión paternal. La familia ideal era numerosa, pues se fundamentaba en el antiguo mandamiento bíblico de crecimiento (Gn 1.28). El tener muchos hijos e hijas era considerado una bendición divina. Y la infertilidad era vista como una maldición, y siempre se le achacaba a las mujeres, que se sentían particularmente humilladas y afligidas por la incapacidad de procrear (Gn 16.1-6; 1S 1.1-7).

Los procesos educativos se llevaban a efecto en el seno del hogar. El hombre se encargaba de instruir a los varones en el oficio tradicional de la familia; y las mujeres hacían lo propio con las niñas, que se encargaban de todas las actividades domésticas, y también de algunas del campo. La educación formal para leer y escribir con tutores no era común, y estaba reservada para algunas familias con mayor poder económico y prestigio social.

Las mujeres

Aunque las mujeres vivían en un ambiente de subordinación, y sus entornos de acción no eran amplios e independientes, la Biblia afirma sus derechos humanos y personales. Las leyes de protección de viudas y huérfanos, por ejemplo, era una forma de salvaguardar y afirmar la dignidad de ese sector vulnerable y necesitado de la sociedad. Los hombres, que constituían las personas responsables de los grupos más frágiles, no podían disponer de las mujeres, niños y niñas, y esclavos a sus caprichos, pues inclusive los esclavos, tanto hombres como mujeres, tenían el mismo derecho a la liberación después de seis años de trabajos.

El particular caso de la mujer ejemplar, en el libro de los Proverbios (Pr 31.14-23), presenta el importante modelo de una mujer ideal, que no corresponde a los patrones de subordinación previamente descritos. Además, las críticas que hace el profeta Amós a las esposas de los hombres acaudalados (Am 4.1), ponen claramente de manifiesto que, el grado de subordinación de las mujeres en estos sectores de la sociedad variaba de acuerdo con el nivel económico que ostentaban.

De acuerdo con la literatura sapiencial, que manifiesta una actitud de discrimen óptimo, las mujeres eran seductoras y pecadoras (Pr 2.16-19; 5.1-14; 7.6-27). Esa percepción llega a un punto mayor con las afirmaciones del Eclesiastés (Ec 7.28), que indica que no es posible conseguir una buena mujer entre la multitud.

Esa actitud misógina y antifemenina contrasta dramáticamente con una serie de mujeres cuyas contribuciones, de acuerdo con las narraciones bíblicas, apoyaron de forma destacada la vida nacional. Fueron matriarcas (p.ej., Sara, Rebeca y Raquel), reinas, reinas madres y esposas de reyes (p.ej., Abigail y Mica), juezas y militares (p.ej., Débora), salvadoras de su comunidad (p.ej., Ester y Judit) y profetisas (p.ej., Miriam). En efecto, la impresión que dejaron estas mujeres en la vida del pueblo fue de tal magnitud, que aun en medio de una sociedad que no valoraba adecuadamente sus diversas contribuciones, las memorias de sus ejecutorias sobrepasaron los prejuicios de género y rebasaron los linderos del tiempo.

IV
PREHISTORIA DE ISRAEL

Dios les habló otra vez a Noé y a sus hijos,
y les dijo:
«Yo establezco mi pacto con ustedes,
con sus descendientes».
Génesis 9.8-9

Historia primigenia

Las narraciones que se presentan en la primera sección de la Biblia hebrea (Gn 1.1—11.32) superan los linderos de la historia humana. Son esencialmente afirmaciones teológicas, que destacan el poder creador de Dios y ubican al pueblo de Israel y sus antepasados en los ámbitos iniciales de la creación y en las fronteras mismas de la historia de las naciones.

Los autores y redactores de estos importantes capítulos en la Biblia le dieron a la historia de Israel unos perfiles históricos amplios, relacionando lo nacional e íntimo, con lo universal y panorámico. La primera sección de las Sagradas Escrituras es una gran introducción teológica a la vida, las costumbres, las creencias y los valores que se ponen de manifiesto en la historia del pueblo de Israel.

Los relatos bíblicos iniciales, en efecto, pertenecen al extraordinario mundo de la prehistoria, y ponen de manifiesto las percepciones que tenía el pueblo, entre otros temas, de un Dios creador, poderoso y universal, que además era perdonador y libertador. Desde las primeras páginas de las Escrituras hebreas se revela un Dios que tiene la capacidad y el deseo de intervenir en medio de las vivencias humanas, y va dando sentido de dirección a la historia. Ese gran marco teológico y comprensión de la historia se pone de relieve en el resto de las narraciones bíblicas. Ciertamente, el Dios bíblico se revela en medio de la historia universal y específicamente se manifiesta en las experiencias de su pueblo, Israel.

Las narraciones de Adán y Eva, Caín y Abel, Noé y su familia, y también la de los antepasados de Abraham, no están cautivas en eventos de los cuales podemos determinar con precisión lugares, ciudades, culturas, fechas, épocas, períodos... Se tratan de reflexiones teológicas creativas que ubican el poder divino en el período mismo de la creación del universo, el cosmos, la historia, el mundo, la humanidad...

Los relatos bíblicos iniciales, que emplean un extraordinario lenguaje poético, y revelan una gran creatividad literaria, declaran sin dificultad e inhibiciones, lo siguiente: El Dios de las Escrituras hebreas es el creador de todo lo que existe, y en ese proceso creador divino, incluyó no solo los cielos, la tierra y el mar, sino a los seres humanos y las comunidades y naciones que anteceden la historia del pueblo de Israel. En esa afirmación teológica, específicamente incluyó a los antepasados de Abraham que es uno de los patriarcas más importantes del pueblo de Israel. De esa forma se une la historia y la prehistoria, en las narraciones bíblicas.

Prehistoria y arqueología

Hasta años recientes, los estudios de la historia del pueblo de Israel se basaban únicamente en las narraciones bíblicas y los antiguos escritos del historiador griego Herodoto. Esa realidad fue cambiando de manera paulatina y continua, desde finales del siglo xix, hasta la actualidad. De gran importancia en esos procesos, que contribuyen positivamente a nuestros estudios, por ejemplo, está la arqueología, que ha descubierto documentos y artefactos que nos permiten comprender mejor las narraciones de la Biblia y sus contextos. Además, nuestras comprensiones de la historia antigua y general del Oriente Medio se han beneficiado grandemente de las historias de las naciones que rodeaban e interaccionaban con el Israel bíblico.

Los primeros documentos o formas de escritura que se encuentran en las regiones alrededor de Mesopotamia y en Egipto, provienen alrededor del año 3200 a.C. Desde ese período en adelante, comenzamos a pensar en la historia, propiamente dicha, como la entendemos en la actualidad. Esa comprensión de la historia incluye, por ejemplo, el análisis de las fuentes de información, la evaluación crítica de las motivaciones, tanto explícitas como implícitas, de los protagonistas. Previo a esa fecha hablamos de prehistoria.

Los años prehistóricos, de los cuales no tenemos fuentes literarias, los estudiamos a la luz de varias ciencias y diferentes metodologías: La geología evalúa los diversos estratos de la corteza de la tierra; la paleontología analiza los fósiles de seres orgánicos; y la arqueología evalúa los descubrimientos de los restos de construcciones y utensilios hechos por la humanidad. Esas ciencias nos permiten tener un cuadro más preciso de los períodos históricos, las peculiaridades culturales, las dinámicas sociales y los cambios climáticos que deseamos estudiar.

Con el propósito de estudiar la prehistoria y la historia con efectividad, los estudiosos distinguen dos grandes períodos. El primero, es la Edad de Piedra (1,600,000-4,500 a.c.), y el segundo, la Edad de Hierro, o de los Metales, (4,500-539 a.c.).

A su vez, la Edad de Piedra, en general, se subdivide en tres tiempos básicos y de gran importancia: El primero, es conocido como el Paleolítico (1,600,000-18,000 a.c.), y luego están los períodos Mesolítico (18,000-8,000 a.c.) y el Neolítico (8,000-4,500 a.c.). Desde la perspectiva cultural, estos períodos se dividen por la evaluación de los descubrimientos de los artefactos y de las dinámicas sociales.

Los artefactos descubiertos nos permiten dividir los períodos por conjuntos. Por ejemplo, grupos que utilizan la piedra no pulida; los restos asociados al hombre Neandertal (c. 60,000 a.c.); las comunidades que usaron la piedra trabajada y preparada para las diversas labores; los grupos relacionados con el hombre Cromañón (c. 35,000 a.c.); posteriormente aparecieron comunidades que añadieron utensilios de hueso a los de piedra; y finalmente hay grupos que presentan expresiones artísticas en las piedras de las cuevas, o inclusive, en figuras talladas en alto relieve. En efecto, de la Edad de Piedra hay suficiente evidencia física para atestiguar la existencia de individuos, familias y comunidades antiguas, con manifestaciones culturales que se pueden estudiar.

En el período Paleolítico, desde Egipto hasta Mesopotamia, los seres humanos eran cazadores y recolectores de frutos, vivían al aire libre en el verano y en cuevas durante los inviernos, y eran nómadas, para buscar alimentos y protegerse de las inclemencias del tiempo. De forma paulatina comenzaron a sedentarizarse (40,000 a.C.), al descubrir rutas cortas para sus actividades alimenticias y de climatización, y aprendieron a optimizar el uso de los recursos naturales en una región.

El período Mesolítico se caracteriza por la intensificación de la recolección de alimentos y por el cultivo de plantas y la domesticación de animales. Se descubren también, en estos años, pequeños recintos habitables de forma circular. Estas singularidades se descubren en la cadena de montañas en las actuales Irán, Iraq, Turquía, Siria, Israel y Palestina.

El ser humano logró producir alimentos en la era Neolítica. Y para lograr esa manufactura, necesitaba vivir de forma más asentada, y comenzar los procesos de construcción de viviendas. Esas dinámicas favorecieron el crecimiento de comunidades, pues se descubrieron las formas de producir los alimentos necesarios para comunidades más grandes, que fue el fundamento para el establecimiento posterior de núcleos de población que con el tiempo llegaron a ser ciudades pequeñas.

Específicamente en el Oriente Medio, que representa el contexto inmediato de las Sagradas Escrituras, los descubrimientos que atestiguan la presencia humana en la región, son muchos y muy importantes. En el valle del Jordán, al sur del lago de Tiberíades, se encontraron dos dientes y dos fragmentos de cráneos, y otros utensilios, que posiblemente provienen de la Edad de Piedra (c. 500,000 a.c.). También en las inmediaciones del monte Carmelo se han descubierto, en las grutas, señales que atestiguan algún tipo de presencia humana en diversas épocas, por un período extenso (c. 600,000-8,000 a.c.). Además, de esos períodos, tanto en el desierto de Judea como al norte del valle del Jordán se han encontrado algunos restos de industrias de piedra, como utensilios retocados y piedras talladas.

Los principales fósiles humanos descubiertos en el estado actual de Israel provienen del período Paleolítico (1,200,000-45,000 a.c.). El cráneo descubierto en Galilea (conocido también como *homo galilensis*) se encontró en el 1925 en la llamada Cueva del Gitano en el *wadi* o valle Amul, al noroeste del lago de Tiberíades. Quizá su antigüedad es de unos 60,000 años.

En la región alrededor del monte Carmelo, al sur de Haifa, también se han encontrado otros restos humanos de gran importancia histórica. Se descubrieron restos de doce personas, de los cuales se conservan cuatro esqueletos casi completos, que pueden tener unos 45,000 años.

Entre el Carmelo y Nazaret, se encontraron los restos de seis individuos. La importancia de este descubrimiento es que las características físicas de los esqueletos muestran una mezcla de caracteres físicos del hombre Neandertal (60,000 a.c.) y del hombre Cromañón (35,000 a.c.).

También se han encontrado restos y testimonios de presencia humana en grutas en el desierto de Judá y en diversas cuevas al oeste de Jerusalén. La importancia de estos hallazgos es que atestiguan que para el año 9,000 a.c., y que duró como dos milenos, hubo un aumento considerable de la población, pues se han encontrado restos y esqueletos de más de 300 individuos. Los hallazgos nos hacen pensar que se trata de una comunidad que superaba los linderos de la familia inmediata, y revela un movimiento paulatino y continuo hacia la vida sedentaria. La altura media no era muy alta, de unos 1.5 m., los esqueletos estaban enterrados en posición fetal y las mujeres tenían adornos.

A la orilla del lago Hulé, al norte de la Galilea, se encontraron residuos de construcciones de casas redondas de tres niveles, con una serie de utensilios que delatan trabajo agrícola y también equipo para pesca. Esos ponen de relieve que ya para los años 9,000 a.c. comenzaron a organizarse algunos grupos para trabajar en la agricultura y la pesca, aunque no podemos decir fehacientemente que constituían ciudades propiamente dichas.

Posiblemente uno de los descubrimientos de más importancia en el Oriente Medio, y en la región palestina, lo es la antigua ciudad de Jericó, que ciertamente proviene de tiempos prehistóricos (8,000-6,000 a.c.). Se trata de un asentamiento humano con una enorme muralla protectora alrededor de la comunidad, construida con enormes piedras. La muralla incluía, además, una torre redonda y maciza, con un pasadizo interior para el movimiento de los centinelas. La ciudad y el muro también estaban rodeados por una fosa artificial, que pone de manifiesto las preocupaciones de seguridad de la comunidad y sus constructores.

En la Jericó antigua, se estima había unos 2,000 habitantes, que ciertamente no podían vivir exclusivamente de la caza, ni del oasis que estaba a su disposición. Para sobrevivir, comenzaron las actividades agrícolas y también la domesticación de los animales. En efecto, esas particularidades sociales y económicas en Jericó apuntan hacia una especie de urbanismo que le identifica como la primera ciudad del mundo, con este tipo de características: Población alta, agricultura, caza, seguridad para los ciudadanos, y organización política y social.

Además, en Jericó se han encontrado pruebas de su vida religiosa, pues dos edificios en la ciudad son considerados como santuarios. Los restos de estatuas de arcilla de tamaño casi natural, de un hombre con barba, con una mujer y un niño, que pueden ser manifestaciones de algún tipo de triada divina antigua. Y las figuritas de diosas madres, ponen de manifiesto el culto de la fertilidad.

La comprensión adecuada de los períodos que anteceden a las narraciones bíblicas nos brinda información valiosa en torno a las creencias religiosas de los pueblos con los que los israelitas antiguos se relacionaron. Esta información es de vital importancia, por ejemplo, para comprender las vivencias de los pueblos que vivían en la antigua Canaán, a donde llegaron los israelitas tras la salida de Egipto.

Un muy buen ejemplo de cómo ese nuevo entendimiento nos permite estudiar mejor y entender las narraciones escriturales, se relaciona con la ciudad de Jericó. La arqueología nos ha permitido ver y comprender mejor la vida en la Jericó antigua, a la que llegó Josué, de acuerdo con los textos bíblicos. Especialmente nos ha permitido ver cuán importante era la seguridad para esa comunidad, y revela porqué en los textos bíblicos se enfatiza que los muros de la ciudad cayeron por el poder de Dios. ¡Ya Jericó era famosa por sus muros impenetrables! Solo la acción divina podía superar ese obstáculo. Esa es la teología que claramente se pone de manifiesto en el libro de Josué.

Después de la Edad de Piedra se han identificado también la Edad de Cobre (4,500-3,200 a.C.), la Edad de Bronce (3,200-2,000 a.C.) y la Edad de Bronce Medio (2,000-1,550 a.C.). En efecto, luego del período Neolítico, los individuos y las comunidades desarrollaron la agricultura, que ciertamente les permitió la alimentación de grupos mayores, y propició el crecimiento cultural. Y al llegar al período de Bronce Medio, se superan las dinámicas prehistóricas, para llegar plenamente a la historia.

Era un mundo complejo y dinámico el que dio paso a la historia de Israel. El mundo que se revela en la Biblia fue afectado por las migraciones, los conflictos, las invasiones y las conquistas que caracterizaron ese período.

Mitos y epopeyas de importancia procedentes de la antigüedad

Del período Bronce Medio se han descubierto algunas literaturas que nos permiten comprender el mundo religioso de los vecinos de los israelitas, que ciertamente deben haber afectado las creencias y las narraciones que se incluyen en las Escrituras. Tenemos a nuestra disposición, para el estudio sobrio y comparativo, antiguas epopeyas y mitos, como los relatos babilónicos de la creación y del diluvio.

Esos mitos babilónicos, escritos en un idioma figurado, ponen de manifiesto algunas de las preocupaciones básicas de la humanidad. Revelan cómo los babilónicos percibían las actividades de los dioses desde el comienzo de la historia humana. Los escritos ponen de relieve la perspectiva y teología de esa cultura. Son narraciones de sabiduría que intentan darle sentido a la vida.

Referente a la creación, y escrito como en el 1650 a.C., pero con antecedentes en el segundo milenio a.c., uno de los relatos de creación babilónica presenta a un héroe sabio, que describe cómo el gran dios Enki decide crear a la humanidad, para que haga el trabajo de los dioses. Los individuos son creados de arcilla, pero le han añadido carne y sangre de We, una divinidad descuartizada previamente con ese propósito.

En torno al diluvio se ha descubierto un importante mito babilónico, conocido como la Epopeya de Gilgamesh, que ciertamente proviene del segundo milenio a.c. Uta-Napistim, que es una especie de Noé en el relato, indica cómo Gilgamesh fue rescatado del diluvio por medio de un gran barco que construyó con ese propósito salvador, y que fue ordenado por el dios Ea, relacionado con la sabiduría.

Aunque ambos relatos tienen componentes que se pueden relacionar con las narraciones bíblicas, las diferencias también son sustanciales. Los relatos bíblicos revelan a un Dios interesado en la redención de la humanidad, pues las motivaciones divinas no son humorísticas y caprichosas. El ser humano en el relato de la creación babilónica está cautivo en la fatalidad y es producto del capricho de los dioses, que no es el caso de los relatos de Génesis 1—2. Además, lo que motivó el diluvio, en el relato babilónico, es la incapacidad de gobernar que se manifiesta en las divinidades, no el pecado de la humanidad, como se presenta en la narración bíblica. En efecto, las implicaciones éticas de los relatos bíblicos revelan el desarrollo de las reflexiones teológicas.

El famoso código de Hammurabi, otro ejemplo importante de los documentos antiguos, tocan temas que se incluyen en la Biblia. Este código, que está escrito en estilo cuneiforme, sobre una gran piedra negra, fue descubierto en la ciudad de Susa, en Irán. Representa al rey Hammurabi (1792-1750 a.C.) que se allega ante el dios sol, Shamash, que es también visto como el dios de la justicia.

Entre los puntos en común de las leyes del Código, con las directrices que se incluyen en el Pentateuco, están la atención de los pobres de la comunidad que se identifican como extranjeros, viudas y huérfanos. Se enfatiza también que los gobernantes deben prestar atención especial a estos sectores vulnerables de la sociedad.

También en los relatos bíblicos y babilónico, hay diferencias de importancia. En Babilonia el rey establecía las leyes, aunque Shamash lo podía inspirar. De acuerdo con los relatos del libro de Éxodo, Dios le dio a Moisés las leyes para que las comunicara al pueblo, que no estaba dividido en clases sociales como en las comunidades babilónicas.

V
ANTEPASADOS, PATRIARCAS Y MATRIARCAS

Luego el Señor lo llevó afuera y le dijo:
—Mira hacia el cielo y cuenta las estrellas,
a ver si puedes.
¡Así de numerosa será tu descendencia!
Abram creyó al Señor,
y el Señor se lo reconoció como justicia.
Génesis 15:5-6

Época y narraciones

Las narraciones en torno a la historia y los antepasados de los israelitas (Gn 12—50) tradicionalmente inician y se asocian con los patriarcas y las matriarcas. Esos pasajes bíblicos presentan los antecedentes históricos y familiares del Israel bíblico. Son relatos que ubican a los antepasados del pueblo de Dios, en el contexto amplio de las culturas y los pueblos del Oriente Medio antiguo. Y tienen una finalidad teológica: Dios llamó a los antepasados de los israelitas, a salir de Babilonia para asentarse en las antiguas tierras de Canaán.

Son difíciles de precisar las fechas en las cuales podemos ubicar este período patriarcal. Las narraciones que presentan la vida de esos antepasados del pueblo bíblico se redactaron después de los acontecimientos que relatan. Sin embargo, esos textos describen la vida nómada y seminómada en el Oriente Medio antiguo, especialmente en las regiones mesopotámicas, sirias y palestinas, pero se escribieron con el paso del tiempo; no en el momento en que se vivían las experiencias de viajes, asentamientos, conflictos y vivencias. En efecto, fue luego de muchos años, y hasta siglos, que las narraciones de los antepasados del pueblo de Israel se fijaron por escrito, para el beneficio de las generaciones posteriores.

Las relaciones paterno-filiales que describen las dinámicas y la vida entre los patriarcas y las matriarcas, son un muy buen ejemplo de las formas literarias genealógicas, que presentan a los personajes de sus narraciones con parentescos familiares e íntimos. La finalidad es articular una historia coherente, con sentido de dirección social y familiar, y también con valores teológicos específicos. Una lectura cuidadosa de los vínculos de sangre, que se manifiestan en los relatos patriarcales, pone en evidencia clara las dinámicas sociales, las peculiaridades culturales y las relaciones comerciales de la antigüedad.

De gran importancia en las narraciones de esos antepasados de Israel (Gn 12—50) es descubrir que se caracterizan por una serie continua de afirmaciones de gran valor teológico. Un tema común, que no puede subestimarse, es que se anuncia la llegada de un singular descendiente, un hijo que será el heredero de la tierra, que también se ha prometido al patriarca. Esas promesas de poseer una tierra, con el paso del tiempo, se expanden para convertirse en un gran tema teológico en el A.T., «la tierra prometida», y se aplica a «todo el pueblo de Israel».

En medio de esas narraciones, se incluyen relatos de algunas teofanías, que identifican santuarios locales en los cuales las comunidades antiguas presentaban sus ofrendas y cultos a las divinidades. Esos santuarios, entre otros lugares, se encontraban en Berseba, Hebrón, Betel y Peniel. El estudio sobrio de las narraciones relacionadas con esos importantes santuarios revela las características básicas de los cultos y las percepciones de las divinidades que se asociaban con esas antiguas experiencias religiosas.

El primer gran capítulo de la historia general del pueblo de Israel revela un componente teológico básico y fundamental: El Dios bíblico llama a un hombre, a una familia y a un pueblo, y a través de esa comunidad, interpela a todas las familias y naciones de la tierra. Esa singular comprensión teológica, se encuentra temprano en el canon bíblico, después de la sección inicial del Génesis llamada «historia primigenia» (Gn 1—11); y se conoce tradicionalmente como la «historia de los antepasados, o de los patriarcas y las matriarcas de Israel» (Gn 12—50).

El propósito básico de esas narraciones de los antepasados es indicar que, siglos antes que los israelitas llegaran a Canaán, sus ancestros salieron de Mesopotamia y vagaron esas tierras como gente seminómada, apoyados en la extraordinaria promesa divina que esa tierra, en algún momento del futuro, les pertenecería. Es una promesa divina la fuerza que orienta las narraciones que constituyen el fundamento y la base de la historia del pueblo de Israel.

Al estudiar con detenimiento esas narraciones, se descubre no solo belleza literaria y amplitud temática, sino riqueza en la presentación de detalles interpersonales, internacionales, culturales y geográficos. Además, esos singulares relatos revelan virtudes temáticas y profundidad teológica. Esas características literarias y temáticas en la comunicación bíblica no tienen paralelo entre los pueblos del Oriente Medio en la antigüedad. Las narraciones de los antepasados de los israelitas, al ser analizadas en el contexto amplio de la región en el segundo siglo a.c., sobresalen, entre otras razones, por poner claramente de manifiesto un gran desarrollo religioso, que no tiene paralelo en el amplio contexto geográfico, cultural e histórico en que surgen.

Las tradiciones que se identifican en las narraciones de los patriarcas y las matriarcas del pueblo de Israel son varias. Por ejemplo, las orales y populares, las historias de familias y las narraciones religiosas. En esas tradiciones se revelan las preocupaciones más hondas de los redactores, y también se muestran las respuestas que daban a los interrogantes de las comunidades que se apropiaban de esos relatos.

Esas tradiciones populares tratan de las vivencias de los patriarcas y las matriarcas, y se transmiten de forma oral por generaciones. Presentan los acontecimientos esenciales y más importantes de la vida de algún antepasado del pueblo, y se le añaden detalles, de acuerdo con las necesidades de las personas, las comunidades y los contextos en que se transmitían.

En las tradiciones familiares, se revelan las vivencias internas de los patriarcas, casi como si solo ellos vivieran en la tierra, pues se hace muy poca referencia a las culturas y a los pueblos con los que debían interactuar. En las narraciones religiosas se revela con claridad, que un Dios único llama a un pueblo único, para vivir en una tierra única, Canaán.

Los textos bíblicos que presentan las vivencias de los patriarcas y las matriarcas de Israel se escribieron con un claro y firme propósito teológico: Para afirmar la fe del pueblo y brindarle identidad. Y esa finalidad religiosa se manifiesta claramente en núcleos de personas: La familia de Abraham y Sara, y prosigue con sus hijos, y los hijos de sus hijos, hasta llegar a las narraciones que presentan a José, que es el puente entre la época patriarcal, y la singular y libertadora figura de Moisés.

Nombres

Al estudiar las narraciones de los antepasados del pueblo de Israel, se ha descubierto que los nombres de los patriarcas se incluyen en documentos antiguos que aluden a las migraciones de algunos grupos nómadas de amorreos. Durante el segundo milenio a.C., en efecto, y en referencia a esa comunidad amorrea, tanto de Babilonia como también de Palestina, se han identificado comunidades cuyos líderes tenían nombres como los que se incluyen en el libro de Génesis.

En varios textos babilónicos del siglo XVI a.C., se han encontrado referencias al nombre de Abraham. En documentos descubiertos en Mari se menciona directamente el nombre de Najor, que también se atestigua en la Biblia (Gn 11.22; 24.10), que es una ciudad ubicada cerca de Jarán que estaba sometida a la autoridad de los amorreos. Además, aparecen nombres como los de los hijos de Jacob, por ejemplo, Benjamín y Leví. Y el nombre Jacob se incluye en otro documento babilónico del siglo XVIII a.C.

Esos personajes antiguos con nombres bíblicos se caracterizaban por su comportamiento nómada, y también por ser testigos de apariciones divinas, o teofanías, en diversos lugares de culto. En esa misma tradición teofánica, de acuerdo con el testimonio bíblico, los antepasados de los israelitas recibieron revelaciones en varios santuarios antiguos como, por ejemplo, en Siquén (Gn 12.6); Betel (Gn 28.19; 35.1) y Peniel (Gn 32.23-32).

El Abraham bíblico es un personaje que emigra de Babilonia a Palestina, y vive generalmente como un seminómada, pastoreando rebaños, aunque con el tiempo se asentó en Mamré-Hebrón. Esas peculiaridades del patriarca bíblico cuadran muy bien con los estudios y descubrimientos que se han hecho de las comunidades peregrinas mesopotámicas y palestinas del segundo milenio a.C.

El llamado que Dios le hace a Abraham, según el libro de Génesis (12.1-3), incluye el elemento de salir de sus tierras, y trasladarse a nuevos lugares que no se especifican en la revelación divina inicial. Esa singular revelación incluye la extraordinaria promesa de poseer una tierra, que con el tiempo tomó forma literaria y teológica, se fue repitiendo por generaciones, y se convirtió en el comienzo de la gran historia de la salvación en las Sagradas Escrituras.

Esa promesa bíblica a Abraham incluye el nacimiento de un hijo, que sería el heredero, y que debe enfrentar dificultades extraordinarias, las que supera de forma convincente y reiterada. Y de esa manera, la promesa se recuerda de generación en generación, hasta que se cumple con el tiempo en la llegada a Canaán, de acuerdo con las percepciones e interpretaciones de los escritores y redactores de los relatos bíblicos.

En los relatos patriarcales de Génesis, Isaac no es un personaje de importancia capital, pero sirve como agente familiar e intermediario que relaciona las vidas y actividades de Abraham y Jacob. Las narraciones que le presentan lo asocian a Berseba (Gn 26.23-33), de dónde no hay mucha información extrabíblica.

La importancia de Jacob se pone de manifiesto en los dos ciclos que presentan su vida. El primer ciclo, en torno a las narraciones de Jacob-Esaú, prioritariamente articula el tema de la fidelidad de Dios: Las promesas divinas se mantienen fieles, aunque las personas no vivan a la altura ética y moral requerida, y manifiesten una reputación dudosa. El segundo ciclo, el de Jacob-Labán, expone claramente la relación entre los patriarcas y las matriarcas de Israel, con las comunidades amorreas antiguas. Esa singular relación ubica la época patriarcal por el segundo mileno a.C., quizá en su época inicial.

Costumbres y estilos de vida

El estudio cuidadoso de las narraciones de los antepasados de Israel revela una serie de paralelos con las costumbres de las comunidades del Oriente Medio de los comienzos del segundo milenio a.c. Inclusive, la comprensión de la cultura y las costumbres que se manifiestan en documentos antiguos, identifican la época patriarcal y matriarcal del pueblo de Israel con ese singular período histórico.

La referencia a que Abraham y Sara son hermanos (Gn 12.10-13; 20.1-17), que también se presenta en las relaciones de Isaac y Rebeca (Gn 24.1-11), no es ajena a los documentos antiguos. Por ejemplo, una hermana adoptiva tenía el reconocimiento legal de una esposa. Y se encuentran referencias a que las hermanas dadas en matrimonio a su hermano carnal o adoptivo, tenía el reconocimiento público y legal de «hermana» del esposo, que ciertamente era un título de honor. Quizá en las afirmaciones de Abraham, en torno a Sara como su hermana, había un deseo de reconocerla públicamente y ante las autoridades, con dignidad y honor.

En varias comunidades antiguas, las leyes en torno a las adopciones eran claras. Una mujer estéril podía dar a su sierva en matrimonio a su esposo, y los hijos de esa nueva relación heredaban de forma directa la fortuna del padre. Ese fue el caso del hijo adoptivo de Abraham, Eliezer (Gn 15.2-3). Además, en los relatos bíblicos, Raquel adopta dos hijos de Bilhá (Gn 30.3-8), y Jacob adopta a los hijos de José (Gn 48.5).

Las herencias presentan otro caso adicional de costumbres antiguas extrabíblicas, que se manifiestan en las narraciones de los antepasados de Israel. En las leyes mesopotámicas de las herencias, los hijos de las concubinas podían heredar de sus padres, solo si las esposas oficiales aceptaban el proceso. Esa dinámica familiar se puso en evidencia entre Abraham, Sara y Agar. Aunque al principio Sara había declarado que los hijos de Agar serían como de ella (Gn 16.2), con el tiempo la esposa de Abrahán olvidó esa promesa, y exigió que se expulsara a Ismael de la comunidad, y también que se le desheredara (Gn 21.9-10).

Los ídolos domésticos son buenos ejemplos de costumbres del segundo milenio a.c., que se ponen en clara evidencia en los relatos que se incluyen en el libro de Génesis. De acuerdo con el relato bíblico, Raquel roba los ídolos domésticos, pues en la antigüedad, quienes poseían esos ídolos familiares eran quienes podían reclamar las herencias. Desde esta perspectiva, Raquel al tomar y esconder los ídolos, estaba pública, oficial y legalmente reclamando la herencia familiar.

La vida seminómada de los patriarcas y las matriarcas de Israel son reflejo de las dinámicas que se vivían en el Oriente Medio antiguo, especialmente en las regiones mesopotámicas y palestinas del segundo milenio a.C. Vivían en tiendas y recorrían los caminos, desde Mesopotamia hasta Egipto, buscando pastos para sus rebaños, y viajaban por la región central y montañosa de la Palestina antigua, desde el sur de Siquén hasta el

Néguev, y por el este del Jordán. No se puede decir que eran beduinos, pues no se asentaron en los desiertos de la región, vivían en las orillas de esos desiertos y generalmente tenían asnos. Los camellos, que se incluyen en varias narraciones, no tienen una descripción cultural o temporal precisa, se incorporan de forma incidental en algún episodio patriarcal (Gn 12.16; 30.43; 32.16; 37.25).

Religión y Dios de los antepasados

La religión de los antepasados de Israel se pone de relieve al estudiar con detenimiento las narraciones del libro de Génesis. La divinidad se conoce como el Dios de Abraham, Isaac y Jacob, en alusión directa a los líderes de las familias y los clanes. No hay en este período referencias a Baal, que tanta importancia tuvo en Canaán en épocas posteriores. De forma directa se habla del Dios de Abraham, el temor de Isaac (Gn 31.42) y el fuerte de Jacob (Gn 49.24), que es una manera de asociar la revelación divina con diversos personajes de importancia en la antigüedad.

Aunque la divinidad patriarcal se relaciona directamente con algún antepasado humano importante, distinguibles e identificable, también hay referencias al dios El, que ocupaba un lugar prominente en el panteón cananeo antiguo. En los relatos de Génesis, se presenta a El con algún epíteto descriptivo, y con el tiempo, se unen las referencias a El, con el Dios de los patriarcas y las matriarcas. Finalmente, ese Dios de los antepasados de Israel que, en las narraciones de Génesis, usa el nombre de El, se le brinda el nombre de Yahvé, el Dios que se revela de forma extraordinaria a Moisés (Ex 3.3-15, 6.2-3).

Entre los nombres divinos compuestos en el Génesis, se encuentran los siguientes:

- *El Elyon*: El, el Dios altísimo (Gn 14.22)
- *El Shaday*: El, el Dios Todopoderoso (Gn 17.1; 28.3; 43.14; 48.3)
- *El Olam*: El, el Dios eterno (Gn 21.33)
- *Pashad Isaac*: El temor de Isaac (Gn 31.42, 53)
- *El Elohé Israel*: El, el Dios de Israel (Gn 33.20)
- *El Betel*: El, el Dios de Betel (Gn 35.7)
- *Abbir Jacob*: El fuerte de Jacob (Gn 49.24)

A esos nombres divinos, debemos añadir las varias referencias al «Dios de tus padres» (Gn 28.13; 31.42; 31.53; 32.9). Esa manera de referirse a la divinidad revela que no solo el pueblo de Israel tenía identidad teológica, sino las comunidades vecinas reconocían esa divinidad como el Dios de los grupos de antepasados de los israelitas. Se demuestra de esta forma, que el concepto de Dios en la época patriarcal fue desarrollándose paulatinamente, de una divinidad relacionada directamente con los antepasados, a una más amplia asociada a lugares y experiencias, para finalmente llegar a ser entendido como el Señor de una presencia continua, como Yahvé, que se presenta de forma directa en el libro de Éxodo, como «Yo soy el que soy» (Éx 3.3-15).

Los santuarios antiguos, donde se fueron desarrollando las percepciones teológicas del pueblo, son varios e importantes.

• Siquén es el lugar de la primera parada de Abraham en la tierra de Canaán, en donde ofreció un sacrificio a Dios. El lugar se conoce como la encina de Moré (Gn 12.6-7), que puede ser un indicador que la comunidad local se dedicaba a la enseñanza, ¡o quizá a la adivinación! Con el tiempo, Jacob erige allí un altar a El, el Dios de Israel (Gn 33.18-20), y allí mismo el patriarca entierra los ídolos de sus antepasados, que quizá es una forma de indicar en las narraciones bíblicas, que el patriarca terminaba con la idolatría familiar. Cuando el pueblo llega a Canaán, bajo el liderato de Josué, se reúnen nuevamente en la encina de Moré, para renovar solemnemente el pacto con Dios (Jos 24.25-28).

• Abraham hace su segunda parada en Betel al llegar a Canaán, y construye un altar (Gn 12.8). Posteriormente, en ese mismo lugar, Jacob tiene una revelación especial de Dios, en la que ve una escalera que se alza al infinito, con figuras angelicales que subían y bajaban. Ante esa singular experiencia, decide hacer un altar en forma de estela que unge con aceite (Gn 28.10-22), y llama al lugar Betel, que significa casa de Dios.

• De acuerdo con el testimonio escritural, Abraham llegó a las encinas de Mambré para construir un altar, y con el tiempo quedarse en el lugar (Gn 13.18). Las referencias bíblicas a Mambré como lugar de residencia de Abraham, son repetidas (Gn 14.13; 18.1; 23.17-19; 25.9; 35.27; 49.30; 50.13).

• Peniel es un lugar de misterios y revelaciones. Jacob luchó en ese lugar con un ser especial y desconocido (Gn 32.22-32). Con el tiempo se identifica como una de las ciudades que cayeron bajo el control de Israel tras el éxodo de Egipto y llegada a Canaán.

• Berseba fue el santuario de Isaac, según las narraciones bíblicas (Gn 26.23-25), y de acuerdo con el libro de Génesis (21.33), Abraham plantó allí un tamarisco, e invocó a Yahvé El Olam, que significa, Yahvé el Dios eterno. Posteriormente, Jacob construyó en el lugar un altar (Gn 46.1-4), y ofreció sacrificios al Dios de su padre, Isaac. Y ese fue el ambiente ideal para que Jacob recibiera una visión divina.

Hebreos, *habirus* o *hapirus*

Las referencias iniciales a los antepasados del pueblo de Israel como «hebreos», se relacionan directamente con el patriarca Abraham (Gn 14.12). El término, que tiene un uso limitado en el A.T., designa, posiblemente, a diversos grupos no integrados de las sociedades antiguas, que podían ser mercaderes, mercenarios, refugiados, y hasta bandidos. La palabra originalmente no designaba a ningún sector étnico, nacional o racial, sino se relacionaba con las condiciones sociopolíticas y económicas de algunos grupos en el antiguo Oriente Medio antiguo, especialmente en Mesopotamia y Egipto.

Posiblemente relacionadas con el término «hebreos», se encuentran algunas palabras acádicas y egipcias. La voz *habiru,* en acádico, y *hapiru,* en egipcio, aluden a un pueblo sin ciudadanía específica y sin lugar determinado en la estructura social, durante el segundo milenio a.C. Eran seminómadas, que se asentaban en las ciudades cuando se les permitía, y en momentos de turbulencia política, se alejaban o podían servir como mercenarios a cambio de algunos beneficios o favores. De acuerdo con documentos antiguos, en Egipto se contrataron grupos de *habirus* para las obras de construcción.

Aunque no se puede establecer categóricamente que los *habirus* y los *hapirus* fueron los antepasados directos del pueblo de Israel, se pueden encontrar conexiones y analogías sociales y paralelos laborales entre estos grupos. Es posible que los antepasados de los israelitas fueran llamados *habirus* o *hapirus,* por los estilos de vida que tenían, o por las labores que hacían en la sociedad. Quizá, como los orígenes del pueblo de Israel son tan complejos, grupos de *habirus* en Canaán y de *hapirus* en Egipto se unieron a los descendientes de los patriarcas y las matriarcas, y se constituyeron en parte del núcleo básico que salió de Egipto, se reorganizó en el Sinaí y que entró, posteriormente, a Canaán.

Al estudiar este tema de los hebreos, y su comprensión lingüística, no se puede obviar la relación que la Biblia presenta entre esos grupos y los arameos. Según el credo israelita, «Un arameo errante fue mi padre», que es una manera poética de afirmar que el pueblo entendía que hubo en la historia una conexión directa entre los grupos hebreos y arameos. Y es posible, inclusive, que el término «amorreo», que alude a los «occidentales», se haya utilizado por la comunidad acádica para designar a diversos grupos semíticos del noreste mesopotámico y de Siria. En ese sentido general, se puede afirmar la relación entre hebreos, *habirus* y *hapirus.*

Las narraciones de José

Los relatos que presentan la vida de José en el Génesis (37—50), constituyen una de las secciones de gran virtud literaria en la Biblia. Su importancia teológica es determinante: Mueve el tema de la revelación divina de la época patriarcal y matriarcal, al período posterior, donde Moisés se convierte en la figura principal de la historia de la salvación, o la historia del pueblo de Israel. La promesa de la tierra que se le daría al pueblo por heredad pasa de Abraham y sus descendientes, a Moisés y los israelitas, a través de la vida y las dificultades que se asocian a la vida de José. En efecto, es José el personaje bíblico que prepara el camino para llevar la promesa a Abraham a un nivel internacional, a Egipto.

El estudio sobrio de las narraciones bíblicas relacionadas con José, ponen de relieve que el tema fundamental que se articula es la providencia divina. Estos relatos incorporan un sentido de suspenso, que se mantiene a lo largo de los episodios de la vida del personaje. Las formas de comunicación son extraordinarias, pues manifiestan virtud literaria, creatividad temática y profundidad teológica.

José, en estos textos bíblicos, es efectivamente un buen modelo de sabiduría y prudencia. Este personaje es un agente reconciliador de valores morales, integridad ética, capacidad de perdonar, salud mental y virtud espiritual. Además, revela un extraordinario poder para perdonar a sus hermanos, aunque las decisiones que hicieron para eliminar a José lo llevaron al exilio, al dolor, al sufrimiento, a la cárcel. José el soñador, en efecto, además de imaginar el futuro, tenía la capacidad de traducir sus sueños en realidades.

Fecha de la época de los patriarcas y las matriarcas

Al tomar en consideración las narraciones bíblicas, y comparar esos relatos escriturales con las tradiciones estudiadas del Oriente Medio antiguo, específicamente en Mesopotamia, Siria, Palestina y Egipto, llegamos a la siguiente conclusión: El patriarca Abraham debió haber sido parte de esas migraciones amorreas del milenio segundo a.C., quizá a finales del siglo XIX a.C., relacionadas con la tercera dinastía en la antigua ciudad de Ur, y que se movieron con sus animales por la región del Creciente Fértil.

El siglo XIX a.C., desde la perspectiva etnológica, se relaciona con el predominio político y cultural de los amorreos; en el ámbito político, se manifiestan debilidades políticas y militares en Egipto, que tradicionalmente había influenciado a Canaán; y desde la óptica arqueológica, se descubre que van decayendo los grupos urbanos. Una buena fecha para ubicar el comienzo del período patriarcal, puede ser el año 1850 a.C.

El estudio de los descubrimientos arqueológicos en Mesopotamia revela que las narraciones bíblicas relacionadas con los antepasados del pueblo de Israel (Gn 12—50), encuadran muy bien con lo que conocemos del segundo milenio a.C., especialmente entre los siglos XX y XVII a.C. El patriarca Abraham debe hacer sido parte de los grupos amorreos que invadieron el Creciente Fértil, y llegaron desde Sumer hasta Egipto.

111

Durante ese período, la ciudad de Ur estaba bastante desarrollada. La arqueología ha descubierto el diseño de la ciudad y la construcción de sus casas. Las calles llevaban a grandes plazas, que brindaban belleza y sosiego a sus habitantes. Y las casas, que tenían dos pisos y escaleras internas, y contaban con un buen patio interior, estaban construidas de adobe y ladrillos. En efecto, en Ur no se vivía mal...

Dios, según el testimonio bíblico, llamó a Abraham a salir de las comodidades de la ciudad de Ur, para comenzar un peregrinar seminómada, inspirado y orientado por una promesa divina. El patriarca dejó a familiares y amigos, y las comodidades de una vida citadina, para vivir en tiendas de camellos, guiado e inspirado por la revelación de Dios.

La promesa divina a Abraham (Gn 12), que le mueve a salir de Ur, se renueva de forma sistemática a través de las subsiguientes narraciones bíblicas (Gn 15; 17; 18). El propósito es fundamentalmente teológico: Poner de manifiesto la fe del patriarca, además de revelar la fidelidad de Dios. Y esa relación singular y alianza de Dios con Abraham, anticipa el pacto del Sinaí, y se convierte en una promesa divina para toda la humanidad. Esa gran promesa es el gran fundamento teológico de la Biblia hebrea; en efecto, a través de Abraham el mundo entero será bendito...

VI
EGIPTO: VIDA, CAUTIVERIO Y LIBERACIÓN

Pero llegó al poder en Egipto
otro rey que no había conocido a José, y le dijo a su pueblo:
«¡Cuidado con los israelitas,
que ya son más fuertes y numerosos que nosotros!
Vamos a tener que manejarlos con mucha astucia;
de lo contrario, seguirán aumentando
y, si estalla una guerra, se unirán a nuestros enemigos,
nos combatirán y se irán del país.»
Éxodo 1.8-10

El imperio egipcio

Los eventos que se relatan en las Escrituras hebreas, después del período de los antepasados de Israel (Éx 1—Dt 34), son varios e importantes. En primer lugar, se incluyen narraciones que presentan la vida de los israelitas en Egipto –a dónde habían llegado en momentos de crisis en Canaán (Gn 37—50)–, y también revelan el proceso y las dinámicas relacionadas con el éxodo o salida de las tierras egipcias, además de relatar las extraordinarias ejecutorias de la figura cimera de la época, Moisés. Finalmente narran el peregrinar de huida de los israelitas, o los hebreos, por el desierto, hasta llegar frente a las tierras de Canaán, que es un componente importante de las promesas divinas a Abraham. Ese período se conoce como Bronce Reciente, y se extiende del 1600 al 1200 a.C.

Desde la perspectiva teológica, el éxodo constituye el elemento fundamental para la constitución del pueblo de Israel, pues revela el interés divino por la liberación de los israelitas. Ese singular acto de liberación identifica con claridad el extraordinario e inconfundible carácter liberador de Dios. El recuerdo y recuento de esta experiencia emancipadora de las tierras de

Egipto y de los ejércitos del Faraón, es la acción divina más importante y constituye el fundamento de la historia de la salvación en la Biblia; y es, en efecto, el paradigma primordial de la revelación divina a la humanidad, el evento básico en la fundación de los israelitas como pueblo.

En el período Bronce Reciente (1600-1200 a.c.), Egipto fue paulatinamente consolidando su poder, hasta convertirse en una de las potencias político-militar más importantes del Oriente Medio antiguo. Los faraones de la XVIII dinastía fueron los arquitectos de ese desarrollo, cuando lograron expulsar de las tierras de Egipto a los hicsos. Mantuvieron el poder nacional y regional por casi 250 años (c. 1570-1310 a.c.), pues tenían gran poder militar y lograron fortalecer y asegurar sus fronteras hasta el Asia. Producto de esas fuertes campañas militares, en varias ocasiones Palestina fue testigo de esa política guerrerista (p.ej., Siquén y Jericó, fueron tomadas por asalto).

Durante ese período de milicia fuerte, se pueden distinguir dos faraones muy exitosos. Tutmosis I (c. 1525-1494 a.c.) logró organizar varias campañas militares célebres, hasta llevar las armas egipcias al norte, hasta las proximidades del río Éufrates. Y Tutmosis III (c. 1490-1435 a.c.) llevó a efecto de forma exitosa 16 campañas militares contra varios grupos hicsos, y condujo el imperio a la cúspide de poder, al extender su poderío desde el Éufrates hasta el Orontes por el norte, y por el sur, hasta la cuarta catarata del río Nilo. Ese tiempo de seguridad internacional, permitió a los faraones consolidar, tanto social como políticamente, el imperio egipcio.

La hegemonía y estabilidad egipcia se mantuvo intacta, hasta que fue desafiada por una serie de revoluciones internas, que tenían componentes religiosos y teológicos. Esos años de sublevaciones egipcias (c. 137-1353 a.c.), son conocidos como el período Amarna. Uno de sus protagonistas principales fue Amenofis IV (Akenatón), hijo de Amenófis III y Teye que, en abierto desafío a las autoridades políticas y religiosas nacionales –que reconocían al dios supremo egipcio, Amón–, se declaró seguidor de Atón, divinidad que se asociaba con el sol. Y como parte del proceso revolucionario se retiró a Tebas, y declaró una nueva capital de Egipto en Ajtatón.

De singular importancia teológica en este proceso de transición política, es que la religión de Atón era de carácter monoteísta, a menos de un siglo previo a la llegada de Moisés a la historia nacional. Esas tendencias monoteístas deben haber influenciado a las diversas comunidades y grupos sociales que vivían en Egipto, incluyendo a los hebreos que trabajaban en las diversas construcciones del país.

El culto al dios Atón fue vigorosamente combatido por las autoridades políticas y religiosas de Egipto, y no se consolidó en el resto de Egipto. Sin embargo, su avance fue de tal magnitud, que conmocionó la estabilidad interna del imperio y fue causa de varios conflictos nacionales que presagiaron la implosión nacional.

De acuerdo con una serie de documentos y cartas provenientes de Palestina y Fenicia (las llamadas Cartas de Amarna), que se escribieron en el idioma diplomático de la época, el acádico, y también de comunicaciones procedentes de Babilonia, hubo en Egipto un levantamiento político interno y confusión administrativa y nacional. En medio de esas dinámicas, aparecen grupos de bandidos o mercenarios que se apoderan de extensiones importantes de terrenos egipcios en Siquén. Es probable que las referencias a esos grupos, que surgen en medio de las confusiones internas egipcias, sean a algunos sectores hebreos. Y si ese es el caso, entonces constituirían una fase inicial de la ocupación israelita en Canaán.

Tras la muerte de Amenofis IV, el imperio llegó a su fin. Le sucedieron dos de sus yernos, que regresaron al culto de Amón, pero no lograron la estabilidad del país. Fue con la presencia en Egipto de Horemheb (c. 1340-1310 a.C.), que se restituye la seguridad nacional y se restablece la paz internacional.

Ramesés I (c. 1310-1309 a.C.) sustituyó a Horemheb, y fundó la dinastía XIX, pero rápidamente cedió el poder a su hijo Setis I (1309-1290 a.C.). De esa forma comenzó un período de conflictos nacionales e internacionales para restablecer la paz interna y recuperar los territorios perdidos en Asia. En su tarea de reconquista de territorios, Setis I invadió Palestina, conquistó a Betseán, tuvo serios conflictos con grupos de *hapirus*, y llegó a Cades para recuperar a Siria de las fuerzas hititas.

Con la llegada de Ramesés II (c. 1290-1224 a.C.) al poder en Egipto, las guerras aumentaron y se vivieron años de gran inestabilidad política, social y económica en la región. Específicamente la guerra contra el rey hitita, Mawattalis (c. 1306-1282 a.C.), fue desgastante para los dos pueblos, pues ninguno poseía las fuerzas militares suficientes para vencer al rival. Además, los hititas se veían amenazados muy seriamente por el este, por los ejércitos asirios.

Después de diez, intensos, años de conflictos continuos y guerras, el nuevo rey hitita, Hattusilis III (c. 1275-1250 a.C.), firmó un importante acuerdo de paz con Ramesés II. Ese acuerdo sentó las bases para un muy importante período para los diversos grupos de hebreos que vivían y trabajaban en Egipto.

En un ambiente de paz regional, seguridad nacional, desarrollo económico y control político, Ramesés II llevó a Egipto a un período de paz, seguridad y estabilidad. En ese entorno, inició uno de los períodos de construcción más intensos y extensos de la historia nacional: los proyectos en las ciudades.

Como parte de los documentos que se han descubierto de esa época fecunda en la construcción, las menciones de los *hapirus* son repetidas. Esos diversos grupos de *hapirus* eran esclavos que trabajaban en los proyectos reales de construcción de la época. Corrobora la presencia e influencias de los *hapirus* en Egipto durante ese período, las referencias a esas comunidades de esclavos en los documentos oficiales del imperio, las palabras de origen semita que se incorporaron de forma paulatina al vocabulario egipcio y la presencia de nuevas divinidades cananeas en el panteón nacional.

Tras la muerte de Ramesés II, le sucedió su hijo, por un corto período, Merneptah (c. 1224-1216 a.c.). Sin embargo, el nuevo faraón no pudo mantener el ambiente de tranquilidad de su antecesor, y Egipto cayó nuevamente en dinámicas de confusión, desorientación política, crisis económica e inestabilidad internacional. En ese ambiente de crisis general, la dinastía XIX egipcia no pudo sobrevivir. ¡Le siguieron 30 años de anarquía!

La presencia de Merneptah es importante para la historia de los israelitas, en efecto, pues en los documentos oficiales que describen la campaña militar egipcia en Palestina, se incluye la referencia que vencieron a sus enemigos. Y entre esos enemigos se alude al pueblo de Israel, que parece todavía no se había ubicado de forma permanente en la región.

Historia y teología del éxodo de Egipto

Las narraciones que presentan la vida y la salida de los hebreos en Egipto son muchas y complejas. Además, esas narraciones se escribieron para afirmar el poder divino sobre los faraones opresores. Efectivamente, son narraciones teológicas que presentan la historia de los orígenes del pueblo. El objetivo no es incluir una reseña detallada y precisa de lo acaecido en ese período, sino una afirmación de fe: Fue Dios el agente de liberación. Esa teología de liberación nacional es la que se articula en el resto de las Escrituras, al presentar reiteradamente e interpretar el evento del éxodo de Egipto.

El evento y la fecha. El éxodo de Egipto constituye el evento fundamental en la historia y la fe del pueblo de Israel. Se describe como el momento histórico trascendental cuando, por la intervención divina, se constituye Israel en un pueblo libre. Esa liberación divina, pone claramente de relieve, según los escritores bíblicos, el compromiso de Dios con la gente en necesidad.

Aparte de los documentos bíblicos, las referencias al éxodo de los israelitas son ínfimas. Sin embargo, es importante destacar, que las descripciones de la vida, las referencias geográficas egipcias y la presentación de algunas singularidades del desierto del Sinaí, que se ponen de manifiesto en la Torá, corresponden muy bien con lo que sabemos del imperio de esa época.

El comentario bíblico, de que en Egipto había llegado un faraón que no conocía a José (Éx 1.8), y que ordenó a los capataces de los proyectos de construcción que oprimieran a los hebreos, es una posible referencia a Ramesés II. De acuerdo con el testimonio bíblico, y según la historia egipcia, ese fue el período de la construcción de las ciudades de Pitón, ubicada al oeste del lago Timsá, y Ramesés, que era la antigua capital de los hicsos (Éx 1.11).

Los detalles específicos de la salida de los grupos de hebreos de Egipto son muy difíciles de corroborar desde la perspectiva de la historia nacional, pues no hay documentos extrabíblicos que aludan directamente a ese singular evento. Lo que sí tenemos a nuestra disposición, para analizar lo que realmente sucedió, son las narraciones de la Torá, y la comprensión nacional de que ese evento es la base primordial de la existencia de Israel como nación. En el corazón mismo de las confesiones de fe de los antiguos israelitas, se incluye la referencia al éxodo de Egipto como el foco fundamental de su esencia como pueblo (Éx 15.1-8; Dt 6.20-25; 26.5-10; Jos 24.2-3). Determinar la fecha del éxodo presenta algunos desafíos de orden canónico y teológico. En primer lugar, la cronología que se incluye en las Escrituras (1R 6), que se asocia al período de la monarquía, específicamente al tiempo de la construcción del templo de Salomón, por el c. 967 a.C. De acuerdo con la referencia canónica (1R 6.1), pasaron 480 años desde el éxodo y la inauguración del templo. Según estos textos y percepciones, el éxodo debió haber sido por el año 1447 a.C.

La referencia a 480 años es singular, y puede tener algún significado teológico. Ese número representa la multiplicación del 40 por 12, que tiene cifras simbólicas. El 40 puede referirse al tiempo por el desierto, antes de llegar a Canaán; además, el 40 es signo de un período educativo de importancia. Y el 12, además de poder referirse a las tradicionales tribus de Israel, pueden señalar a las doce generaciones de sumos sacerdotes entre Aarón (durante el éxodo) y Azarías (en el tiempo de Salomón), así como 12 generaciones entre el templo de salomón y la restauración por Zorobabel.

Posiblemente una mejor fecha para ubicar el éxodo bíblico es bajo la dinastía egipcia XIX, por el siglo xiii a.C. Ese fue el período del faraón Seti I (1309-1290 a.C.), que comenzó a implantar las políticas de opresión hacia los *hapirus*. Y esa singular sociología de cautiverio con una economía de trabajos forzados debió haber seguido durante el gobierno de Ramesés II (c. 1290-1224 a.C.). El éxodo debe haberse llevado a efecto en la segunda parte de su gobierno, pues fue un período de calma nacional e internacional, y también de un tiempo de construcciones faraónicas. En efecto, el éxodo de los israelitas de las tierras de Egipto se debe haber llevado a efecto por los años c. 1250 a.C.

La ruta y los números del éxodo. Las narraciones bíblicas, que presentan la salida de Egipto y el peregrinar por el Sinaí, son complejas. Los orígenes de esas fuentes literarias son variados, y quizá representan más de una tradición y posibilidad de viaje. Quizá, siguiendo los temas de los relatos bíblicos, debemos hablar de una huida (Éx 13.17-18), relacionada con nueve de las llamadas plagas de Egipto; y también un tipo de expulsión (Éx 14.2), que se puede asociar a la décima plaga. Esas tradiciones, de huida y expulsión, con el tiempo, posiblemente se unieron, para formar los relatos bíblicos del éxodo de Egipto que se incorporan en el Pentateuco.

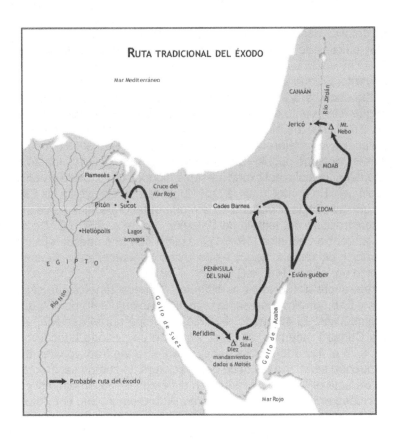

La sección del éxodo que se relaciona con la huida de los israelitas se llevó a efecto por el camino del este. De acuerdo con estos textos, los israelitas llegaron a Canaán por Transjordania; e incluyen varios componentes temáticos teológicamente importantes: Persecución de los ejércitos de faraón, cruce del mar Rojo, peregrinar por el desierto, y teofanía en el monte Sinaí.

Los textos bíblicos relacionados con la expulsión destacan el camino del norte, por Cades, lo que indica que los israelitas entraron a Canaán por el sur. La tradición del norte destaca la destrucción de los ejércitos por una extraordinaria intervención divina (Éx 14.10-31); mientras que las narraciones del viaje por el Sinaí, por el este del desierto, subrayan el paso milagroso por el mar (Éx 14.21-22). De singular importancia en los textos bíblicos, es que las dos tradiciones enfatizan el poder divino en las dinámicas de liberación, pues se presenta al Señor como «varón de guerra» (RVR-60) que interviene en favor de su pueblo (Éx 15.2).

Las llamadas «diez plagas de Egipto» (Éx 7—12), más que valor histórico, contribuyen destacadamente a las narraciones del éxodo desde la perspectiva teológica. El objetivo no es únicamente presentar la crisis que le sobrevino al faraón y a Egipto, en las dinámicas relacionados con el éxodo y Moisés, sino poner claramente de manifiesto el poder liberador de Dios. Las plagas son mucho más que catástrofes naturales: Son el escenario social donde la voluntad divina se hace realidad. Esos relatos de plagas y muertes dramatizan la tensión entre los israelitas y el faraón, entre los hebreos y los egipcios. El conflicto finaliza con la décima plaga, que brinda el especio histórico y teológico adecuado para la celebración de la Pascua.

Una magnífica pregunta al estudiar con detenimiento las narraciones bíblicas del éxodo se relaciona no sólo con la naturaleza y extensión del evento, y también sus implicaciones históricas y teológicas, sino en torno a cuántas personas salieron de Egipto, en esta experiencia extraordinaria de liberación. De fundamental importancia es identificar el número de los israelitas que emprendieron esta empresa de salida y liberación, pues constituye un pilar fundamentan en la comprensión de los orígenes del pueblo, su peregrinar por el desierto y su llegada a las tierras de Canaán. El análisis de esta experiencia de liberación se complica, pues no tenemos constancia alguna de este tipo de evento en los documentos egipcios de la época.

Los textos bíblicos presentan algunas cifras que debemos analizar con detenimiento. En primer lugar, se habla de 600,000 hombres, sin contar a los niños, ni presumiblemente a las mujeres (Éx 12.37). También los relatos escriturales, aluden a 603,550 hombres de más de 20 años (Nm 1.46). Inclusive en el censo oficial del pueblo, se presenta una cifra similar: 601,730 personas de 20 años para arriba (Nm 26.51). Desde la perspectiva bíblica salieron de Egipto unos 600,000 varones de más de 20 años, que se podrían convertir en 2,400,000 personas, si contamos que cada familia tiene cuatro miembros, que ciertamente es una cifra conservadora.

De singular importancia al estudiar estas narraciones y cifras, es que en los anales egipcios no ha referencia alguna a la salida de una comunidad tan numerosa. Una salida abrupta de un sector poblacional tan grande hubiese causado el colapso económico de cualquier nación. Además, una comunidad de dos millones de personas viajando por décadas en el desierto del Sinaí, debe haber dejado algunas huellas, artefactos, desperdicios, estructuras, símbolos o algunos restos que nos permitan evaluar su vida y sus costumbres. Sin embargo, no tenemos evidencia histórica ni arqueológica de ese paso transitorio por el Sinaí.

Respecto al número de israelitas que participaron del éxodo, su determinación precisa es complicada. Sobre este tema debemos comenzar con los relatos bíblicos, que indica que todo comenzó con un grupo de 70 personas que llegaron a Egipto en la época patriarcal. Ese grupo inicial, en 430 años, pueden llegar demográficamente hasta unas 10,000 o más personas, o quizá hasta los 20,000, pero es matemáticamente difícil llegar a la cifra multimillonaria que parecen presentar las narraciones en los libros de Éxodo y Números.

La gran cifra de los hijos e hijas de Israel que salieron de Egipto debe ser más simbólica y teológica que histórica. El objetivo es afirmar la fidelidad divina, y poner de manifiesto el poder liberador de Dios: De un grupo modesto y numéricamente pequeño de esclavos hebreos, el Señor creó una nación numerosa y poderosa. En este sentido teológico, hay que entender que una de las promesas básicas a Abraham, fue de hacerlo padre de «una nación grande» (Gn 12.2), que se convertirá en bendición a «todas las familias de la tierra». Además, las narraciones escriturales expanden la promesa divina, y afirma: Esa descendencia modesta del patriarca, será numerosa como «las estrellas» (Gn 15.5).

Los millones de individuos relacionados con el éxodo de Egipto, de acuerdo con las narraciones del Pentateuco, son el cumplimiento directo de las promesas divinas hechas a Abraham. El éxodo multimillonario de personas, mucho más que referencias históricas y concretas, son afirmaciones de fe de gran importancia teológica: Constituyen el resultado directo del cumplimiento de las promesas divinas al antiguo patriarca de Israel. En efecto, la numerología en las narraciones del éxodo, delatan a un Dios que es fiel a sus promesas.

La lectura atenta de las narraciones del éxodo revela un detalle importante de la historia nacional y también contribuye significativamente a nuestras percepciones de los orígenes del pueblo de Israel. El texto alude a «sin contar las mujeres y los niños, eran unos seiscientos mil hombres de a pie. Con ellos salió también gente de toda laya...» (Éx 12.37-38). Esa multitud de toda clase de personas revela que, en el proceso de la salida de Egipto, se unieron otros grupos étnicos y sociales, que experimentaban, como los israelitas, situaciones políticas y económicas de opresión, y decidieron dejar ese ambiente de opresión y cautiverio. En efecto, al grupo original de hebreos se unieron otros sectores que compartían las mismas experiencias de servidumbre en Egipto.

El peregrinar por el desierto

La reconstrucción precisa del peregrinar de los hijos e hijas de Israel por el desierto del Sinaí es una tarea compleja. Gran parte de las dificultades se relacionan con el hecho de que los únicos documentos disponibles para nuestro análisis son los textos del Pentateuco, que incluyen más de una perspectiva de los eventos narrados. Para complicar las investigaciones y los procesos de evaluación, no hay evidencia extrabíblica del itinerario y de la marcha de los israelitas por el Sinaí.

De vital importancia en el estudio, y también para ubicar el análisis histórico en un contexto religioso adecuado, es determinante insistir en que el propósito de las narraciones bíblicas de la salida de Egipto es esencialmente teológico. La finalidad es relacionar los orígenes del pueblo de Israel con una serie extraordinaria de acontecimientos milagrosos, que ponen de relieve la misericordia divina y la elección de Israel.

El libro del Éxodo mantiene la tradición de la revelación divina previa a los antepasados, en el libro de Génesis. En este singular período del éxodo, Israel recibe la revelación fundamental de su historia, la Ley, y de esa forma se constituye en un pueblo con características sociales, religiosas y políticas definidas. Las antiguas promesas a Abraham y su familia se hacen realidad en Moisés, sus sucesores y el pueblo.

El tiempo que pasó en el desierto el pueblo de Israel es evaluado en la tradición bíblica general desde dos perspectivas. En primer lugar, se presenta como un período ideal de las relaciones de Dios con su pueblo. Para varios profetas (Jer 2.2; Os 2.14-15), ese peregrinar por el Sinaí pone de manifiesto la intimidad divina con su pueblo, pues era un tiempo de milagros, diálogos, revelaciones... También, ese mismo período en el desierto, se ve como lugar donde Israel pone a prueba a Dios y también donde Dios pone a prueba a su pueblo (Dt 8.2-3). En ambos casos, se revela la importancia teológica de las narraciones del éxodo para la teología bíblica.

Del mar Rojo al monte Sinaí. El lugar del paso por el mar es materia de debate entre académicos e investigadores. Para algunos estudiosos, el paso del mar se llevó a efecto por la laguna Sirbónica, muy cerca del mar Mediterráneo, en la región conocida como Pelisium. Esa identificación, sin embargo, no toma en consideración que las narraciones bíblicas distinguen de forma continua el mar Rojo, o el mar de Cañas o Juncos, del Mediterráneo, también conocido como el mar Grande.

Los relatos bíblicos específicamente asocian el éxodo de Egipto con el mar Rojo (Éx 15.4, 22) y la ruta del sur, y excluyen el camino del norte y más corto a Canaán, que pasaba por Pelisium. La travesía histórica, se ubica en la región del lago Timsá, que va hacia el golfo de Suez. Las lecturas cuidadosas de los relatos bíblicos apuntan a que el paso milagroso por el mar debe haberse a efecto en el pequeño lago Amargo, que en la antigüedad estaba unido al golfo de Suez. Esa continuidad en el fluir de las aguas se llevaba a efecto a través de una serie de canales naturales, que permitían el flujo de las aguas en relación con la subida y bajada de las mareas.

Ese singular paso milagroso por el mar revela una vez más el poder divino y corrobora la finalidad teológica de las narraciones. Dios usa elementos naturales para demostrar su poder, y para manifestar su compromiso con la liberación del pueblo de Israel. En el contexto amplio de relatos que delatan y afirman el poder salvífico de Dios, se incluye el paso del mar, pues es una manera de aludir a las acciones divinas desde los inicios mismo de las Escrituras, cuando el viento divino se movía sobre las aguas, que estaban desordenadas (Gn 1.1-3). Una vez más, en el éxodo de Egipto, el viento de Dios generó un milagro sobre las aguas.

De la salida de Egipto hasta la llegada al monte de la revelación en el Sinaí, se pueden identificar cuatro episodios principales en las narraciones bíblicas, que transmiten un singular mensaje de afirmación teológica. Son narraciones que continúan las prioridades teológicas y se ubican en medio de las vivencias del pueblo en medio de su huida de las tierras egipcias en el desierto.

El primero de esos episodios se relaciona con las murmuraciones en las aguas amargas de Mara (Éx 15.22-27). En la actualidad, Mara se ubica en las llamadas fuentes de Moisés (*Ain-Musa*) en el desierto. El segundo, es el relato de las codornices (Éx 16.1-36), que alude al compromiso divino por alimentar a su pueblo. Posteriormente se presentan las murmuraciones en Masá y Meribá (Éx 17.1-7), que ponen de relieve la importancia del agua para la subsistencia de los israelitas por el desierto. El cuarto episodio con implicaciones teológicas de importancia es el nombramiento de jueces (Éx 18.13-27), para apoyar a Moisés en su tarea diaria, que delata la importancia de la administración efectiva en la comunidad.

La revelación en el Sinaí. Tres meses después de salir de Egipto y de peregrinación por el desierto, el grupo de israelitas llegó al monte Sinaí. La localización exacta del lugar no es posible, pero se ha relacionado tradicionalmente con el llamado *Yebel Musa*, o monte de Moisés, que se encuentra en el camino del sur de la Península del Sinaí. El monte es parte de una cordillera y se alza unos 2,330 metros sobre el nivel del mar, que es considerable y explicaría el porqué de la asociación tradicional del lugar con los relatos bíblicos.

La importancia teológica del monte Sinaí se relaciona con lo siguiente (Éx 19.1—40.38; Nm 1—10): Es el lugar de la institución del pacto fundamental de Dios con su pueblo, a través de Moisés; se presenta la Ley, que articula los preceptos fundamentales en el desarrollo de una relación adecuada del Señor con su pueblo; y se revelan los detalles de la organización del culto, que pone de relieve las dinámicas diarias de esas relaciones divinas-humanas.

El monte Sinaí es fundamental en la historia de los hebreos, y de los hijos e hijas de Israel, pues es lugar de revelación divina, y espacio sagrado para el encuentro de lo eterno con la historia, donde se presentan las bases fundamentales de la llamada teocracia hebrea. En las regulaciones del culto, se enfatizan dos componentes teológicos de importancia: El arca del Pacto, que simboliza la revelación divina; y el santuario del pacto, que destaca la continua presencia divina con el pueblo.

Ese monte es testigo del pacto de Dios con su pueblo; los textos bíblicos de forma reiterada afirman la solemnidad del acto, pues presenta las bases para la organización política y también religiosa de los israelitas que salieron de Egipto. El Sinaí es símbolo claro de la revelación divina, pues pone en clara evidencia el deseo de Dios de comunicarse con su pueblo, independientemente del lugar, las condiciones sociales y políticas, y las dinámicas administrativas y económicas de la comunidad.

El origen del nombre Sinaí puede asociarse con la palabra hebrea *seneh*, que tradicionalmente se ha relacionado con algunos arbustos del desierto, como la zarza o acacia. Si ese fuera el caso, el Sinaí, tiene esa designación, pues Dios se reveló a Moisés en la zarza frente al monte. Aunque también se puede asociar el nombre Sinaí con el culto al antiguo dios Sin, o dios de la luna, que posiblemente recibía culto en ese monte.

La revelación divina a Moisés en el monte Sinaí constituye un hito importante en la historia del pueblo de Israel, pues asocia la salida de Egipto con las manifestaciones extraordinarias de Dios. La finalidad del relato es presentar la relación íntima entre la voluntad de Dios, la salida de Egipto y la constitución de Israel como nación. En ese monte, los hijos e hijas de Israel se constituyen en una singular comunidad política y religiosa, claramente identificable entre los pueblos y estados del Oriente Medio antiguo.

El análisis de los relatos de la revelación divina en el monte Sinaí, que transmiten una muy clara teología de liberación y esperanza, en muy complicado. Esas complejidades se relacionan principalmente con la naturaleza literaria de los documentos: Incluyen secciones legales, narraciones históricas, descripciones teológicas, relatos de intervenciones milagrosas de parte de Dios, tradiciones diversas, elementos repetitivos, temas yuxtapuestos...

La naturaleza fundamentalmente teológica del relato se pone en evidencia al identificar los componentes de la revelación en el Sinaí. Es una porción bíblica que excede los límites de la historia. En medio de una nube muy densa, se manifiestan relámpagos, truenos, humo y temblores, que son signos claros de una teofanía, una manifestación especial de Dios en medio de las realidades humanas. Esa singular teofanía mantiene la tradición de las manifestaciones milagrosas extraordinarias de Dios para propiciar la salida de Egipto, como las plagas, y hacer realidad las promesas a los patriarcas y las matriarcas de Israel, de llevarlos a la tierra prometida. El Dios bíblico se revela no solo como creador, sino como libertador, majestuoso y cósmico; es el Señor del universo, de la tierra y de la historia; y además, es benevolente, salvador y misericordioso.

Un detalle significativo de las narraciones bíblicas relacionadas con la revelación divina en el Sinaí es que presenta dos visiones de los eventos. La finalidad teológica, sin embargo, es la misma: Afirmar la naturaleza divina de la revelación al pueblo, pero algunos detalles de las teofanías son diferentes. Los dos relatos (Éx 24.1,9-11.13 y Éx 33.18—34.28), en esencia, enfatizan la visión de Dios, y destacan la importancia de las tablas de la Ley. En ambos, abundan las palabras descriptivas, pues tratan de narrar lo inefable e inexplicable: La revelación de Dios. El objetivo de estos textos bíblicos no es solo presentar una descripción detallada de los eventos, sino transmitir la afirmación teológica básica del pueblo: Dios se reveló a Moisés y a su pueblo en el monte Sinaí.

Del monte Sinaí a Cades. Los itinerarios que se incluyen en la Biblia desde el Sinaí hasta Cades, son difíciles de precisar. En la actualidad, los lugares identificados en los relatos son difíciles de localizar con exactitud. Sabemos que, sin embargo, después de celebrar la Pascua (Nm 9.1-4), los israelitas se dirigieron hacia Cades, al norte del Sinaí y al sur de Palestina, que es un gran oasis con una serie de fuentes que brindan a los peregrinos, no solo calma y solaz inmediatas, sino vida y esperanza a largo plazo. En ese lugar, los israelitas decidieron establecerse, para organizar desde esa región, las estrategias pertinentes para entrar finalmente a las tierras de Canaán. Cades, en efecto, se convirtió en el centro de operaciones de los israelitas, previo a la conquista de la tierra prometida.

Los episodios que revelan las vicisitudes de los israelitas en el desierto, en el camino del Sinaí hasta Cades, son los siguientes: La exploración de las tierras de Canaán y las respuestas adversas del pueblo contra Moisés ¡y contra Dios! (Nm 13—14). La rebelión de Coré contra el sacerdocio de Aarón (Nm 16.1-35), y la muerte de Miriam y Aarón (Nm 20.1-29). Y finalmente, el episodio del agua que brota de la roca (Nm 20.2-13).

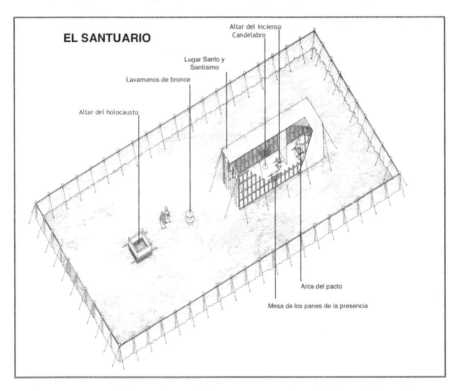

La respuesta divina a las rebeliones y reacciones del pueblo es firme y decidida. Debían quedar en Cades por 38 años, antes de llegar a Canaán, y hasta que hubiese muerto la generación de israelitas que había salido de Egipto. Se destaca de esa forma la importancia teológica de la fidelidad. Una vez más se ponen de manifiesto las intenciones teológicas de los relatos bíblicos del éxodo de Egipto.

Durante el tiempo que Moisés y los israelitas permanecieron en Cades, se organizaron y aplicaron las leyes recibidas en el Sinaí, y estuvieron en contacto con diversos grupos sociales y étnicos de la comunidad: P.ej., madianitas, calebitas y quenitas, y es muy probable que algunos de esos grupos se unieron a los israelitas en el paso a Canaán.

De Cades a Transjordania. Tras 38 años en Cades, el pueblo junto a Moisés, según las narraciones bíblicas, se dirigen finalmente a Transjordania para proseguir a Canaán. El tiempo en el oasis de Cades debe haber sido de reorganización interna y preparación para proseguir la marcha hasta la tierra prometida. Pero en vez de seguir al norte, y llegar directamente a los territorios cananeos, el paso fue por el este, en el que encontraron desafíos militares formidables. De esa forma los relatos bíblicos destacan las intervenciones de Dios en el momento oportuno.

Los principales eventos que se ponen de relieve en el peregrinar del pueblo, desde Cades a Transjordania, son varios, y todos de importancia teológica. Los detalles históricos que se presuponen en los textos bíblicos escapan a nuestro análisis directo.

Para comenzar, en Edom se les cierra el paso a los israelitas (Nm 20.14-21), y en medio de la crisis, Moisés levanta la serpiente en el desierto, para declarar la salvación al pueblo (Nm 21.4-9). Prosiguen luego los relatos de las victorias militares sobre los monarcas de Sijón y Basán (Nm 21.21-35), que revelen que la liberadora virtud divina acompaña al pueblo, inclusive ante enemigos militares extraordinarios. El episodio del profeta Balaam pone en evidencia clara el compromiso divino de llevar a los hijos y las hijas de Israel a un futuro de esplendor (Nm 22.2—24.25). Y finalmente, antes de llegar a la frontera de Canaán, se demuestran las consecuencias funestas de la infidelidad y la idolatría, en Baal Peor (Nm 25.1-9).

Estas narraciones bíblicas presentan todo un itinerario con una muy clara finalidad teológica: Se reitera que el Dios que llamó a Abraham, liberó al pueblo de Egipto y se reveló a Moisés en el Sinaí, sigue con su pueblo para cumplir sus promesas y llevarlos a Canaán. De esta forma se presenta la llegada de Israel a las llanuras de Moab, que constituye el paso previo a la conquista de las tierras cananeas. Esos territorios transjordánicos, Moisés se los asigna a las tribus de Gad, Rubén y parte de la de Manasés.

El relato del pacto en Moab (Dt 29.9-28) sigue las tradiciones del compromiso divino con su pueblo. De una forma similar al pacto en el monte Sinaí, que celebra la gesta de liberación de Egipto, en Moab se celebran las victorias divinas y del pueblo ante una serie de enemigos extraordinarios y desafíos formidables.

La naturaleza de esos relatos del pacto en Moab sigue los criterios tradicionales de las alianzas en la antigüedad. Por ejemplo, incluyen la introducción histórica, que comienza con las referencias al éxodo (Dt 29.1-6), prosigue con las cláusulas de compromiso (Dt 29.8) e incorpora la alusión a los testigos, que en este singular caso son los cielos y la tierra (Dt 30.19). Además, incorpora las bendiciones y las maldiciones relacionadas con la fidelidad y la desobediencia al compromiso con Dios (Dt 29.19). Los componentes finales del pacto son los siguientes: la afirmación de fidelidad del pueblo (Dt 29.11, 18); el texto queda escrito, como testigo de la seriedad del compromiso (Dt 29.20); y culmina con la afirmación que se debe leer con regularidad, para mantener claros las responsabilidades del pueblo con Dios (Dt 31.11).

Moisés como figura histórica y teológica

Moisés es uno de los personajes bíblicos más importantes. Sus contribuciones se aprecian, en efecto, no solo en la literatura bíblica y extrabíblica de las comunidades judías y cristianas, sino que son muy difíciles de subestimar o ignorar, pues se relacionan con la revelación de la Ley, que es uno de los elementos teológicos, históricos, sociales, políticos y espirituales más importantes del pueblo de Israel.

Esas contribuciones de Moisés según las narraciones bíblicas, sin embargo, son muy difíciles de precisar por los métodos de estudios históricos tradicionales, pues no poseemos literatura extrabíblica que le identifique y sirva de marco de referencia para nuestro análisis. Esos desafíos metodológicos, para valorar adecuadamente la figura extraordinaria de Moisés, aumentan desde la perspectiva literaria y temática. Toda la vida del gran legislador y libertador del pueblo se presenta en un gran paréntesis milagroso: En su nacimiento se manifiesta la gracia divina, que le salva de perecer, en primer lugar, asesinado por los ejércitos del faraón; y posteriormente, de perecer ahogado en el río Nilo (Éx 1—2). Además, las narraciones en torno a su muerte están rodeadas de misterio, pues el lugar de su sepultura nunca apareció, y se reiteran las promesas hechas a Abraham, Isaac y Jacob (Dt 34).

La información que poseemos de Moisés es la siguiente: Era una persona de origen hebreo, que fue criado en la corte del faraón. Su nombre egipcio revela su cultura y ambiente familiar. A la vez, parece que está relacionado, según las narraciones bíblicas, con los madianitas, pues fue esa comunidad que le protegió cuando tuvo que escapar de Egipto al desierto por asesinar a un egipcio que maltrataba a un esclavo hebreo.

El nombre Moisés, de origen egipcio, significa «hijo de» o «nacido de», y aparece en nombres compuestos de la época, como Tutmosis, que significa hijo de la divinidad Tut. El texto bíblico, para afirmar su identidad hebrea, relaciona la pronunciación del nombre de Moisés, con un antiguo verbo que significa «sacar o salvar».

Desde la perspectiva bíblica, Moisés es el gran caudillo de Israel, que recibe una serie importante, interesante y reveladora de títulos y descripciones teológicas. Entre esas designaciones se incluyen las siguientes: Hombre humilde (Nm 12.3); el más grande de los profetas (Nm 12.7-8); hombre de Dios (Dt 33.1); siervo del Señor (Jos 1.1); intercesor ideal (Jer 15.1); el ser humano más grande y más querido por Dios (Eclo 45.1-6); transmite a Israel la voluntad divina (Dt 5.5); mediador de la Ley (Jn 1.17; Gá 3.19); y el que resume el A.T. (Mt 17.3).

En efecto, la gran contribución de Moisés al mundo de la Biblia, tanto para las sinagogas como para las iglesias, viene desde la perspectiva teológica, que supera los límites de la historia.

VII
LLEGADA A CANAÁN

Después de la muerte de Moisés, siervo del Señor,
Dios le dijo a Josué hijo de Nun, asistente de Moisés:
«Mi siervo Moisés ha muerto.
Por eso tú y todo este pueblo
deberán prepararse para cruzar el río Jordán
y entrar a la tierra que les daré a ustedes los israelitas.
Tal como le prometí a Moisés,
yo les entregaré a ustedes todo lugar que toquen sus pies.
Josué 1.1-3

Las tierras de Canaán

De acuerdo con los testimonios bíblicos, los habitantes de Canaán en el período preisraelita eran mayormente cananeos y amorreos. También habitaban en la región grupos de hititas, jeveos, joritas, jebuseos y guirgaseos que adoptaron la cultura y las costumbres cananeas. En efecto, cuando los israelitas llegaron a la tierra prometida, había habitantes en la región organizados en grupos sociales y clanes, que vivían en ciudades de forma ordenada.

Los cananeos llegaron desde el noreste, pero se encontraban diseminados en un territorio amplio, que va desde sur, en las fronteras con Egipto, hasta la ciudad de Ugarit, al norte. Los amorreos, u occidentales, que eran parte de los antepasados de los israelitas, provenían del noroeste, y se asentaron al comenzar el segundo milenio a.C. en la región montañosa del centro de Canaán. Esos dos pueblos vivieron en la región antes de la llegada de Josué con los grupos de israelitas desde Moab.

La arqueología ha descubierto las formas de vida y las estructuras físicas que servían de marco social a los grupos cananeos. Las ciudades generalmente estaban bien construidas y organizadas con sistemas de defensa y drenajes, para así afirmar la seguridad de la población y para preservar el agua, en casos de crisis políticas y militares. Las casas estaban rodeadas por una serie de construcciones modestas, que eran las habitaciones de los sirvientes, y delatan las dinámicas feudales del sistema social.

Los cananeos eras esencialmente comerciantes, que viajaban por la región vendiendo madera y productos textiles. Esos viajes les permitieron llegar hasta Egipto y Mesopotamia, interactuando con esos y otros pueblos, y recibiendo influencias sociales, políticas, religiosas y culturales. Entre esas influencias, está la escritura, que se desarrolló y perfeccionó entre los escribas cananeos, hasta el punto de que se convirtió en uno de los fundamentos de la escritura alfabética.

Religión y política

La religión en Canaán era un componente fundamental de la vida social y la cultura. En el panteón estaba el dios supremo El, que parece no tener muchas funciones reales en el pueblo, pero era el padre de Baal, que a su vez era la divinidad más activa e importante en la región. Baal era el dios de las tormentas y de las tierras. Además, el panteón incluía varias deidades femeninas, entre las que se encuentran Aserá y Astarté, y también Anat, que se identifica como cónyuge de Baal. Esa presencia femenina en el panteón cananeo promueve el culto a la fertilidad, que se representaba con imágenes de las llamadas «prostitutas sagradas», que eran más bien sacerdotisas de la adoración y los cultos a Baal.

De singular importancia religiosa es la percepción de un mito antiguo que representa anualmente la muerte y la resurrección de Baal. Esa singular creencia simboliza la muerte y resurrección de la naturaleza, que incentiva la fertilidad de las tierras y promueve la prosperidad de la comunidad. Para celebrar ese antiguo mito, se organizaban festivales que incluían orgías y prácticas sexuales que recibieron el rechazo absoluto de los grupos israelitas.

Las ciudades cananeas estaban generalmente en las llanuras. Estaban organizadas con independencia política e interdependencia económica. En el tiempo de la llegada de los israelitas, a mediados del siglo xii a.C., y con las dificultades internas en Egipto, muchas de estas ciudades estaban desorganizadas y vulnerables; factores internos que propiciaron la incursión israelita en Canaán.

La organización política en Canaán, en la época de la llegada de Josué, eran un tipo de ciudades-estados, que se concentraban mayormente en las secciones llanas de la región. En las montañas, que no estaban densamente pobladas, estaban los bosques que apoyaban la economía de las ciudades. Esos factores favorecieron la llegada, penetración, conquista y asentamiento israelita en la región de Canaán.

En Transjordania, el siglo xiii a.c. fue testigo de la llegada de diversos grupos moabitas, edomitas y amonitas, que se identifican en las narraciones bíblicas como pueblos que interaccionaron con Moisés y su grupo en el viaje a Canaán. Esas comunidades proveen el contexto histórico, político y social que enmarcó la presencia israelita en la región.

Literatura deuteronomística

Los textos que nos hablan de la llegada de Josué y de los israelitas a Canaán, se incluyen en una sección de la Biblia que se conoce como la literatura deuteronomista. Se trata de una serie de libros que fundamentan su estilo, vocabulario, teología y temas, según el modelo bíblico de Deutero- nomio. Esa literatura incluye esencialmente la primera sección de los libros históricos del canon, es decir: Josué, Jueces, Samuel y Reyes, y también Deuteronomio.

Esta literatura deuteronomística proviene, más que de un autor, de una «escuela», que fue redactando las memorias y tradiciones orales y escritas por siglos, desde el xiii hasta el vi a.C. Es un trabajo monumental, que presenta la historia del pueblo de Israel, desde los tiempos de Moisés, hasta la caída del reino del Sur. El tema teológico, que sirve de guía a esta extensa literatura, es la teología de la fidelidad al pacto de Dios con su pueblo en el Sinaí.

La literatura deuteronomística que analizaremos presenta una serie de narraciones históricas que se fundamentan en la teología del pacto, según el libro de Deuteronomio. La finalidad básica es presentar las acciones divinas que hacen posible el cumplimiento de las promesas hechas a Abraham y a Moisés, y demostrar la fidelidad de Dios, aunque el pueblo viva en continuas infidelidades. El propósito es claramente teológico: ¡Dios es fiel a sus promesas!

Esa naturaleza esencialmente teológica de los documentos deuteronomísticos nos mueve a estudiar esas narraciones históricas de forma sobria, detenida, cautelosa. Esos textos bíblicos se evaluarán a la luz de los descubrimientos arqueológicos y la historia de las naciones vecinas, para descifrar qué fue lo que sucedió realmente en el período de Josué en Canaán.

Los detalles históricos que se presentan en los libros de Josué, Jueces, Samuel y Reyes deben estudiarse a la luz de su finalidad teológica, especialmente su relación con la obediencia o desobediencia al pacto de Dios con Moisés y su pueblo en el Sinaí. Estos libros de la Biblia constituyen esencialmente una gran obra teológica, que destaca la justicia divina y presenta un llamado de Dios al arrepentimiento y conversión del pueblo. Como se redactó finalmente en el período exílico, cuando el pueblo había perdido el templo y la libertad política, la obra deuteronomística se presenta como un reclamo a la fidelidad que el pueblo le debía al pacto, para que se manifieste la misericordia divina y se restaure la paz en el pueblo.

La literatura deuteronomística, divide sus narraciones en cuatro temas fundamentales y períodos especiales:

1. Libro de Josué: Período de llegada, conquista y repartición de las tierras cananeas.

2. Libro de Jueces: Manifestaciones de apostasías y arrepentimientos de parte del pueblo.

3. Libro de Samuel: Institución de la monarquía en Israel

4. Libro de Reyes: División en la monarquía y caída de los reinos de Israel y Judá.

Llegada y conquista de Canaán

El propósito del libro de Josué es mucho más que la descripción de eventos y el análisis de las dinámicas sociales, políticas y económicas de la época. La finalidad sobrepasa los límites del análisis histórico, pues la lectura atenta de los relatos bíblicos revela una muy clara intensión teológica: Demostrar que la llegada, las victorias y la conquista de las tierras cananeas se llevan a efecto gracias a la intervención divina. De forma clara se indica que Dios puso en manos de Josué a todos sus enemigos, que implica que el verdadero héroe en estas gestas del pueblo es el Señor, que cumplió las antiguas promesas hechas a los patriarcas y matriarcas, y también a Moisés.

Los relatos de la conquista rápida y total responden al interés teológico del libro. Desde la perspectiva histórica, la llamada «conquista» fue un proceso complejo de conflictos políticos, sociales y religiosos, que en ocasiones desembocó en guerras, pero en otros momentos el proceso de asentarse en las tierras fue gradual; inclusive, hubo instancias donde, en vez de guerras y rechazos, las comunidades locales le dieron la bienvenida a los grupos israelitas que llegaban.

Con el paso del tiempo, los relatos de la llegada de los grupos de israelitas que llegaron a Canaán se revisaron. Para Oseas y Jeremías, los tiempos de Josué fueron ejemplo de fidelidad (Os 2.14-17; Jer 2.2), a pesar de las acciones de Acán que propiciaron las derrotas en la ciudad de Hai. El propósito educativo de Josué es demostrarle al pueblo las consecuencias positivas de la fidelidad a Dios y al pacto, y los resultados adversos de la infidelidad y la idolatría. Inclusive, el mensaje del libro tiene la implicación que aunque el pueblo haya sido infiel, si regresa a la fidelidad, el Dios de los antepasados de Israel, que sacó al pueblo de Egipto, tiene la capacidad y el deseo de perdonar y cumplir sus promesas.

Las narraciones en el libro de Josué se pueden dividir en varios temas, relacionados con la conquista de Canaán:

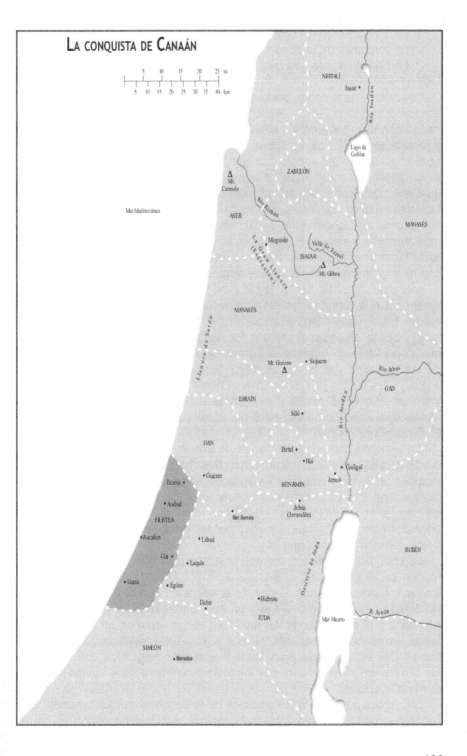

LA CONQUISTA DE CANAÁN

1. La conquista de la cordillera central (Jos 1—9)
2. La conquista de la zona meridional (Jos 10)
3. La conquista de la zona septentrional, y las conquistas finales (Jos 11—12)

Los relatos de la conquista que se incluyen en las secciones iniciales del libro de Josué (Jos 1—12), presentan una serie de acontecimientos relacionados con la llegada de los israelitas a Canaán, de forma esquematizada y realmente idealizada. La figura principal en estos eventos es Josué, que heredó el liderato del pueblo con la muerte de Moisés.

La impresión inicial, que se tiene al leer esas narraciones bíblicas, es que la llamada conquista de la tierra prometida fue una campaña rápida de victorias militares continuas, sin muchas dificultades. Una lectura cuidadosa del libro de los Jueces (Jue 1—3), sin embargo, nos brinda un panorama más complejo y realista. Para Josué, la llegada a Canaán era el cumplimiento de las promesas divinas, y sus narraciones históricas se escriben desde esa muy importante perspectiva teológica.

Las explicaciones de la llegada de los israelitas a Canaán y de las dinámicas relacionadas con la llamada conquista de la tierra prometida son varias. En algunos casos el encuentro entre israelitas y cananeos fue violento y bélico, en otros, el proceso fue de convivencia pacífica, que propició que con el tiempo hubiera una transición política y social en el liderato de las ciudades y el poder se transfiriera a los grupos relacionados con Josué. Y entre esas dos dinámicas se deben haber manifestado rebeliones internas, vacíos de poder y momentos de anarquía. Los textos bíblicos simplifican esas complejidades políticas y sociales, para destacar las intervenciones divinas.

De acuerdo con las narraciones de Josué, la conquista se produjo en medio de tres grandes campañas militares. La primera se relaciona con las victorias en Jericó y Hai (Jos 1—9); la segunda fue la conquista de las secciones cananeas en la cordillera central (Jos 10); y finalmente se describen las campañas militares relacionadas con la conquista de la ciudad norteña de Jazor (Jos 11-12), que a juzgar por las narraciones bíblicas, marca el triunfo definitivo sobre Canaán.

La conquista de Jericó merece una atención especial (Jos 6). La narración se articula como si fuera una acción litúrgica, que sobrepasa los límites militares humanos. Luego de enviar a los espías (Jos 2) y cruzar el río Jordán (Jos 3), como si fuera un nuevo mar Rojo, el relato del triunfo en Jericó y el derrumbe de las murallas, se presenta en un tono teológico fuerte, y revela más una intervención divina extraordinaria que una campaña militar estructurada, planificada y ejecutada. Según los textos bíblicos, fue Dios quien intervino para que los muros cayeran y los israelitas pudieran entrar a la ciudad.

Los relatos en torno a la conquista de la segunda ciudad cananea, Hai, también ponen de relieve detalles teológicos, más que históricos. El primer intento de conquista culminó en derrota, que se atribuye directamente al pecado de una persona, Acán, que no cumplió con las estipulaciones divinas en Jericó. Solo tras descubrir y castigar a la persona culpable, es que los israelitas logran conquistar la ciudad.

Una vez más se pone de manifiesto la intensión teológica de la narración. El libro de Josué desea destacar reiteradamente la importancia de la obediencia a Dios, para lograr los objetivos de poseer la tierra de Canaán. De acuerdo con la teología de Josué, la obediencia no es un extra optativo en los procesos de conquista, sino un requisito indispensable. Más que el poderío militar y las estrategias bélicas humanas, los textos bíblicos subrayan elementos teológicos fundamentales que propiciaron el triunfo de los israelitas en las tierras de Canaán.

La conquista de la cordillera central y las zonas meridionales se relacionan en Josué con las intervenciones de Dios (Jos 10). Aunque el rey de Jerusalén, aliado a los monarcas de Hebrón, Jarmut, Laquis y Eglón se confabularon y unieron para detener los avances de Josué, fueron derrotados fulminantemente por los israelitas.

A esas victorias en las montañas de Canaán, le siguen los triunfos en el norte (Jos 11—12), que selló la conquista definitiva de Canaán, como una doble empresa. Por un lado, el pueblo llegó a estas nuevas tierras con la intensión de poseerlas, pues las entendía como el cumplimiento de las promesas divinas; y por el otro, la comunidad de israelitas, y ciertamente Josué y los redactores de su obra, comprendían que las intervenciones divinas jugaron un papel protagónico en esos importantes procesos históricos, militares, políticos, sociales y religiosos.

Una lectura teológica de las narraciones históricas en el libro de Josué revela que el protagonista principal en esas jornadas bélicas de conquista es realmente Dios. Los cananeos eran los enemigos, según las narraciones, y el Señor los puso en manos de Josué. Y en este contexto teológico y religioso, es que debe entenderse el llamado voto del exterminio o el anatema, que consistía en la destrucción total y definitiva de las ciudades conquistadas. Ese tipo de exterminio radical, más que una realidad histórica, revela un principio teológico fundamental: Los israelitas debían mantener y afirmar su identidad religiosa y étnica, en una sociedad y mundo politeísta. La preocupación teológica básica, más que los ciudadanos de Canaán, era la idolatría que se representaba en una divinidad local, que se conocía como Baal, que significa señor.

Reparto de la tierra prometida entre las doce tribus de israelitas

Con el capítulo 13 de Josué, comienza una nueva etapa histórica entre los israelitas en Canaán, y también en las narraciones bíblicas. La teología, que está implícita en toda esta sección, tiene continuidad con los capítulos previos: Dios está en control de la historia y las tierras. En esta sección el tema de la conquista cede el paso a narraciones que identifican lugares específicos con las diversas tribus que llegaron a la tierra prometida. Se omiten las referencias a los monarcas locales, pues ya esas ciudades forman parte de las conquistas divinas, en las que Dios era el monarca y Josué su representante local.

Una vez más las narraciones bíblicas se articulan de forma esquematizadas, y presentan una definitiva intención teológica. Las realidades, comprensiones y lecturas históricas de los relatos hay que identificarlas con prudencia y cautela, pues el propósito fundamental de la obra es principalmente teológico. Las narraciones bíblicas e históricas en esta sección, una vez más, son de carácter teológico.

Las tribus que se asentaron en Transjordania (Jos 13), son las siguientes:

- Rubén: Fue ubicada al oriente del río Jordán, cerca de las ciudades de Moab. Y el nombre se puede asociar con el amor (Gn 29.32).
- Gad: Ocupó la región cerca del río Jaboc hasta Galaad. El nombre significa felicidad.
- Manasés: Esta tribu se dividió en dos secciones; la mitad se asentó en la parte norte de Transjordania; y la otra mitad se ubicó en Cisjordania, al sur de la llanura de Jezrel. El nombre significa consolador.

Las tres grandes tribus (Jos 14—17) se ubican en Cisjordania, y son las siguientes:

- Judá: La importancia de esta tribu se revela en la extensión de su territorio, que llegaba desde el mar Muerto al mar Mediterráneo, por el sur penetraba el Néguev, y por el norte a la ciudad de Belén. Ciertamente más que histórica es una descripción ideal, pues en este territorio se incluía la llanura de los filisteos. El nombre significa «tierra de barrancos o montañas», que ciertamente alude a las características físicas de la región.
- Efraín: El territorio de esta tribu se ubica en el centro la de antigua Palestina, aunque sus fronteras específicas no están muy claras. Tenía frontera, al norte, con Manasés; y por el sur, con Benjamín. Y junto a la tribu de Manasés, formaban parte de la casa de José.
- Manasés: La parte de la tribu que se ubicó en Cisjordania, se halla al norte y en los alrededores de la ciudad de Siquén

El resto de las tribus (Jos 18—19), son las siguientes:

- Benjamín: Esta tribu está en medio de las de Judá y Efraín, e incluye la importante ciudad de Jerusalén, que fue conquistada finalmente en la época de David, que triunfó sobre los jebuseos. El nombre, que es más bien geográfico, significa, de acuerdo con el contexto, hijo de la diestra, el del sur o hijo de la dicha.

- Simeón: Estaba ubicada dentro del territorio de Judá, y se concentraba al sur, cerca de Berseba. El nombre significa «el Señor ha oído», o se relaciona con una persona agradable.

- Dan: Originalmente esta tribu estaba ubicada en la zona central de la antigua Palestina, se desplazó al norte, y se ubicó en Lais. El nombre se asocia con poder.

- Zabulón: Estaba asentada esta tribu en los alrededores del monte Tabor, las montañas de Nazaret y en parte de la llanura de Jesrel. El nombre quizá se relaciona con los príncipes.

- Isacar: Se ubicó esta tribu en Cisjordania, al sur del lago de la Galilea, y el nombre se puede asociar al salario.

- Aser: Esta tribu se asentó en las orillas del mar Mediterráneo, desde el monte Carmelo hasta Tiro, en Fenicia. El nombre significa feliz.

- Neftalí: Se ubicó esta tribu al oeste del río Jordán, desde el lago de la Galilea hasta Lais; y el nombre alude a las montañas que incluía su territorio.

De singular importancia, en la lectura y comprensión de las narraciones del reparto de la tierra prometida está el método: ¡Se echaron suertes! Ese singular acto revela quién es el dueño real de las tierras repartidas: Dios. La geografía que se incorpora en la repartición, más que histórica es teológica, pues se revela un Dios que cumple sus promesas, y se pone de manifiesto un pueblo que, en medio de las realidades de la vida, intenta ser fiel y obediente a ese Dios.

Las fronteras de los territorios de las tribus, en efecto, más que identificaciones precisas de límites geográficos, revelan diversos períodos históricos y manifiestan los linderos ideales del pueblo. Hay que leer estas narraciones con ojos teológicos, más que históricos.

Las ciudades de refugio y de los levitas (Jos 20—21)

A la tribu de Leví, por su naturaleza y funciones sacerdotales, no se le asignó una región específica para morar. Sin embargo, no quedaron desprotegidos en la tierra prometida, pues se identificaron ciudades específicas, en los territorios de cada una de las tribus, en las cuales podían vivir (Jos 21).

Algunas ciudades se convirtieron en centros de apoyo y salvación para personas que habían cometido crímenes involuntarios. Esas personas homicidas podían refugiarse a esas ciudades-refugio, si querían evitar la ira y la venganza de sangre en manos de familiares de la víctima. De esa forma los levitas, no solo cumplían responsabilidades litúrgicas en la comunidad, sino que eran agentes de bienestar, estabilidad comunitaria, justicia social y paz.

El pacto en Siquén (Jos 23—24)

La sección final del libro de Josué incluye una exhortación al pueblo y el discurso de despedida. Presuponen que la tierra ya ha sido conquistada y que el pueblo vivía en paz en Canaán. Estos capítulos exponen una teología del pacto que afirma la importancia de la fidelidad para el pueblo pueda disfrutar del cumplimiento de las promesas de Dios. Son narraciones eminentemente teológicas, que reafirman las afirmaciones que previamente se han hecho en el libro en torno a la historia de los israelitas al llegar a la tierra prometida.

De singular importancia en la obra es el discurso final de Josué al pueblo (Jos 24). Se trata de un resumen histórico que ponen de relieve tres etapas fundamentales en la vida de los israelitas. En primer lugar, afirma el llamado a los patriarcas del pueblo (vv. 2-4); prosigue con la revelación divina en el éxodo de Egipto (vv. 5-7); y culmina con la entrada triunfante a la tierra prometida (vv. 8-13). En efecto, es un recuento tanto histórico como teológico, en el que Josué insta al pueblo a mantenerse fiel al Señor, que es el único Dios. Y esa fidelidad requiere una confianza plena, que supera las espadas y los arcos (v. 12).

El resumen histórico del pacto (vv. 2-13) presenta a Dios en primera persona singular, pues ha acompañado a los israelitas a través de su peregrinar, hasta llegar a la tierra prometida. Desde el llamamiento a Abraham hasta el cruce del Jordán, Dios ha estado con el pueblo, para demostrar que es capaz de cumplir sus promesas. No fueron las divinidades de Canaán las que llamaron a Abraham y liberaron al pueblo de la esclavitud en Egipto.

A ese singular resumen histórico y teológico de Josué se añade una serie de recomendaciones que tienen una misma finalidad temática: Exhortar al pueblo a abandonar las divinidades locales y cananeas, y comprometerse con el único Dios verdadero (vv. 14-25). Y el pueblo, en ese entorno litúrgico y religioso, afirma su lealtad al Dios del éxodo y al de la conquista de Canaán.

Las afirmaciones teológicas toman un nuevo giro en medio de la ceremonia. El Dios bíblico no solo es Señor del éxodo y la conquista, sino santo y celoso, que ciertamente no acepta las infidelidades y no tolera las rebeliones. En ese contexto de compromisos y desafíos se añade una palabra teológica e histórica adicional: Si el pueblo es infiel al pacto, sufrirá el mismo destino de las naciones idólatras y paganas: el destierro y la destrucción. Por esa razón fundamental es que se requiere que el pueblo renueve el pacto, para evitar el juicio relacionado con la infidelidad.

La ceremonia finaliza con la afirmación del triunfo de la fidelidad de Josué y su familia, y se desafía al pueblo a seguir su ejemplo. Si el pueblo desea vivir liberado en la tierra prometida, la fidelidad al pacto es fundamental. El pasado es el cautiverio en Egipto, el futuro, la libertad en Canaán. El gran valor teológico en estas narraciones se relaciona con la fidelidad y la obediencia, en contraposición a la idolatría y la desobediencia...

Las narraciones milagrosas en el libro de Josué

En el corazón de los relatos de las conquistas de las ciudades de Canaán se intercalan tres episodios de gran valor teológico, que sobrepasan los límites de la historia. Se trata de unas narraciones de milagros, que destacan y reafirman la teología que se presupone en todo el libro. El Dios de la conquista de la tierra prometida es también el Dios de la liberación de Egipto, que hace proezas y prodigios en favor de su pueblo.

Para comprender adecuadamente estos singulares relatos bíblicos, debemos tomar en consideración los siguientes factores. En primer lugar, la naturaleza de estas porciones bíblicas es teológica. No se tratan de relatos periodísticos escritos desde la perspectiva de la imparcialidad ideológica, ni descripciones sistemáticas de lo acaecido en medio de las realidades del pueblo. Son reflexiones teológicas serias, redactadas desde el ángulo de la fe, que desean poner de manifiesto claramente las virtudes del Dios que está moviendo la historia para que se cumplan sus promesas.

Por esas razones teológicas, estos relatos no incluyen reflexiones críticas sobre las causas profundas e implícitas relacionadas con los eventos descritos. El propósito fundamental es destacar la intervención divina en el momento oportuno. Y las realidades sociales, políticas y económicas que presuponen estas narraciones, no se incluyen. Estos tres relatos son un magnífico ejemplo de la historiografía teológica, cuya finalidad fundamental es presentar una verdad religiosa.

El paso del río Jordán (Jos 3.14—5.15). El paso del río Jordán se presenta en el libro de Josué como un gran evento cúltico, que revive y recuerda la liberación de los israelitas de Egipto, y reafirma y celebra la experiencia del éxodo. Este relato es una especie de remembranza de los milagros relacionados con el fin del cautiverio del faraón.

El cruce del mar Rojo, según las narraciones del Éxodo, estuvo acompañado de una serie de milagros, que pusieron de relieve de forma magistral el poder divino, especialmente su virtud de liberación de los cautiverios. El ambiente teológico es el siguiente: De la misma forma que el Señor abrió el mar para que pasaran los hijos y las hijas de Israel, ahora reitera su poder, al abrir el río Jordán para llegar a la tierra prometida. El poder divino se hizo realidad, tanto al salir de las tierras del cautiverio, como al llegar a las tierras promisorias...

Los paralelos entre el paso del mar y el cruce del río son importantes:

- El mar se secó (Éx 14.5-31)
    El río también se secó (Jos 3.17)
- El Señor se aparece (Éx 13.21; 14.19)
    El Señor en el arca guía el paso (Jos 3.6-17; 4.10)
- Moisés va al frente del pueblo
    Josué va al frente del pueblo
- Una Pascua preparó el viaje de Egipto (Éx 12)
    Una Pascua prepara la entrada a Canaán (Jos 5.10)

La lectura cuidadosa de esta narración revela niveles cúlticos de manera reiterada. Por ejemplo, las acciones de pasar y estar firmes, las referencias al arca y las alusiones a la Pascua revelan el interés cúltico de las narraciones. La conquista de Canaán, más que una empresa militar, fue el resultado de las acciones divinas que se activaron como respuesta a la liturgia del pueblo. El cruce del río representa una nueva era para los israelitas, que dejan atrás un período de cautiverio para comenzar a vivir y disfrutar su liberación. Se trata de un nuevo éxodo, una experiencia de triunfo, un tiempo de esperanza...

La generación que salió de Egipto quedó en el desierto, quienes entran son nuevas personas que están liberadas de la sociología del cautiverio. Es una nueva generación que se compromete a ser fiel a Dios y experimenta las virtudes de la liberación. En este período, muere el pueblo que vivió las penurias del éxodo, y nace la comunidad de la tierra prometida.

La conquista de Jericó (Jos 6.1-27). La conquista de la ciudad amurallada de Jericó pone en evidencia clara el poder divino ante las fuerzas de Canaán, representadas en esta comunidad fuertemente custodiada y protegida. La referencia a los muros indica que las familias reales, ricas y poderosas vivían protegidas por unas paredes altas y fuertes, que parecían insalvables, desde la perspectiva de las capacidades bélicas de la época.

Lo acústico tiene preminencia en la conquista de la ciudad. Hubo toque de cuernos y sonidos de trompetas, y también gritos. Además, la reiteración del número siete, en los días, las vueltas, los sacerdotes y las trompetas, pone de manifiesto el carácter litúrgico de la actividad. En ese ambiente, que más que militar era de celebración y cúltico, se resalta la figura del Señor, que es quien ordena el evento, promete el triunfo y lleva a efecto su voluntad, por la obediencia y fidelidad del pueblo.

La detención del sol en Gabaón (Jos 10.1-15). El tercer relato milagroso de Josué se presenta en la narración de una guerra contra Gabaón, en la que se unieron cinco reyes amorreos, representantes de las ciudades de Jerusalén, Hebrón, Jarmut, Laquis y Eglón. Josué y los israelitas intervienen en la guerra, por un pacto de protección que habían hecho. El relato, más que describir las hazañas de Josué y el pueblo, es un testimonio elocuente de lo que Dios puede hacer en medio de su pueblo. El protagonista, indiscutible de este triunfo, es Dios, que envió granizos y detuvo el tiempo.

La narración es similar a las que presentan episodios de las guerras santas en la antigüedad. En este tipo de género literario, abundan los milagros, pues el Dios bíblico combate en favor de su pueblo. La referencia al sol forma parte de una colección de himnos antiguos que celebra las victorias de héroes. En un libro de la antigüedad, «El libro del Justo», hay referencias poéticas al sol y la luna, como agentes fieles de la voluntad divina. En el caso de Josué, el Dios de los israelitas, que tiene el poder sobre todo el cosmos, usa la naturaleza, tanto los granizos como el sol, para destacar el poder divino, y para llevar al pueblo a la victoria.

VIII
CAUDILLOS, HÉROES Y HEROÍNAS

El ángel del SEÑOR subió de Guilgal a Boquín
y dijo: «Yo los saqué a ustedes de Egipto
y los hice entrar en la tierra que juré darles a sus antepasados.
Dije: "Nunca quebrantaré mi pacto con ustedes;
ustedes, por su parte, no harán ningún pacto con la gente de esta tierra,
sino que derribarán sus altares".
¡Pero me han desobedecido! ¿Por qué han actuado así?
Pues quiero que sepan
que no expulsaré de la presencia de ustedes a esa gente;
ellos les harán la vida imposible,
y sus dioses les serán una trampa».
Jueces 2.1-3

Período de los caudillos

El período bíblico de los caudillos se ubica en la era de Hierro 1, por los años 1200-1050 a.C. Como resultado de las investigaciones históricas de esas fechas, la información histórica disponible, no extensa, y la que poseemos se relaciona principalmente con comunidades locales en Canaán, escritas desde una perspectiva teológica, como en el libro de Josué.

En el caso del libro de Jueces, se presenta una narración histórica intermitente que se preocupa por los santuarios locales, y que presupone un marco teológico firme y claro: El pueblo de Israel peca y le es infiel a Dios, y como resultado de sus actos llega la opresión; ante la crisis interna, el pueblo se arrepiente y se convierte; y ese gesto de conversión hace que finalmente llegue la liberación y salvación al pueblo. Ese singular esquema teológico, que es el marco de referencia histórico, es repetitivo en el libro (Jue 2.10—3.26).

Para comprender mejor la historia del pueblo de Israel en este singular período, es necesario analizar lo que sucedió en las naciones vecinas. Esas historias nacionales nos permiten entender mejor el ambiente internacional que afectó considerablemente las realidades políticas, sociales, económicas, militares y religiosas de los israelitas, que estaban recién llegados a Canaán. La transición en Canaán estuvo íntimamente ligada a la historia regional.

Egipto, Asiria, Aram y Filistea

Los llamados Pueblos del mar, entre los que se encontraban los filisteos, en el período de los caudillos, habían debilitado muy seriamente la economía y la política en Egipto. Ese ambiente de anarquía, lleno de confusiones, incertidumbres y conflictos internos, hizo que cayera la dinastía XVII.

Esas dinámicas internas en Egipto permitieron a los israelitas llegar a Canaán, y tomar posesión de algunos territorios, pues las fuerzas del faraón no tenían poder real sobre sus antiguas posesiones en Palestina y Asia. Ese singular vacío de poder que dejan las fuerzas egipcias, lo utilizan los grupos israelitas para consolidar y afianzar su presencia en diversas ciudades de Canaán, que para ellos era la tierra prometida.

Inclusive, cuando el faraón Sethnajt, hijo de Ramsés III (1175-1144 a.C.), de la dinastía XX, consolidó su poder y retomó gran parte de los territorios perdidos, e inclusive llegó hasta Éufrates, las continuas invasiones y conflictos con los filisteos, que llegaron con sus ataques hasta las costas egipcias, le impidió retomar las antiguas tierras de Canaán.

Algo similar le sucedió a Asiria en el período de los caudillos. Con el asesinato del rey Tukulti-Ninurta I (c. 1197 a.C.), Asiria perdió su poder militar internacional y se sumergió en un siglo de conflictos internos, crisis económicas y dificultades sociales. Y aunque tuvo un breve período de resurgimiento con Tiglat Piléser I (1114-1078 a.C.), esas restructuraciones y reconquistas no duraron mucho y Asiria cedió el paso ante las nuevas potencias internacionales de la época.

Los arameos en ese período llegaron por todo el oriente medio antiguo, y se asentaron y construyeron ciudades. Especialmente en Siria y Mesopotamia, la presencia aramea era destacada. La influencia en Palestina en ese período no fue grande, aunque había arameos en las ciudades a las que llegaron los israelitas. Damasco es un buen ejemplo de una ciudad donde los arameos ejercían una influencia importante.

Los filisteos desarrollaron varias ciudades de gran importancia en el período. Procedían de Caftor o Creta (Gn 10.14; Dt 2.23; Jer 47.4; Am 9.7), y formaban parte de los llamados Pueblos del mar, que invadieron con determinación y fuerza el oriente Medio antiguo. Estos filisteos fueron repelidos por los egipcios, que los obligaron a quedarse en la costa del Mediterráneo, hasta construir una pentápolis: Gaza, Ascalón, Asdod, Gat y Ecrón. El nombre de la región de la pentápolis llegó a ser Palestina, que con el tiempo los griegos usaron para referirse a toda la región antigua de Canaán.

Los filisteos llegaron a dominar el hierro, y prepararon armas de combate muy difíciles de vencer. Esa fuerza militar les permitió llegar hasta las montañas centrales de Cisjordania, conquistando territorios y venciendo ejércitos, inclusive llegaron a derrotar al rey Saúl. Solo el rey David pudo vencerlos de manera definitiva.

Las tribus hebreas y las nuevas realidades en Canaán

El libro de Jueces es producto de una larga trayectoria oral y literaria, que llega desde el siglo xii hasta posiblemente el siglo vi a.c. Durante ese gran período, el pueblo de Israel pasa por diversas etapas sociales y religiosas, y enfrenta diferentes desafíos militares, económicos y políticos. Y con las realidades históricas complejas y cambiantes en el trasfondo, el libro de Jueces se escribe para explicar las complejidades de un período del cual no tenemos mucha información histórica fidedigna.

En el período de los caudillos, las tribus de Israel y Judá enfrentaban una serie intensa de amenazas militares del imperio asirio, además de las dificultades internas e inestabilidad política que se manifestaban en Samaria, con golpes de estado y asesinato de reyes. Fue un tiempo de crisis, en el que las tribus respondían de forma individual a los conflictos bélicos que tenían con sus vecinos. La geografía de la región ayudaba a ese individualismo, pues las montañas separaban claramente las diversas tribus. Por ejemplo, los llanos de Esdrelón separaban las regiones de la Galilea con la zona central, y el valle del Jordán dividía las tribus del esto de las del oeste.

Esas dificultades políticas y sociales internas, junto a las realidades geográficas pusieron a las tribus de Israel en una situación de crisis mayor, donde se desafió la teología del Dios de los antepasados que les había dado la tierra prometida, la llamada "tierra que fluye leche y miel". El libro de Jueces es la respuesta teológica a esas dificultades extremas, tanto del orden militar y social, como desde la perspectiva política y espiritual.

La ocupación de las tierras de la antigua Canaán fue un proceso lento y complejo. Y en medio de esas dinámicas militares y políticas, dos grupos de personas tomaron un papel protagónico, de acuerdo con las narraciones bíblicas. En primer lugar estaba un grupo de esclavos que habían salido de Egipto, o esclavos que vivían en el desierto que se habían unido al grupo inicial, que según sus memorias, fue por la extraordinaria intervención divina. A ese grupo de recién liberados esclavos, se unieron campesinos que se sentían oprimidos en las diversas ciudades de Canaán, y se rebelaron contra las autoridades locales, uniéndose a los israelitas que llegaron a conquistar a los cananeos para poseer sus tierras.

La vida de los campesinos cananeos era precaria. Vivían en comunidades pobres y desprotegidas, y trabajaban para los señores de las tierras, que poseían ejércitos bien adiestrados para la guerra, para eliminar la disidencia y destruir las rebeliones. Los ricos de las ciudades cananeas contaban con carros de guerra, caballería y hasta armas de hierro; y los campesinos no podían enfrentar esa infraestructura militar con efectividad, hasta que llegaron los diversos grupos de israelitas.

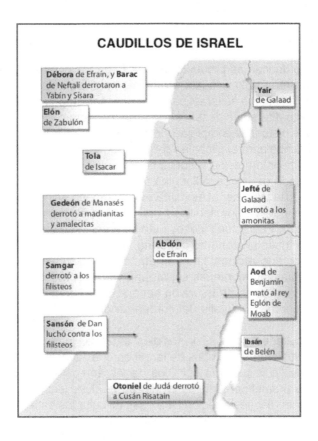

Desde la perspectiva teológica, los israelitas respondieron a los ejércitos superiores de las ciudades cananeas porque tenían fe en el Dios que les había liberado de Egipto. Y desde la perspectiva militar, los campesinos locales, que conocían las dinámicas militares de los terratenientes, se unieron a los grupos israelitas, que venían con deseos de asentarse en Canaán, luego de décadas vagando por el desierto y motivados por la revelación divina. El conocimiento local cananeo se unió al entusiasmo israelita para transformar las realidades políticas, sociales, económicas y hasta religiosas de la región.

Con el encuentro entre cananeos e israelitas, se enfrentan cara a cara dos formas de ver y entender la sociedad; dos maneras de comprender la vida y la tierra; y dos visiones de la justicia y de la religión. Ese encuentro extraordinario, entre las dos formas de entender la humanidad fue el contexto general de la teología y redacción del libro de Jueces.

De un lado, los cananeos fundamentaban su estado de derecho en el sistema religioso, que entendía que Baal era el señor y dueño de la tierra; los reyes, sacerdotes y terratenientes eran los que tenían el poder político, y vivían protegidos y seguros en ciudades amuralladas; mientras los campesinos y obreros servían de esclavos para sostener ese sistema opresor. Desde la perspectiva israelita, las realidades sociopolíticas se interpretaban a la luz de la revelación divina y la teofanía en el monte Sinaí, en la que se manifestó un Dios liberador, que inspiraba un tipo de sociedad más justa y respetuosa de la dignidad humana.

El encuentro de los israelitas y los cananeos se dio en medio de un complejo proceso de cambios sociales. Los israelitas se movían de forma gradual de un mundo sedentario y seminómada, a un tipo de sociedad agrícola y citadina. Ese proceso tuvo repercusiones en todos los órdenes de la vida, incluyendo en las esferas religiosas. La cultura cananea, y sus dioses como Baal y Astarté, afectaron intensamente la vida y las percepciones religiosas de los israelitas, al punto de generar un sincretismo religioso, que era visto por los profetas de Israel como una manifestación extraordinaria de apostasía.

En Canaán se hacían diversos cultos a Baal en muchos lugares. Esa novel y singular divinidad, que era vista como el señor y dueño de la tierra, se contraponía a Yahvé, que era el Dios de la liberación y de la historia. El componente real, tangible, visible e inmediato de la tierra fue un factor fundamental en los procesos de sedentarización en Canaán. Los israelitas estaban incursionando en el mundo de la agricultura, y llegaron a un lugar que tenía una divinidad que se entendía era el dueño de a tierra, y que generaba buenas cosechas, pues era el dios de la fertilidad.

El sincretismo religioso entre Yahvé y Baal se produjo de forma paulatina. El Dios que liberó a los israelitas de Egipto de pronto se encontraba en medio de una nueva realidad geográfica, histórica y social, donde ya había una divinidad que poseía la tierra. De forma gradual, el pueblo comenzó a darle a Yahvé algunas características de Baal. Los israelitas, en vez de peregrinar al santuario de Silo, que recordaba la liberación de Egipto y la llegada a Canaán, iban a los lugares altos cananeos dedicados a Baal que les resultaban más cercanos y atrayentes.

Los procesos sincretistas se producen de forma pausada en las sociedades; las apostasías de desarrollan se manera sigilosa, y se manifestaron con fuerza en las diversas tribus hebreas que llegaron a Canaán. De manera paulatina los diversos grupos de hebreos fueron incorporando características que los cananeos le daban a Baal, y los fueron incorporando a sus percepciones de Yahvé.

Ante esta nueva realidad religiosa, que tenía repercusiones políticas y sociales, diversos sectores de la sociedad israelita reaccionaron. Los levitas, que eran parte de las familias sacerdotales, con su celo religioso rechazaron las influencias de Baal y afirmaron el culto exclusivo a Yahvé. La organización de santuarios locales, dedicados a Yahvé, fomentaron la religión popular desde las perspectivas yahvistas. La llegada de los caudillos, que eran líderes carismáticos del pueblo y tenían una misión militar definida de unir al pueblo ante alguna crisis, era un incentivo de la fe en Yahvé.

Respuestas a las crisis, unidad de las tribus y anfictionía

El carácter oficial de las realidades políticas y militares de las antiguas tribus hebreas, al pasar los años en Canaán, se conoce tradicionalmente como *anfictionía*. El término es griego, y describe el tipo de orden social que se manifestó en la antigua Grecia para responder a las dificultades sociales, económicas, políticas, espirituales y militares que debían enfrentar. Se pensaba que las tribus hebreas se organizaron de forma similar, alrededor de algún santuario tribal. En la actualidad, las teorías asociadas con la *anfictionía* entre las tribus hebreas están en entredicho, no se puede dudar, sin embargo, que se organizaron y unieron en algún tipo de federación.

Los orígenes de las tribus de Israel se remontan al período del desierto, tras la liberación de Egipto. Las dinámicas del éxodo, junto a las dificultades que enfrentaron los hebreos antiguos al salir de Egipto, preparan el camino para la organización de los grupos, para responder a los diversos desafíos políticos, sociales y militares de forma efectiva. La solidaridad y la sobrevivencia fueron factores fundamentales en estos procesos de organización.

Desde muy temprano en las memorias nacionales israelitas, se alude a algún tipo de confederación, alianza, relación o pacto entre las doce tribus. El centro de la unión u organización era la relación con el Dios de los antepasados, que con el tiempo reveló su nombre, Yahvé, según el testimonio bíblico. Y ese sistema de coordinación político y social, ya se conocía en el antiguo Oriente, pues la Biblia menciona doce tribus arameas (Gn 22.20-24), doce tribus de Ismael (Gn 25.13-16), y las doce tribus de Edom (Gn 36.10-14, 20-28). En efecto, se percibía el número doce como sagrado.

También en la antigüedad, tanto en Italia como en Grecia, se pueden encontrar diversos grupos sociales y étnicos que se organizaron para formar estrategias unidas ante los diversos enemigos. Entre esas federaciones o agrupaciones, se pueden identificar la Ligas de Delfos y de Etrusca, y las asociaciones griegas conocidas como anfictionías.

Entre las tribus de Israel, el santuario que contenía el arca del pacto era un centro de gran importancia histórica y religiosa. Al principio, fue una especie movible de casa de campaña, o tienda-santuario, pero con el tiempo se construyó una estructura más estable y permanente. En el período de los caudillos, se estableció en Siló, Efraín, al sur de Siquén. El centro religioso del pueblo se trasladó de Guilgal (Jos 14.6) a Siló (Jos 19.51; 21.2). Y en ese período, la teología del santuario central y único no se había desarrollado, pues se conocen los santuarios de Betel (Jue 20.18), Tabor (Jue 4.6) y Siquén (Jos 24.1-28).

Posiblemente al inicio el personal que atendía las actividades cúlticas no era exclusivamente de la tribu de Leví. Sin embargo, y posiblemente porque Aarón y Moisés eran de esa tribu, los levitas fueron adquiriendo protagonismo hasta quedar a cargo de esas actividades cúlticas. En ese período, los sacrificios eran de animales, y las fiestas eran tres: Ázimos (Pascua), de las Semanas (Pentecostés) y de la recolección (Tabernáculos o Tiendas).

Las fiestas que celebraba el pueblo en ese período preceden a los israelitas y tenían un origen agrícola; sin embargo, cuando fueron incorporadas a la cultura hebraica se les brindó un nuevo sentido religioso, cultural, espiritual, político y social. La administración de la justicia, que estaba asociada a los lugares de culto, la ejercían los ancianos, aunque los casos más complejos los atendían los sacerdotes, por el conocimiento mayor de la Ley que poseían.

El período de la sedentarización de las tribus israelitas en Canaán fue muy complejo. Se unieron a las dificultades políticas y militares, los procesos de adaptación social e interacción intercultural, y los sincretismos religiosos. En ese contexto difícil de realidades conflictivas, un grupo de líderes se fue distinguiendo por responder con autoridad y sabiduría a los desafíos formidables que les presentaba la geografía, las vivencias sociales, la política local, las relaciones internacionales y las necesidades religiosas del pueblo. Ese singular grupo de líderes, se conocen en la Biblia hebrea como los caudillos.

La función primordial de los caudillos era llevar a las tribus a la guerra; su razón de ser era movilizar los ejércitos para responder a alguna crisis de orden militar en el campo de batalla. Ser caudillo significaba liberar y salvar a las tribus de las opresiones enemigas, en el nombre del Dios liberador, Yahvé (Jue 9.23). Esos caudillos recibían las fuerzas y sabiduría divina para cumplir esa encomienda liberadora en el nombre del Señor. El acto de "juzgar" se llevaba a efecto al salir al combate (Jue 3.10), y se convertían en representantes de Dios en la vida del pueblo. Ejercían el poder en la región específica de donde procedían o habían sido llamados.

De acuerdo con el testimonio de las Escrituras, entre las tribus hubo doce caudillos, que se dividían entre mayores y menores. En el grupo había diversos tipos de personas, con trasfondos sociales, militares y religiosos diversos: Guerreros (p.ej., Barac y Gedeón), propietarios ricos (p.ej., Yaír y Abdón), aventureros (p.ej., Jefté), sacerdotes (p.ej., Elí) y profetas (p.ej., Samuel).

Las narraciones bíblicas que presentan las hazañas de los caudillos mayores se encuentran en Jueces 3.7-11, 12-30; 4.1—5.31; 6.1—8.35; 10.6—12.7; 13.1—16.31. Son hombres y mujeres de bien que ante las amenazas militares o crisis nacional respondieron con autoridad y valor. Fueron líderes que salvaron a las diversas tribus hebreas de caer en manos de sus enemigos: cananeos, madianitas, amonitas o filisteos.

Esos caudillos mayores son: Otoniel, Aod, Débora-Barac, Gedeón, Jefté y Sansón, a los cuales llegaba el Espíritu del SEÑOR y los transformaba en líderes carismáticos (Jue 3.10; 6.34; 11.29; 13.25; 14.6, 19). Estos caudillos, eran personajes ejemplares capaces de salvar y liberar al pueblo en momentos de grandes desafíos nacionales.

Los caudillos menores, que también eran seis, no llevaron a efecto hazañas espectaculares de naturaleza militar, de acuerdo con el testimonio escritural, pero se indica que juzgaron a Israel por algún tiempo. De estos caudillos, solo se brindan en las Escrituras algunos detalles de sus orígenes, sus familias y el lugar de sus sepulturas. Estos líderes del pueblo eran ciertamente caudillos, en el sentido tradicional de la expresión en castellano, pues se dedicaron a administrar la justicia, entre otras responsabilidades de importancia. Y estos caudillos menores, fueron: Samgar, Tola, Yaír. Azbán, Elón y Abdón.

En la transición del período de los caudillos a la monarquía, las figuras de Elí y Samuel juegan un papel de importancia. Elí era sacerdote en el importante santuario de Siló (1 Sam 1.3), y cumplió ciertamente funciones de caudillo cuando las necesidades nacionales reclamaron de él esa responsabilidad (1S 4.18). Sin embargo, la disfuncionalidad en su familia y su debilidad como padre (1S 2.12-17, 22-26), generó una actitud de rebeldía en sus hijos, Hofní y Finees, que se convirtieron en escándalo nacional.

Samuel, caudillo, sacerdote y profeta

En ese contexto de transición, surge la figura de Samuel, cuya primera función profética fue anunciar el juicio a la casa de Elí, por la actitud pecaminosa de los hijos, y también, como respuesta divina, la debilidad del padre (1S 2.27-36). Samuel llenó ese vacío político, social y religioso tras la muerte de Elí. El nuevo líder del pueblo pone claramente de manifiesto una serie importante y diferente de características éticas, administrativas, teológicas, políticas y militares. En efecto, Samuel era el líder por excelencia, de acuerdo con las narraciones del A.T.

En la presentación de Samuel al pueblo, la Escritura une las referencias históricas con reflexiones teológicas de importancia. De acuerdo con el relato de 1 Samuel 7, con la llegada de Samuel inicia un nuevo ciclo histórico y espiritual en el pueblo. Ese cambio fundamental se pone de relieve al indicarse que se hace una importante invitación a la conversión, y el pueblo acepta el llamado divino y del profeta, y elimina las falsas divinidades;

además, como corroboración de esas actitudes de conversión y humildad, se convoca al pueblo a una gran ceremonia religiosa en Mispá. De esa manera se une el inicio de la época de Samuel en el pueblo, con un despertar religioso y espiritual.

La primera gran prueba del liderato de Samuel se revela en un enfrentamiento militar con los filisteos. Bajo el nuevo liderato, no solo los israelitas vencieron a sus enemigos, sino que los persiguieron hasta Bet Car, que marca una frontera estable y segura para los israelitas. Esa importante victoria se celebró con la comunidad de Ebenezer, al levantar una piedra significativa para recordar que Dios les había ayudado a superar esa singular crisis formidable. La narración bíblica destaca el elemento teológico: Dios está al lado de su pueblo, particularmente en este nuevo período bajo el liderato de Samuel, y el pueblo debía permanecer fiel a las leyes, los estatutos y las enseñanzas de Yahvé.

La figura de Samuel es la que marca la transición entre el período de los caudillos y el inicio de la monarquía. En efecto, Samuel ejerció sus funciones en Siló, Betel, Guilgal y Mispá, comunidades que visitaba anualmente (1S 7.15). En esos tiempos, quienes fungían de caudillos no trataban solo casos jurídicos, sino tenían la responsabilidad primordial de organizar y administrar las instituciones gubernamentales de sus comunidades.

La evaluación histórica de Samuel no solo debe analizar su pasado y sus respuestas a las dificultades que se asociaron a las ejecutorias de Elí, sino requiere ponderar las implicaciones futuras de su administración. Samuel ungió a los primeros dos reyes del pueblo, Saúl y David. En su administración se unen los períodos de importancia capital en la historia nacional: El tiempo de los caudillos, y el inicio de la monarquía. En efecto, Samuel es el nexo entre caudillos y reyes, y se presenta como una figura de autoridad, capaz de ejercer con sabiduría, a la vez que preparaba el camino para el futuro del pueblo.

IX
PROFETAS, SACERDOTES Y REYES

En ese momento voló hacia mí uno de los serafines.
Traía en la mano una brasa que,
con unas tenazas, había tomado del altar.
Con ella me tocó los labios y me dijo:
«Mira, esto ha tocado tus labios;
tu maldad ha sido borrada,
y tu pecado, perdonado».
Entonces oí la voz del Señor que decía:
—¿A quién enviaré? ¿Quién irá por nosotros?
Y respondí:
—Aquí estoy. ¡Envíame a mí!
Isaías 6.6-8

De los caudillos a la monarquía

Las realidades políticas, económicas, sociales y religiosas de los grupos de israelitas que llegaron a Canaán se fueron desarrollando con el tiempo. Las transiciones fueron intensas y complejas, pues el traslado de los grupos del desierto a las nuevas dinámicas sedentarias, agrícolas y urbanas requirió mucho tiempo de ajustes, revisiones, fracasos y celebraciones.

Una vez las tribus israelitas se asentaron y normalizaron sus vidas en Canaán, comenzaron a percatarse de los diversos modelos políticos, económicos, sociales y religiosos que se manifestaban en las ciudades de Canaán en las cuales vivían. Además, se percataron de las vivencias de los pueblos vecinos, de la administración de las naciones y potencias internacionales con las que interactuaban continuamente, entre otros foros, en el político, religioso y económico.

Ya la administración de los caudillos, que se fundamentaba en la confederación de las tribus, había cumplido su encomienda histórica, ahora se necesitaban comprensiones sociales y estructuras políticas más efectivas y permanentes, que le permitieran, a las antiguas y diversas tribus hebreas, desarrollar un sentido de unidad y de organización política y militar efectiva, para enfrentar los nuevos desafíos de la historia. En este complejo proceso histórico de evaluación y experimentación política, la monarquía se vio como una opción real, una alternativa inmediata y una posibilidad viable.

Modelos políticos alternativos en Transjordania

Las naciones vecinas a las comunidades israelitas en Canaán, durante los siglos xi-x a.c., estaban ubicadas en la costa del Mediterráneo, al oeste de Canaán y en Transjordania, al este del valle del río Jordán. En ese período, Egipto y Asiria estaban inmersas en una serie compleja de conflictos internos, que le impedían incursionar con fuerza en el resto del Oriente Medio antiguo. Y los fenicios habían descubierto la importancia de la colonización de las tie-rras mediterráneas, que era un proyecto que reclamaba todas sus energías.

Los israelitas en Canaán, durante el período de los jueces, comenzaron a desarrollar un sentido de unidad y nacionalidad, que dio sus frutos a finales del siglo xi a.C. Era un momento histórico de desafíos políticos extraordinarios, pues estaban rodeados de enemigos muy bien armados, y con la determinación de conquistarlos. Era una nueva realidad política y social (1S 8.1-5), que reclamaba del pueblo un tipo de gobierno más estable, organizado y efectivo. Ya los esfuerzos coordinados de las tribus federadas no eran suficientes, ni efectivos.

En Transjordania ya las naciones comenzaban un período de estabilización política y social, gracias a las dificultades internas de las grandes potencias de la época. Esos conflictos internos de las naciones tradicionalmente imperialistas y colonialistas, permitió que los israelitas pasaran de ser un grupo de tribus casi independientes, que se organizaban para responder a un desafío en común, para convertirse en una nación más en la constelación de naciones del Oriente Medio antiguo.

Edom. Estaba ubicada en Transjordania, en la región por donde pasaron los israelitas para llegar a las tierras de Canaán. Quedó bajo el poderío de Israel en los tiempos de David y Salomón. Edom era importante para el nuevo reino de Israel, por sus virtudes geográficas, su poder comercial y sus dinámicas políticas.

Con el tiempo, especialmente con la división del reino de Judá e Israel, tras la muerte de Salomón, Edom recuperó una independencia transitoria, pues muy pronto cayeron bajo el poder asirio. Y aunque este pueblo era tradicionalmente famoso por su sabiduría (Jer 49.7; Abd 8), en la Biblia se le recuerda principalmente por manifestar alegrías ante la destrucción del templo y la caída de Jerusalén (Abd 12-13; Sal 137.7). Al final, Edom cayó ante el poder de los nabateos.

Moab. También estaba ubicada en Transjordania, fue conquistada por David, que la incorporó a su reino. Ese triunfo, sin embargo, no fue definitivo, pues la arqueología descubrió la muy importante estela de Mesá, en la cual se indica que Omrí ciertamente oprimió a Moab, pero que finalmente se liberaron de ese cautiverio tras la muerte de Acab (2R 3.4). Moab cayó finalmente bajo la égida de los asirios.

En la Biblia se recuerda a Moab, por dos incidentes: En primer lugar, por Balaán, que fue llamado por el rey Balac para maldecir al pueblo de Israel (Nm 23—24); además, posteriormente se indica que Aod mató al famoso rey Eglón, el edomita.

Amón. Las referencias a las dificultades y guerras de los grupos israelitas contra Amón son varias en la Biblia (Jue 10—11; 1S 11; 2S 10.1-4; 12.26-31). Además, sobre Moab y Amón la Biblia hace burlas (Gn 19.30-38). Con la expansión del reino de David, Amón cayó bajo el poder de Israel, y cuando Absalón se reveló contra David, el monarca de Israel huyó a Majanayin y fue atendido por Sobí, que era amonita (2S 17.27). En Amón también había una pequeña colonia judía, dirigida por Tobías (Neh 2.10).

Después de la muerte de Salomón, y con la división de la monarquía de Judá e Israel, Amón recuperó temporalmente su independencia, aunque finalmente sucumbió ante los continuos y poderosos avances imperialistas de Asiria en la región. Es digno de mencionar que, de acuerdo con los testimonios de la época, los amonitas se rebelaron firmemente contra el dominio extranjero (Jer 27.3), y participaron de forma destacada en la muerte de Guedalías (Jer 40.14; 41.15). Finalmente, Amón cayó ante el imperio persa, y desapareció como estado independiente en el siglo VI a.C.

Los arameos. Las tribus arameas que se asentaron al sur de Siria se organizaron de forma efectiva y crearon reinos con estabilidad política. Varios de esos reinos pequeños fueron conquistados por David, como es el caso de Sobá, Tob y Macá (2S 10). Sin embargo, el reino arameo de Damasco siempre fue un muy serio problema político para Israel. Y esos problemas se complicaron aún más para los israelitas, con la división del reino, pues Israel quedo debilitado por las guerras internas y sus consecuencias.

Con el tiempo, los avances imperialistas de Asiria llegaron con vigor a Damasco, y también al resto de las naciones de Transjordania. Y aunque los diversos grupos arameos se organizaron para hacerle frente a los esfuerzos asirios, no pudieron detener la poderosa maquinaria bélica de un imperio deseoso de conquista y dominación.

En ocasiones, las fuerzas arameas de Damasco se unían a Israel para responder a algún desafío común, pero la enemistad entre estos pueblos era tan profunda, que esos períodos de colaboración no eran extensos ni muchos. Un caso específico de colaboración fue en la llamada guerra siro-efraimita contra el reino de Judá (Is 7), que utilizó el gran Tiglat Piléser III para destruir el reino de Damasco de forma definitiva en el 732 a.c., y conquistar en reino del norte, Israel, por los años 721 a.c. (2R 15.29-30).

Modelos políticos en la costa del mar Mediterráneo

Las naciones vecinas inmediatas de Israel por el oeste eran dos, y presentaban desafíos formidables: Fenicia y Filistea. El pueblo fenicio estaba ubicado en la costa del mar Mediterráneo, desde las faldas del monte Carmelo hacia el norte, hasta el golfo de Alejandreta. Sus ciudades más famosas y prósperas, por ser puertas al mar, fueron Tiro, Sidón y Biblos.

Fenicia. En tiempos de Salomón, y junto a rey de Tiro, Hiram, los israelitas crearon una flota de marina mercante hacia Tarsis, que tenía su base en Ezión Guéber. Y las relaciones políticas y comerciales de Fenicia e Israel llegaron a un punto óptimo, con la boda de la hija del rey de Sidón con el rey Acab (1R 16.31-33). Esa colaboración, además de la prosperidad económica y la cooperación internacional, trajo influencias religiosas del baalismo, que fueron muy seriamente criticadas y rechazadas por los profetas, particularmente por Elías (1R 18). Inclusive las narraciones bíblicas aluden al culto a Baal que se ofrecía en Samaria.

La importancia histórica de los fenicios no debe subestimarse. La contribución que hicieron al desarrollo del alfabeto es muy importante. La importancia inmediata para los estudios bíblicos, que proviene de las tierras fenicias, se fundamenta en los descubrimientos arqueológicos en Ugarit. Esos hallazgos han contribuido muy positivamente al estudio adecuado de pasajes escriturales, que requieren una mejor comprensión del mundo fenicio y sus relaciones con los israelitas, especialmente en el período de la monarquía.

Filistea. La importancia de los filisteos, que eran parte de los Pueblos del mar, que llegaron a Egipto e intentaron invadir el Oriente Medio antiguo, llegó a su punto culminante al final del período de los caudillos y al comienzo de la implantación de la monarquía. El factor político y militar de importancia fue que el faraón Ramesés II los expulsó de sus tierras, por el año 1200 a.C., y llegaron y se asentaron al suroeste de Canaán, en las costas del Mediterráneo.

De acuerdo con el profeta Amós, el origen de los filisteos está en la antigua isla de Caftor, que es la actual Creta (Am 9.7). Tras la derrota a manos de los egipcios, se asentaron en la región y establecieron cinco ciudades de importancia política, militar y comercial: Gaza, Ascalón, Asdod, Gat y Ecrón. Según las narraciones bíblicas, los filisteos lograron expandir sus territorios, hasta llegar a Guilboa, donde murió Saúl.

David fue el líder militar, según las narraciones bíblicas, que pudo detener de forma definitiva los avances y las incursiones filisteas en Palestina, al vencerlos de manera decidida (2S 5.17-18; 8.1). Y aunque posteriormente se hace alguna mención esporádica de los filisteos en las escrituras hebreas (1R 16.15-17; 18.8), con el tiempo desaparecieron del mapa bíblico, pues fueron víctimas, no solo de los triunfos del rey David, sino de las agresiones fuertes y las políticas expansionistas de los imperios asirio y babilónico. Al final, los asirios usaron a los filisteos como escudos contra los ataques egipcios.

La administración política en Egipto, Asiria, Babilonia y Persia

Las grandes naciones vecinas de Israel, durante la época de la monarquía, estaban en medio de transiciones políticas y reorganizaciones sociales de importancia, después del siglo X hasta el VI a.C. Eran tiempos intensos de ajustes militares y geográficos de importancia en la esfera internacional. Ese período representó, en efecto, para los reinos de Judá e Israel, buenos espacios de estabilidad para vivir y sobrevivir por varios siglos, y también para solidificar sus instituciones políticas.

Mientras los imperios de la época –p.ej., Egipto, Asiria, Babilonia y Persia–, estuvieran entretenidos fuera de Canaán, en otros lugares del Oriente Medio antiguo, o respondiendo a los conflictos políticos internos y externos, las regiones palestinas, y específicamente los reinos de Judá e Israel, pudieron mantenerse organizados, aunque en ocasiones el precio de la paz eran tributos altos u onerosos.

Egipto. En primer lugar, respecto a estos años de monarquía en Israel, se deben destacar las políticas efectivas de diplomacia y relaciones internacionales desarrolladas por el rey Salomón: Con sus matrimonios con las hijas de reyes extranjeros, y también con sus convenios comerciales, logró estabilizar su reinado, desarrollar la economía y procurar décadas de estabilidad política, social y de paz en Israel.

Esa singular política salomónica hizo que, el muy famoso y sabio monarca jerosolimitano, se casara con una de las hijas del faraón de Egipto. Sin embargo, esas buenas relaciones políticas y económicas no impidieron que Egipto le diera asilo al rebelde Jeroboán. Esa decisión egipcia, puso de relieve el potencial de tensión en el futuro del reino en Judá. Tras la muerte de Salomón, el faraón Sishak, de acuerdo con las inscripciones en el templo de Amón en Kernak, invadió de forma inmisericorde los territorios del Néguev, saqueó la ciudad de Jerusalén, y llegó hasta las tierras del norte del reino de Israel. De esa manera, Egipto puso de relieve, una vez más, sus intenciones expansionistas e imperialistas.

Esas intenciones egipcias, sin embargo, no lograron materializarse completamente, pues los faraones carecían del poder militar y de la organización política necesaria para enfrentar a los otros imperios de la época en la región. Inclusive, cuando el imperio asirio manifestó debilidad y desorganización ante los avances de los babilónicos, y Egipto logró controlar el reino de Judá, no pudieron detener los avances del gran Nabucodonosor (605 a.c.), que ciertamente selló el futuro de Egipto con una derrota aplastante en Carquemis.

Solo al paso de los siglos, Egipto renace nuevamente como potencia internacional. Ese resurgir se manifiesta cuando el reino de Alejandro el Grande se divide, y los Tolomeos toman control de Palestina en el siglo III a.c.

Asiria. Durante la mayor parte del período de la monarquía en Israel, Asiria fue la potencia internacional que dominó la política en el Oriente Medio antiguo. Y ese importante resurgir, se manifiesta en el siglo IX (883-859 a.c.), con la llegada de Asurbanipal II al poder asirio. En primer lugar, consolidó su poder en la cuenca de los ríos Éufrates y Tigris, con incursiones militares continuas y destructivas. El objetivo era establecer fronteras seguras, desde donde podía llegar al resto en Oriente Medio antiguo con autoridad y seguridad.

Las conquistas y los saqueos inmisericordes continuaron con Salmanasar III, que fue contemporáneo del rey Acab, hasta llegar a varias ciudades del norte de Siria (p.ej., Carquemis y Adini). Esos continuos y crecientes avances militares asirios, hizo que las ciudades del sur de Siria, como Damasco y Jamat, organizaran una importante coalición militar, junto a otros estados pequeños de la región, en contra de las agresiones asirias. Y finalmente, en la gran batalla de Carcá, muy cerca del río Orontes, se detuvieron esos esfuerzos expansionistas de Asiria.

Aunque los anales oficiales asirios, respecto a esa extraordinaria batalla en Carcá, indican que el triunfó de Asiria fue definitivo, la realidad histórica y política es que fue un conflicto complejo y desgastante, en el que nadie obtuvo la victoria definitiva. Como resultado de esos conflictos, Asiria perdió control temporalmente de los reinos del sur de Siria y Canaán, y las hostilidades entre Damasco e Israel, se reanudaron (1R 22).

Después de la batalla en Carcá, Asiria se reorganizó y continuó con sus políticas expansionistas en la región. Como consecuencia de esas implacables dinámicas militares, Salmanasar III, en el 841 a.C., sometió a Israel bajo el reinado de Jehú, y le hizo pagar fuertes tributos.

Esas relaciones de sometimiento político y económico continuaron entre Asiria e Israel, hasta que los conflictos en el este hicieron que los asirios reorganizaran sus fuerzas militares, perdiendo algún poder en Siria y Canaán. Con la debilidad de Asiria en la región, Damasco atacó nuevamente a Israel y Judá (2R 12.18). Por esa razón de política internacional, en la Biblia se evalúa a Adad-Nirari III de Asiria como un salvador, pues conquistó nuevamente a Damasco, y propició la liberación de los reinos de Israel y Judá de esas incursiones arameas. Aunque en el proceso, en que la influencia y poderío asirio de extendió hasta el mar Mediterráneo, Israel tuvo que pagar tributos para mantener la calma regional y la paz.

Durante décadas, el ambiente en Judá e Israel fue de relativa paz y seguridad, pues las victorias asirias continuaron y se mantuvo un estado de calma regional. Ese estado de sosiego político, social y económico le permitió a Israel, bajo el reinado de Jeroboán II, y a Judá, con el rey Azarías, gozar de algunos años de calma y prosperidad.

Con la llegada de Tiglat Piléser III (745-727 a.C.; 2R 15.19) al poder asirio, sin embargo, esas dinámicas de calma en Israel y Judá cambiaron considerablemente. El nuevo rey asirio, que deseaba recuperar las antiguas glorias nacionales, comenzó una serie importante de conquistas, que fueron el marco de referencia de la gran guerra siro-efraimita. En esa ocasión, los reyes de Israel y Damasco no pudieron convencer al monarca de Judá a que se uniera a la campaña contra las agresiones asirias. Acaz de Judá prefirió unirse a los esfuerzos asirios, que como resultado le hicieron pagar grandes tributos a Tiglat Piléser III. Y finalmente Damasco e Israel cayeron definitivamente ante los avances asirios (2R 15.29).

En los tiempos de Salmanasar V, que sustituyó a Tiglat Piléser III en Asiria, el rey de Israel, Oseas, con el apoyo del faraón de Egipto y sus ejércitos, se rebeló contra el imperio. Esas acciones políticas de liberación resultaron en una nueva guerra, en la que Samaria fue sitiada por los ejércitos asirios durante tres años (2R 17.5). Finalmente, el reino del Norte, Israel, sucumbió en el 722 a.C., bajo el liderato de Sargón, que había sustituido a Salmanasar V.

La fama y el poder asirio continuaron en la región hasta que surge el nuevo imperio babilónico. Senaquerib, que sustituyó a Sargón en el imperio asirio, asedió la ciudad de Jerusalén para conquistarla en el 701 a.C. (2R 18.13-19,36; Is 36.1-37; 2Cr 32.1-22). El control era de tal magnitud, que se jactaba de tener al rey Ezequías, como "pajarito en su jaula". Sin embargo, Jerusalén fue liberada de manera milagrosa, de acuerdo con el testimonio bíblico, tras pagar tributos.

Según los anales asirio, también atestiguado por las narraciones bíblicas (2R 18.14-16), Senaquerib tuvo que dejar abruptamente la campaña militar en Jerusalén, para responder a una serie de ataques babilónicos, que amenazaban la estabilidad y aún la supervivencia del imperio asirio. Dejar la batalla en Jerusalén, para ir a defender el imperio asirio de las agresiones babilónicas, fue interpretado en la Biblia como un milagro divino.

Sin embargo, la salida de Jerusalén y el reconocimiento de la gravedad de la presencia babilónica en la región marcaron el comienzo del fin del imperio asirio. Y aunque Asiria invadió a Egipto (2R 19.9), y destruyeron la ciudad de Tebas (Nah 3.8-10), el faraón Psammeticus finalmente derrotó y expulsó a los ejércitos asirios de Asurbanipal.

El poder de Asiria se mantuvo durante un tiempo en Canaán, especialmente en el reino de Manasés en Judá (687-642 a.C.), aunque con los años la influencia fue disminuyendo. La muerte de Asurbanipal en Asiria le permitió al rey Josías comenzar su importante reforma y extender su poder hasta el antiguo reino de Israel (2R 23; 2Cr 34—35). Y aunque Asiria recibió el apoyo de Egipto ante los ataques de los babilónicos, no pudieron detener el nuevo imperio, que derrotó fulminantemente los ejércitos asirios en Nínive en el 612 a.C.

Babilonia. Al sur de los ríos Tigris y Éufrates, en las tierras llanas, se encuentra la ciudad de Babilonia, cuna de las antiguas culturas de Sumer y Acad. Esas culturas han dejado una muy importante huella en la cultura hebrea, y ciertamente en las páginas de la Biblia.

Abraham procedía de esas regiones babilónica (Gn 11.27-31), específicamente de la famosa ciudad de Ur, identificada con los caldeos. Además, las enseñanzas e ideas de la epopeya de Gilgamesh y el código de Hamurabi se incluyen, por ejemplo, en las leyes dadas a Moisés, entre otras porciones bíblicas. En efecto, la cultura babilónica está muy bien representada en las Sagradas Escrituras.

Los babilónicos estuvieron sujetos al poder de los asirios por los años 900-700 a.C. Durante el reinado de Ezequías, sin embargo, Merodac Baladán organizó una conspiración desde Babilonia, con algunos países de la región, incluyendo Judá, para superar la hegemonía y el poder de Asiria (2R 20.12-15). Esas decisiones políticas y militares le brindaron a Nabopolasar, no solo para llegar al poder (626 a.C.), sino produjeron que Babilonia se estableciera con la potencia indiscutible del Creciente Fértil. Esos años de reorganización militar y esfuerzos políticos del imperio babilónico, prepararon el camino para la caída (597 a.C.) y destrucción definitiva de la ciudad de Jerusalén y del reino de Judá (587 a.C.), por los ejércitos de Nabucodonosor. En esas derrotas militares, el liderato de judío fue exiliado a Babilonia.

El exilio de los judíos en Babilonia duró como 70 años. Y culminó con la derrota de los babilónicos a manos de los ejércitos persas (539 a.C.), bajo el liderato de Ciro, que provenía de Anshan. Esos triunfos persas permitieron que los judíos que así lo deseaban, pudieran regresar a Jerusalén.

Persia. Las referencias disponibles más antiguas de Persia se pueden encontrar en varias inscripciones asirias. Esos documentos indican que Asurbanipal (668-627 a.C.) extendió su poder y autoridad de forma considerable por toda la región. En efecto, ya en el siglo VII a.C., la fuerte presencia persa se hacía sentir en el Creciente Fértil, y con la debilidad y la posterior caída del imperio asirio, los persas se posicionaron como una potencia internacional, con el poder de conquista y los deseos imperialistas de control regional.

Durante esos años de transición política internacional, los persas comenzaron a recibir las influencias de los medos, de quienes recibieron ideas políticas, sociales, militares y administrativas. Por el año 550 a.c., Ciro finalmente se rebeló contra el rey medo, Astiages, conquistó y saqueó la ciudad capital de Ecbataná, y puso el necesario fundamento político, administrativo, militar e ideológico, para crear un nuevo imperio en la región.

Ese nuevo imperio persa, manifestó su control absoluto en el Oriente Medio antiguo, hasta la llegada de Alejandro el Grande. Las importantes conquistas de Lidia (547 a.c.), el triunfo sobre las ciudades griegas en Asia menor, el sometimiento de importantes secciones orientales de Irán y el triunfo sobre los babilónicos (539 a.c.), permitieron que Persia consolidara su poder en la región de forma extraordinaria.

Prehistoria de la monarquía

Los comienzos de la monarquía en Israel tienen sus antecedentes en el período de los caudillos. Esos líderes de los grupos israelitas, que guiaron al pueblo en los años de la llamada conquista y asentamiento en las tierras de Canaán, tenían responsabilidades políticas, administrativas y militares que no estaban confinadas a las dinámicas jurídicas y legales. Relacionadas con las varias de las ejecutorias y acciones heroicas de algunos líderes y jueces, hubo esfuerzos para comenzar un tipo de gobierno monárquico (Jue 6—9).

Uno de esos esfuerzos premonárquicos se relaciona directamente con las hazañas de Gedeón (Jue 7). Este importante juez efraimita, que vivía en Ofra, logró una victoria aplastante contra los madianitas, que incursionaban con regularidad en Israel y herían, no solo la economía y la vida diaria de la comunidad, sino que afectaban adversamente la moral del pueblo (Jue 6.3-6).

Gedeón fue el caudillo que organizó el pueblo y unió las tribus para vencer de forma definitiva a los ejércitos madianitas, y logró, inclusive, alejarlos de los territorios israelitas, procurando la paz en la región (Jue 7—8). Como respuesta a esas gestas heroicas de Gedeón, el pueblo respondió ofreciéndole la monarquía, que incluía la institución de la dinastía. La respuesta de Gedeón fue negativa (Jue 8), pues afirmó que solo Dios era el verdadero líder y gobernador real del pueblo.

De singular importancia en las narraciones bíblicas relacionadas con Gedeón, es que el famoso juez tenía una concubina en Siquén, y un hijo que se llamada Abimélec, que significa, "mi padre es rey". Y ante la muerte del caudillo, presentó sus aspiraciones monárquicas ante las autoridades de la ciudad (Jue 9.1-3), y finalmente, de acuerdo con las narraciones escriturales, el hijo de Gedeón fue declarado rey.

El reinado de Abimélec, sin embargo, no tuvo una vida larga ni significativa. Tras el asesinato de su familia, comenzó a tener muy serios problemas con los líderes del pueblo y con la comunidad, posiblemente por no ser israelita (Jue 9.23-41). El resultado de esos conflictos fue desastroso para el pueblo, para Abimélec y para la institución de la monarquía: Se revela en la comunidad israelita una muy importante tendencia contra el gobierno de reyes.

Institución de la monarquía

La institución de la monarquía en Israel tiene como contexto inmediato las guerras contra los grupos filisteos de la costa del Mediterráneo. Ese singular grupo de los pueblos del mar, que estaba ubicado al suroeste de las tierras cananeas, era una amenaza continua y creciente para los israelitas. Su dominio de las armas de hierro (1S 13.19-22) les brindaba una muy importante superioridad militar, que ciertamente aprovechaban contra los pueblos que deseaban conquistar. Entre esos pueblos, de forma destacada, estaban los diversos grupos israelitas.

Los triunfos continuos de los filisteos se ponen de manifiesto en las narraciones en torno a Sansón (Jue 13—16), y también la victoria en Afec, que les abrió paso a las zonas norte de Canaán (1S 4). Inclusive, cuando los israelitas, que sintieron el peso de las amenazas y la crisis de las derrotas militares, llevaron el arca del pacto a Siló, como símbolo de esperanza de triunfo en la guerra, fueron nuevamente derrotados por los filisteos, que en esta ocasión tomaron el arca y la llevaron sus territorios.

En esa gran batalla, en la que participaron varias de las tribus de Israel, murieron los hijos de Elí; y cuando los mensajeros llevaron la noticia de esas muertes y derrota, Elí también cayó muerto ante la crisis familiar y nacional. Los filisteos, para celebrar la victoria, llegaron a Siló y destruyeron el santuario del arca, y dejaron efectivos militares en la región (1S 10.5; 13.3; Jer 7.12; 26.6, 9), y los israelitas quedaron por un tiempo bajo la autoridad filistea.

Tras esas derrotas militares ante los ejércitos filisteos, que también fueron eventos de desmoralización social y política, los israelitas quedaron en una situación emocional, política y militar lamentable. Los ejércitos estaban desmoralizados; la economía, destruida; el santuario local, en ruinas; y los sacerdotes, desorientados y dispersos. Las tribus israelitas quedaron profundamente heridas y desorganizadas.

Los filisteos, después de la victoria, llevaron el arca del pacto, símbolo de la presencia del Dios de Israel, al templo del dios Dagón, en Asdod. Pero, ¡el arca de Yahvé trajo confusión y derrota a los filisteos en sus propios territorios! El primer día la estatua del dios Dagón la encontraron en el suelo; y el segundo día, rota. Además, la presencia del arca del pacto de Israel en el territorio filisteo generó en el pueblo, tumores; y en sus campos trajo ratas (1S 6.5). Y aunque el arca fue llevada a Gad y Ecrón, el juicio divino sobre los filisteos, de acuerdo con las narraciones bíblicas, se mantenía.

Finalmente, los filisteos relacionaron las calamidades que experimentaban con la presencia del arca del pacto. Para superar la crisis, los filisteos regresaron el arca a territorio de Israel, a Bet Semes (1S 6.13-17), y los levitas presentaron sacrificios de gratitud al SEÑOR. En medio de esas alegrías y sacrificios, el SEÑOR castigó algunas personas pues no se alegraron con el retorno el arca (1S 6.19).

La gente de Bet Semes, sin embargo, sentía temores porque el arca estaba en sus terrenos, y la enviaron a Quiriat Yearín, en donde permaneció hasta los tiempos de David. Ese fue el contexto histórico y social para la aparición de dos personajes importantes en la historia de Israel: El juez, sacerdote y profeta, Samuel; y el primer rey de Israel, Saúl.

La institución de la monarquía en Israel estuvo rodeada de desafíos políticos, sociales, económicos, ideológicos y teológicos. La lectura de las narraciones bíblicas que presentan sus orígenes (1S 8—12), revelan dos tendencias claras o dos tradiciones antiguas, respecto al nuevo sistema que serviría de instrumento político al pueblo. La primera de esas tendencias revela que había un claro rechazo al sistema monárquico, pues manifestaba un rechazo el reinado del SEÑOR; y la segunda de esas tradiciones, sin embargo, ve esa institución como el cumplimiento del plan divino con el pueblo.

De singular importancia, al estudiar con detenimiento las dos tradiciones bíblicas referente a la monarquía en Israel, es notar la preocupación de responder con efectividad a las amenazas nacionales e internacionales. Esos desafíos políticos y militares provenían, no solo de los grupos filisteos, sino de vivir en medio del Oriente Medio antiguo, entre diversas naciones que tenían sistemas políticos y militares centralizados, como el de la monarquía.

La tradición bíblica que comprende de manera negativa la institución de la monarquía, la evalúa a la luz de la teología de la fidelidad a Dios. Entiende que la transformación del sistema político de Israel era una manera de manifestar desconfianza al SEÑOR, una forma de deslealtad a Yahvé. Además, esa forma de gobierno central, que ya estaba presente en diversas naciones vecinas –p.ej., Moab, Amón y Edom–, era una forma solapada de idolatría, pues provenía, a los ojos de sus críticos en Israel, de naciones paganas.

Por otro lado, una tradición importante, que con el tiempo prevaleció, es la que entiende que la monarquía era el desarrollo y profesionalización del gobierno de los caudillos. Para este sector social y político, la monarquía era una forma eficiente para triunfar sobre los continuos desafíos militares y políticos que provenían de las naciones vecinas. La nueva institución política proveía al pueblo la unificación y centralización del poder, y la implantación de un sistema dinástico, que proveía para la institucionalización del poder.

Esas dos tendencias en el pueblo, respecto a la monarquía, revelan las complejidades políticas y sociales en Israel, que ciertamente vivía con esas dinámicas internas en tensión continua. La evaluación crítica de las narraciones bíblicas, y también el análisis de los documentos disponibles del período, ponen en evidencia clara que la teología de la fidelidad al pacto, y también que las actitudes de infidelidad del pueblo son las fuerzas teológicas que guían la transformación política que desembocó en la monarquía. La teología de la fidelidad a Yahvé y sus promesas, junto a la política internacional de las naciones vecinas en Israel, hicieron posible la implantación de la monarquía en el pueblo.

Samuel: Caudillo, sacerdote, profeta, militar y precursor de reyes

Samuel llega a la historia de Israel en un momento de gran importancia histórica, teológica, militar y política. Hace su aparición en las narraciones bíblicas en el período de transición ente la época de los caudillos y la monarquía. Y llega con una serie de características singulares: Además de ser caudillo y líder militar, que enfrentó a los filisteos con efectividad, desempeñó funciones religiosas de importancia, como las de sacerdote y profeta.

En ese singular entorno de responsabilidades de gran importancia nacional, fue la figura de autoridad que ungió a los dos primeros reyes de Israel: Saúl y David. ¡No solo cumplió las responsabilidades religiosas, políticas y sociales tradicionales, sino que dio un salto extraordinario al futuro, al identificar y ungir a los primeros dos monarcas del pueblo!

En efecto, la figura de Samuel es determinante en las narraciones escriturales, pues marcó el fin de una era, la de los caudillos, e inauguró un período novel de transformaciones políticas y sociales que afectarían de forma permanente la historia nacional, la monarquía. En un momento crítico de la historia nacional, cumplió, entre otras funciones, la extraordinaria labor de mantener y afirmar la identidad del pueblo, en el período de creación de un nuevo proyecto político al porvenir.

Los relatos bíblicos, para destacar su importancia histórica y también para ubicarlo con virtudes teológicas, presentan su nacimiento en un entorno especial y milagroso. De esa forma se destacan sus virtudes espirituales y teológicas desde su mismo nacimiento. Era hijo del efraimita Elcaná, y de Ana, que según el relato del nacimiento era anciana y estéril. Como el Señor respondió a la oración de Ana, la fiel madre lo dedicó al Señor y al servicio del templo, preparando el camino para que el joven se convirtiera en sacerdote, profeta y líder nacional.

El liderato militar de Samuel nace con una de las derrotas de los israelitas ante los ejércitos filisteos (1S 4). El joven sacerdote y profeta, que ahora cumplía funciones militares, organizó los ejércitos israelitas y logró expulsar a los filisteos de los territorios israelitas. Ese singular triunfo preparó el camino para que llegara por las diversas ciudades de Israel para impartir justicia. Según el testimonio bíblico, esas acciones de Samuel se producían por iniciativa divina.

En el desempeño de sus diversas funciones, Samuel se presenta como un líder modelo y de excelencia: Ofrece sacrificios como sacerdote (1S 7.7-9); imparte la justicia desde su casa en Ramá (1S 7.16-17); anuncia con autoridad de profeta la caída de la casa de Elí, y también profetiza el juicio divino a Saúl por desobediente (1S 3). Su figura de líder era tan fuerte e importante, que aun después de su muerte, el decaído rey Saúl invoca su presencia, orientación y autoridad.

De acuerdo con el testimonio bíblico, cuando Samuel envejeció, y no podía cumplir sus responsabilidades de forma efectiva, nombró a sus hijos como caudillos en el pueblo. Sin embargo, la transición no fue buena, pues sus hijos no vivieron a la altura ética del padre, aceptando sobornos, cometiendo injusticias y mostrando un gran interés por el lucro personal y la corrupción.

Como respuesta a las acciones impropias de los hijos de Samuel, y también para responder a los nuevos desafíos políticos y militares de los filisteos, los ancianos de Israel le pidieron al anciano líder que nombrara un rey. La primera reacción de Samuel fue negativa, según las narraciones bíblicas, aunque posteriormente aceptó la petición, por instrucciones divinas (1S 8—12). Al aceptar la propuesta de la monarquía, Samuel presenta un discurso importante sobre los peligros que se relacionaban con la nueva institución política.

Saúl, el primer rey de Israel

La característica principal para que Saúl llegara a la monarquía en Israel (1S 9—15; c. 1030-1010 a.C.) era su capacidad militar. Ese potencial bélico se demostró con claridad en la batalla contra los amonitas y su rey, Najás (1S 11); y ese triunfo, junto a sus posteriores victorias (1S 14.47-48), hicieron que el pueblo lo identificara como el líder nacional que se necesitaba.

En primer lugar, Saúl es ungido rey en una ceremonia privada, aunque posteriormente el pueblo mismo lo aclama como monarca (1S 14.47-48). El desafío inicial de Saúl fue responder a las amenazas y los ataques filisteos, quienes se organizaban para conquistar las tierras israelitas.

El liderato de Saúl como rey, comenzó de forma positiva, con una serie continua de victorias. Primero contra los amonitas (1S 11) y luego contra los amalecitas (1S 15). Junto a las victorias ante los enemigos del este, también obtuvo varias victorias contra los enemigos del oeste, los filisteos (1S 13—14); y esos triunfos le ganaron el respeto y la aclamación del pueblo.

El reinado de Saúl no duró mucho tiempo, pues los ejércitos filisteos se reorganizaron y lo derrotaron fulminantemente, matándole junto a sus hijos guerreros (1S 28; 31). Fue una derrota definitiva, en donde Israel quedó a merced de la autoridad filistea, de la que le costó liberarse.

El testimonio bíblico en torno a Saúl lo presenta como una figura compleja y contradictoria. De un lado, poseía destrezas y sabiduría militar; y del otro, sin embargo, se presenta como enemigo acérrimo de David. Su reinado no parece haber tenido mucho rechazo de parte del pueblo; sin embargo, sus actitudes de desobediencia ante Dios y sus acciones sicopatológicas en contra de David, lo hacen una figura desgraciada y patética en la historia de Israel.

En los relatos bíblicos, es el profeta Samuel, quien previamente lo había ungido como monarca, quien evalúa y le confronta con la palabra divina. Samuel, en primer lugar, le amonesta cuando presentó un sacrificio al Señor que le correspondía al sacerdote. En segundo lugar, le indica que sus descendientes no serían reyes del pueblo; y a la segunda desobediencia, lo descarta como rey de Israel (1S 13, 15).

Mientras las relaciones de Saúl y Samuel se van deteriorando, surge en el pueblo y el reino la figura dinámica y juvenil de David. Ese nuevo personaje en las narraciones bíblicas hace que Saúl se desoriente emocionalmente, y emprenda un acoso irracional contra el joven. En el contexto de los conflictos y las persecuciones de Saúl contra David, Samuel le indica al monarca que su reinado ya no cuenta con el respaldo divino, y unge al personaje perseguido como el nuevo rey del pueblo de Israel. En torno a Saúl, el texto bíblico incide de forma lapidaria y fulminante, para poner de manifiesto la naturaleza de su derrota, pues murió atravesado por su propia espada (1S 16—31).

David, de dulce cantor a monarca

Las narraciones bíblicas que presentan los inicios de la vida y el reinado de David (1S 16—2R 2; c. 1010-971 a.C.), se producen en el contexto de la derrota de Saúl y los ejércitos de Israel a manos de los filisteos en Guilboa (1S 28; 31). La derrota fue total, pues el mismo rey Saúl, para no caer en manos de sus enemigos se arrojó sobre su espada, y sus hijos también perecieron en esa batalla. Como resultado de esa victoria, los filisteos volvieron a tener control sobre las tierras centrales de Palestina, y dejaron a los grupos israelitas en una situación política, militar, social y económica precaria.

En ese entorno de crisis nacional, los textos bíblicos presentan la figura de David (1S 16.1—2S 5.10). Son relatos que destacan las hazañas del joven como músico, poeta, cantor y guerrero, una tras otra; y afirman su capacidad de liderato, su valor ante las adversidades, su sagacidad política y militar, y su sabiduría al enfrentar problemas y conflictos, particularmente del orden político y militar. Inclusive, su nombre es revelador, pues David significa, "amado por Dios".

Al final del primer libro de Samuel se presentan las figuras de Saúl y David en contraposición. Inclusive, ¡se indica que Samuel ungió como rey a David, siendo aún Saúl el rey! De acuerdo con algunos relatos bíblicos, David posiblemente formaba parte de algún grupo élite del ejército de Saúl (1S 17; aunque según otros textos, David llegó a la corte de Saúl como músico, para brindarle algún tipo de terapia musical al rey en sus crisis nerviosas (1S 16.14-26). Además, de acuerdo con el testimonio bíblico, David se casó con una de las hijas de Saúl, Mical, y se hizo muy buen amigo de Jonatán, otro de los hijos del rey.

La popularidad de David creció de forma vertiginosa en el reino, no solo en el contexto de los grupos militares y políticos, sino en el pueblo. ¡Sus victorias militares sobre los enemigos de Israel eran continuas! Y esas simpatías populares de David en medio de la comunidad, generó más inseguridad y envidias en Saúl, quien decidió eliminarlo.

Al percatarse del peligro que corría en el palacio real, y con la ayuda de Mical y Jonatán, David huye a los montes, de acuerdo con las narraciones bíblicas. En ese ambiente de separación y huida, David organizó un grupo de desterrados y bandidos, quienes establecieron algunas relaciones políticas y militares con los filisteos, y esperaron el momento oportuno de la caída de Saúl para regresar, ocupar el trono y unificar las antiguas tribus de Israel en un solo reino.

Las narraciones bíblicas presentan a David y Saúl en el contexto de la teología de la elección y el rechazo divino. Saúl es inicialmente llamado y ungido por Dios para ser rey, pero su desobediencia generó el rechazo divino, y ese rechazo abrió las puertas para la llegada de otro líder, que Dios no rechazó, a pesar de sus errores, pecados, crímenes y desaciertos. En efecto, las dificultades de Saúl pueden parecer menores, en comparación con las serias ofensas de David; sin embargo, las narraciones escriturales presentan que, el rechazo divino se hace realidad por sus actitudes de orgullo, prepotencia y arrogancia, que se relacionan íntimamente con la desobediencia. ¡Saúl no puede confiar en Dios! Y esa actitud es la que lo lleva a la ruina, el dolor, la pérdida del poder, el desespero y la muerte.

La personalidad de Saúl, de acuerdo con el testimonio bíblico, es esencialmente contradictoria, y su monarquía una desgracia. De un lado, llevó al pueblo a una serie de importantes victorias militares sobre los filisteos, que fueron determinantes para la subsistencia del pueblo, en un período de gran importancia bélica. Y del otro, sus acciones personales y sus actitudes prepararon el camino para la monarquía de David, que se presenta como la época de oro del pueblo.

El reino de David

Con la crisis en el reino de Saúl, David llega al reino de forma paulatina. En primer lugar, fue rey en Hebrón (2S 2.1-4), pues ya tenía un liderato reconocido entre las tribus por sus actividades en el desierto con su ejército privado de desterrados; además, le ayudaron sus matrimonios con Ajinoán y Abigail, que eran de Judá. Aunque endeble, el reino de Saúl había continuado en Transjordania bajo el liderato de un hijo del antiguo monarca, Isboset, que era apoyado por el general Abner. Ese reino de la casa de Saúl, sin embargo, colapsó rápidamente, cuando Abner se pasó a los ejércitos de David.

La Biblia relata que, después de una guerra menor (2S 2.12-17), Joab, general de David, asesinó cruelmente a Abner. Esa muerte política, junto a la de Isboset, prepararon el camino para el reinado de David sobre un Israel unido. Las narraciones bíblicas se preocupan por presentar a un David que se declara inocente de esos dos hechos de sangre, para destacar de esa forma su sabiduría política y pragmatismo.

Como resultado de esos movimientos políticos, David es ungido rey de todo Israel por los ancianos, que llegaron a Hebrón donde ya ejercía como monarca de Judá por siete años (1S 5.1-5). La conquista de Jerusalén, y su selección como nueva capital del reino, destacan su capacidad política y sabiduría administrativa, pues unificó la nación.

De acuerdo con las narraciones bíblicas, el reino de David se extendió y llegó a tener dimensiones legendarias. En efecto, las Escrituras presentan las fronteras de la monarquía de David como una experiencia ideal, más que histórica. Por el norte, venció a los arameos, y firmó tratados importantes con Jamat y Tiro; y, además, conquistó a Sobá y Damasco. Los grupos cananeos que vivían en la palestina central, de forma paulatina, se fueron incorporando al reino de David. En Transjordania, venció a los amonitas y a los edomitas, y estableció un reino vasallo en Moab.

Según las Escrituras, el reino de David era extenso: Desde el golfo de Acaba hasta Homs, y desde el mar Mediterráneo hasta el rio Éufrates (2S 8.3). Esa singular y extensa monarquía, se formó gracias a una importante serie de dinámicas internacionales: La crisis interna en Egipto, los conflictos políticos en Asiria y la derrota de los filisteos. En el entorno de esas realidades políticas internacionales, y fundamentados también en las convicciones de David como el ungido especial de Dios, las Escrituras presentan el reino de David, que su descripción bíblica sobrepasa los linderos históricos y ponen de manifiesto una visión ideal y elaborada de la realidad.

Las fronteras ideales del reino de David, que se incluyen en las narraciones de los libros de Samuel, Reyes y Crónicas, se basan en una muy importante serie de factores personales que se relacionan con nuestro personaje. La figura de David se asocia con los siguientes factores positivos:

- Finalizó con la amenaza filistea
- De forma reiterada se indica que Dios estaba con él
- Unificó las antiguas tribus, hasta formar un gobierno unido

- Nunca es descrito como apóstata, pues su fama era de hombre de fe que manifestaba siempre fidelidad a Dios. En medio de su nefasto episodio de adulterio y asesinato, reaccionó con humildad y arrepentimiento
- Trasladó el arca del pacto a Jerusalén, tras su victoria contra los filisteos, y expresó y comenzó los preparativos para la construcción del templo
- Los relatos bíblicos afirman que, a pesar de sus deficiencias y pecados, Dios le prometió una dinastía permanente en Israel
- Y, además, se le atribuyen un buen número de salmos, incluyendo el Salmo 51, que destacan los componentes religiosos, éticos y espirituales necesarios, para tener un monarca ideal en las Escrituras y en la memoria colectiva del pueblo

Todos esos factores históricos, religiosos, sociológicos, morales, políticos y espirituales relacionados con David prepararon el ambiente literario y teológico para su total transformación. De músico, poeta, cantor y militar, ¡David llegar a ser un héroe nacional y padre del pueblo! Esas percepciones en torno a David lo convirtieron en un nuevo Abraham y en un Moisés novel. David se convirtió de forma paulatina en el rey ideal del pueblo, y marcó la pauta real para la evaluación histórica de la monarquía.

Jerusalén como capital del reino

La decisión política más importante de David fue posiblemente la elección de Jerusalén como capital de su reinado. Aunque ya previamente había reinado desde Hebrón, con el propósito de unificar las tribus y el reino, decidió mover su centro de mando a Jerusalén, que era un tradicional bastión de las antiguas tribus jebuseas, que no había sido conquistada por los grupos de israelitas que llegaron con Josué a Canaán. Como no formaba parte de los reinos israelitas establecidos en el norte y el sur, era políticamente neutral, convirtiéndola en una ciudad ideal para establecer su centro administrativo, político y militar.

Esa singularidad histórica, hizo que la conquista de Jerusalén fuera determinante en la organización administrativa y estabilización política de su monarquía. Además, la antigua ciudad jebusea tenía una posición geográfica muy importante desde la perspectiva militar, pues estaba rodeada de montañas, que la convertía en un lugar determinante para la defensa militar del reino.

Una decisión política y militar de David fue fundamental para la consolidación del reino en Jerusalén: ¡Llevó el arca del pacto, símbolo de la presencia de Dios en medio del pueblo! Ese acto simbólico le brindó a la ciudad un esplendor espiritual y religioso que nunca ha perdido. Jerusalén de esa forma dejó de ser una ciudad más, para convertirse en el espacio sagrado de la presencia divina, en lugar especial y único para la revelación extraordinaria de Dios en medio de la historia de la humanidad.

En ese singular contexto de selección política, conveniencia militar y ubicación geográfica, Jerusalén se convirtió de forma paulatina en el centro ideal de la presencia y revelación de Dios para su pueblo. Con el tiempo recibió una serie importante de atributos teológicos, que se articulan de forma poética en las Escrituras, para facilitar la memorización y afirmar los valores teológicos que transmiten. Estos importantes atributos, que pueden provenir algunos de la mitología oriental antigua, se le aplican a Jerusalén y la ubican en un nivel teológico y espiritual especial, en los mapas históricos del pueblo. Entre esos atributos, se incluyen los siguientes:

- La montaña de los dioses: La pequeña colina jebusea, de pronto se convirtió en un centro teológico, el Monte de Dios (Sal 48.3; Is 14.13) como si fuera un Olimpo griego o un Monte de Reunión fenicio.
- El río de Dios: Las fuentes de agua de Jerusalén, de forma repentina, se convirtieron, por la fe y la devoción de la comunidad, en un río paradisíaco, de proporciones extraordinarias que simbolizaba la presencia y la bendición de Dios. Ese singular y caudaloso río, alegra y bendice la ciudad de Dios, y brinda salud y bienestar a sus habitantes (Ez 47).
- Escudo contra las fuerzas del mal: Por la misericordia divina, y porque Dios habita en la ciudad, Jerusalén no será arrastrada nunca más por las fuerzas destructivas del caos, ni por las antagónicas fuerzas del mal (Sal 46.2-6).
- Ciudad de victoria y paz: Jerusalén, por iniciativa divina, superará los conflictos y las crisis; inclusive, las guerras serán abolidas para dar paso a un período importante de paz y seguridad (Is 14.32; 17.12-14; 18.1-6; 29.1-8; 31.4-9; Ez 38—39; Sal 46.7-12; 48.5-9; 76. 4.10).
- Centro religioso internacional: La ciudad se convertirá en el centro donde las naciones reconocerán la soberanía divina, y los peregrinos de diferentes naciones llegarán a Jerusalén para traer ofrendas al Señor (Is 2.2-4; 18.7; Zac 14.16-19; Sal 76.12-13).
- Centro u ombligo del mundo: Con esta singular descripción, se presenta a Jerusalén como el centro de la tierra, el lugar desde donde todo comenzó, y la ubica en un singular nivel teológico, histórico y geográfico (Ez 18.12).

Al conquistar la ciudad de Jerusalén, la organización política y administrativa que se implanta sigue el modelo egipcio, donde el centro de mando está alrededor del general del ejército, que en este caso era David. Alrededor del líder, se ubicaban los diversos grupos de líderes que implantaban la política oficial del estado. En el caso de Jerusalén, David contaba con varios grupos de apoyo, por ejemplo, los quereteos y los peleteos, que eran grupos de mercenarios que estaban al servicio directo e incondicional de David.

La transición que vivieron los antiguos y diversos grupos tribales de una organización no muy estructurada, provisional, transitoria y diversa a una administración central, debe haber sido un tanto traumática. Esa nueva forma administrativa, que incluía burocracia e impuestos, tomó tiempo en su implantación, y requirió gran esfuerzo de parte de los grupos de administradores de David. De singular importancia en el proceso es la superación de las identidades tribales y locales, para establecer una identidad nacional, que requería la lealtad al monarca, en este caso, David, que era el símbolo de unidad del pueblo.

Dinámicas internas del reino

Las narraciones que presentan la sucesión del reino establecido y organizado por David son complejas, y se incluyen en 2 Samuel 9—20 y 1 Reyes 1—2. Revelan un estilo literario y narrativo, que toma en consideración los diversos componentes temáticos de la monarquía. Son relatos que ponen de manifiesto las complejidades administrativas, los desafíos políticos y las intrigas familiares relacionadas con la selección del sucesor de David.

Los episodios que se incorporan en los relatos bíblicos de la sucesión son interesantes, variados y complejos. Los personajes manifiestan vida y dinamismo, y la intriga juega un papel protagónico. Amón es eliminado del camino al trono; Absalón muere; y Adonías no puede superar los esfuerzos de Salomón para llegar a la monarquía del pueblo. Además, estos relatos de sucesión presentan a un David apasionado, intenso y decidido por apoyar a Salomón como su sucesor inmediato; y hasta los generales del ejército cumplen funciones de importancia en esos singulares procesos de sucesión. Inclusive, en estas historias de conspiración e intrigas, tienen papeles de importancia los sacerdotes Sadoc y Abiatar, los plebeyos Siba y Barzilay, y los rebeldes Simei y Sibá. No puede ignorarse, al analizar detenidamente estas narraciones, que un grupo de mujeres contribuyen considerablemente en el desenlace final de la sucesión: Tamar, Betsabé y la viuda de Tecoa.

Desde el punto de vista histórico y político, las rebeliones de Absalón y Sibá (2S 20) son temas de gran importancia. Las diferencias entre David y los ancianos de Judá eran muy serias, y propiciaron una muy seria y complejas dificultades, incomunicaciones y rebeliones. En esos contextos de rebeldía, las actitudes y decisiones de David, según las narraciones pertinentes en la Biblia, no contribuyeron positivamente a superar los conflictos, e inclusive, prepararon el ambiente político, religioso, administrativo y social, para la futura división del reino, tras la muerte de Salomón.

Las contribuciones mayores de David a la historia de Israel se relacionan directamente con la consolidación y estabilidad de la monarquía. Y aunque las fuentes extrabíblicas de la historicidad de David no son muchas, los relatos bíblicos son reveladores y muy interesantes. La gran prosperidad que vivió el pueblo de Israel con la unidad de las tribus, y también la selección de Jerusalén como la nueva capital del reino unido, se relacionan directamente con la vida y las ejecutorias del rey David. Ciertamente, la prosperidad económica que gozó la monarquía durante la administración de Salomón se debe en gran medida a las decisiones administrativas y la política pública de David.

El gran mérito de David, sin embargo, de acuerdo con las narraciones escriturales, se asocia a una profecía extraordinaria de Natán (2S 7). Este mensaje profético, que le brindó estabilidad política y social al reino del Sur, Judá, también ha superado los límites de la historia y el tiempo, es el fundamento teológico del mesianismo, y de acuerdo con las interpretaciones cristianas, se cumplió plenamente con el advenimiento histórico de Jesús de Nazaret.

La época de David representa un momento fundamental y decisivo en la historia de Israel. Constituye el momento de esplendor y mayor expansión territorial, pues incorpora los límites territoriales ideales del pueblo, que Dios había prometido a los patriarcas y a las matriarcas de Israel. La figura de David, y también la de Jerusalén, representan lo ideal y los puntos de referencia éticos, administrativos, religiosos y espirituales fundamentales para determinar las virtudes morales y las deficiencias políticas del resto de los monarcas en el reino de Israel.

El rey Salomón: Vida y ejecutorias

Las narraciones bíblicas que presentan las dinámicas de sucesión del reino, y en torno a la vida y las ejecutorias de Salomón, se encuentran en 1 Reyes 1—11, y aluden a los años c. 971-931 a.C. Comienzan con la etapa final del reinado de David (1R 1—2), y prosiguen con una serie de documentos administrativos oficiales, que articulan un tipo de historia no oficial del período. Incluyen también algunos relatos de las relaciones diplomáticas de Salomón con Tiro y Edom.

La presentación bíblica del reino de Salomón está bastante bien organizada, y se articula en cuatro secciones básicas. Es un tipo de narración histórica un poco estática y carente de detalles, en comparación con los relatos anteriores del período de David. Desde la perspectiva de las relaciones internacionales, Salomón mantuvo las conquistas que implantó el rey David, su padre y predecesor; y desde la óptica nacional, Salomón reorganizó el reino y lo llevó a nuevos niveles políticos y administrativos.

El esquema fundamental del período de Salomón como monarca en Israel, y que destaca varias áreas muy importantes de sus ejecutorias, es el siguiente:

- Salomón el sabio: 1 Reyes 3.1—5.14
- Salomón el constructor: 1 Reyes 5.15—9.9
- Salomón el administrador: 1 Reyes 9.10—10.29
- Salomón el idólatra: 1 Reyes 11.1-43

El hilo conductor de las narraciones de la sucesión del rey David, que llevó a Salomón al trono, es la intriga. Aunque Adonías, el mayor de los hijos de David, y primer heredero del trono, tenía el apoyo militar de Joab y también el apoyo religioso, del sacerdote Abiatar, no logró llegar a ser rey. Las dinámicas que propiciaron un grupo muy cercano al rey David –p.ej., el profeta Natán, el sacerdote Sadoc, y Banaías, que era el jefe de la guardia personal de David–, junto a las maquinaciones de Betsabé, prepararon el camino para que Salomón llegara a sustituir a David.

En ese complejo ambiente de conflictos e intrigas familiares, y también en medio de la decadencia física del monarca, Salomón obtuvo la aprobación real y oficial, junto el reconocimiento popular. Y relacionado con esos conflictos, que eran tanto familiares como políticos, Adonías salvó su vida temporalmente al refugiarse en un santuario, aunque posteriormente fue ejecutado por órdenes expresas de Salomón. David murió finalmente por el año 970 a.C., alrededor de los 70 años, después de reinar cerca de 40.

El reino ideal de Salomón

Las presentaciones e interpretaciones ideales y proverbiales del reino de Salomón vienen de las lecturas teológicas de la vida y las acciones del monarca, famoso por su sabiduría. Una de sus primeras decisiones al llegar al reino fue implantar una política exterior de buenas relaciones con sus vecinos inmediatos. Estableció un programa diplomático oficial que incentivaba las buenas relaciones políticas y comerciales con las naciones vecinas. En ese proyecto económico y político, se encuentran sus matrimonios con las hijas de varios reyes extranjeros, como es el caso de la hija del faraón de Egipto, y los acuerdos con Tiro.

Durante el período de Salomón, el comercio internacional del reino de Israel se reorganizó y expandió considerablemente: Llegó hasta Acaba, gracias a la marina mercante que organizó; también estableció un sistema de intercambio de oro y piedras preciosas, que provenían de Arabia y Ofir (1R 10.1-10); y organizó el comercio de caballos y carros de Egipto y Cilicia (1R 10.28). Junto a la infraestructura comercial, instituyó un sistema de establecimientos militares con soldados y carros de guerra, que servía de apoyo, no solo a los sistemas comerciales, sino que jugaban un papel de importancia en la estabilidad y seguridad del reino.

La administración interna del reino de Salomón siguió el modelo egipcio que David había implantado y dejado. Posiblemente, la decisión más importante que se introduce en el reino de Salomón es la reorganización del reino en doce distritos administrativos, que estaban supervisados por un representante del rey encargado, entre otros asuntos, de cobrar los impuestos.

El sistema de impuestos fue un paso de importancia en la organización efectiva del gobierno. Era un sistema rotativo, en el que cada región estaba encargada de sufragar los gastos oficiales de la monarquía por un mes. Esa inversión económica era considerable, dado los proyectos de infraestructura que organizó y financió el reino de Salomón.

Las transformaciones sociales en Israel, en solo unas décadas, fueron considerables, continuas y complejas. La sociedad israelita pasó de ser un pueblo agrícola y rural, a una comunidad más urbana, en la que la centralización del gobierno era fundamental, y en la que las grandes construcciones y obras públicas eran un componente importante de la economía. En esa época de la monarquía unida, la población israelita sería posiblemente de unas 800,000 personas.

La fama y el templo

La fama legendaria que poseía Salomón, de acuerdo con las narraciones bíblicas, se fundamenta, no solo en la construcción del templo de Jerusalén, que representa la cúspide de sus proyectos de infraestructura, sino en la edificación de un complejo sistema de palacios y fortificaciones. Salomón, además, era un gran auspiciador de las artes y la cultura.

El famoso templo, símbolo de la presencia y bendición divina, que se construyó en la tradición de los edificios fenicios, representa la cúspide de la ingeniaría de la época, y era la culminación de la peregrinación del arca del pacto, del desierto a su morada permanente en Jerusalén. De los edificios construidos en Jerusalén, el templo constituía el más importante y el de mayor esplendor, y durante siglos constituyó en centro espiritual del pueblo. Su construcción tenía tres recintos principales:

- El vestíbulo era la entrada al santuario, y mostraba dos grandes columnas decorativas
- El santuario propiamente era el recinto dedicado al culto y la adoración. En el altar, que estaba construido en oro, había un fuego perenne con incienso, además de los candelabros y la mesa de los panes de la presencia, que representaba las diversas tribus de Israel
- El lugar Santísimo, era la sección más santa del templo, y contenía el arca del pacto con las antiguas tablas de la ley, que representaba el mismo trono de Dios. Solo el sumo sacerdote podía entrar a esta sección del templo.

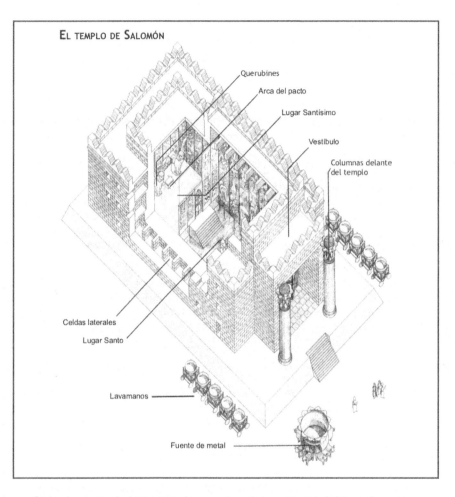

EL TEMPLO DE SALOMÓN

Querubines

Arca del pacto

Lugar Santísimo

Vestíbulo

Columnas delante del templo

Celdas laterales

Lugar Santo

Lavamanos

Fuente de metal

Otros lugares de importancia, en el recinto general del templo, son:

- El atrio o la explanada, que era el lugar hasta donde llegaba el pueblo para las celebraciones nacionales
- El altar de los sacrificios, que era el lugar en donde se llevaban a efecto los sacrificios de expiación y comunión, y a donde se elevaban las ofrendas voluntarias del pueblo

La fuente de metal, que era el lugar donde llegaban los adoradores para las purificaciones pertinentes antes de llegar propiamente al templo. Era una tina de bronce muy grande.

- Las habitaciones o celdas laterales donde vivían los sacerdotes y oficiales del templo. Contenía los elementos necesarios para oficiar regularmente en el culto.

A la fama de Salomón de buen constructor y administrador efectivo, se unió el reconocimiento internacional que poseía como hombre sabio e inteligente. De acuerdo con el testimonio bíblico, la sabiduría de Salomón era reconocida en las naciones y por las personas sabias de la época. Su fama de sabio recorrió el mundo, pues venían personalidades y monarcas de diversos lugares del mundo, para apreciar y ser testigos de sus conocimientos e inteligencia. Ese reconocimiento nacional e internacional, se manifiesta en la Biblia al identificar a Salomón como el mejor representante de la literatura de sabiduría o sapiencial.

La sabiduría de Salomón se pone de manifiesto en, por lo menos, cuatro áreas de gran importancia nacional e intelectual.

- Sabiduría en el comercio, que se nutría del intercambio cultural y le permitía comprender las dinámicas diferentes en culturas variadas (1R 5; 10).
- Sabiduría enciclopédica, que se fundamenta en la observación y el análisis de la naturaleza y la vida diaria, y que producía buen conocimiento del mundo animal y vegetal (1R 5.9-14; 10.1-10).
- Sabiduría filosófica, que reflexiona sobre la humanidad y su historia, y sobre las relaciones entre el ser humano y la voluntad divina (1R 2; 5.15-26).

Sabiduría jurídica, que es una de las características indispensables de un monarca, pues parte de las labores reales es la implantación de la justicia (1R 3.9-12, 16-28).

Las narraciones bíblicas incluyen también una serie de críticas en contra de Salomón, que se fundamentan esencialmente en su comprensión política y religiosa. En su proyecto de diplomacia internacional, el sabio monarca incluyó una muy importante serie de matrimonios con hijas de reyes extranjeros, que aunque favorecía la estabilidad del reino y fomentaban su crecimiento económico, atentaba contra la fidelidad al Dios de los patriarcas y las matriarcas de Israel.

Parte de la política oficial de Salomón era respetar y hasta honrar a las divinidades extranjeras; y esas prácticas estaban terminantemente prohibidas en los mandamientos de Moisés. Esas políticas del reino propiciaron en el pueblo la idolatría y el sincretismo religioso, que son una fuente muy seria de críticas de parte de los profetas. Salomón tenía un gran harén (1R 11.1-8), que dio un modelo inadecuado de fidelidad al Dios del pacto, que había sacado a los israelitas de la esclavitud de Egipto.

Las narraciones bíblicas, junto a la presentación de un Salomón sabio y escritor de proverbios, incluye algunos detalles de la decadencia del reino, que se vio materializada posteriormente tras su muerte. A finales de sus labores como monarca, Salomón vio cómo el reino de Israel perdió parte de Edom y también a Damasco (1R 11.14), y fue testigo de una rebelión fallida de parte de Jeroboán. Además, de acuerdo con el testimonio escritural, el pueblo reaccionó adversamente al aumento en los impuestos y también en contra de la implantación de los trabajos forzados. El heredero de Salomón, su hijo Roboán, no tomó en serio esas inquietudes nacionales y malestares del pueblo, y fue testigo de la ruptura del reino unido de Israel.

Una evaluación sobria de Salomón y su reino revela varios componentes de importancia que no debemos ignorar. En primer lugar, la Biblia asocia a Salomón con las riquezas y el esplendor del reino (1R 5.1-8; 10.14-29), además de ser el mejor representante de la sabiduría. Y aunque era el heredero del gran David, y que también amaba al Señor, que lo dotó de riquezas, poder, gloria e inteligencia, las narraciones bíblicas lo presentan como una persona capaz de ser infiel a Dios, solo por mantener buenas relaciones internacionales.

El castigo divino a Salomón por sus infidelidades, de acuerdo con las Sagradas Escrituras, fue perder la paz del reino. Surgieron enemigos y adversarios, internos y externos, que atentaron contra la paz, estabilidad y seguridad nacional. Y aunque el gran rey Salomón muere en paz, la idea de mantener el reino unido se desvaneció; y al morir, su monarquía se dividió oficialmente en el reino del Norte, con su capital en Samaria, y el del Sur, cuyo centro se mantuvo en Jerusalén.

X
LOS REINOS DEL NORTE Y DEL SUR:
ISRAEL (931-722 a.C.) Y JUDÁ (931-586 a.C.)

Le quitaré el reino a su hijo,
y te daré a ti diez tribus.
Pero a su hijo le dejaré una sola tribu,
para que en Jerusalén,
la ciudad donde decidí habitar, l
a lámpara de mi siervo David se mantenga
siempre encendida delante de mí.
1 Reyes 11.35-36

La división del reino de David

Las narraciones referentes al reino de Salomón culminan con una evaluación negativa. Se indica con claridad que la monarquía que unía a las antiguas tribus del norte y las del sur, finalizaría (1R 11.31-32). Esa división pone punto final al período de unidad nacional que se organizó gracias a las habilidades políticas de David, y a la ubicación de la capital en Jerusalén, y da inicio a una nueva época de grandes desafíos políticos, económicos, religiosos y militares. Los libros de los Reyes presentan ese período que enmarca unos 200 años, y presenta las caídas de los reinos del Norte, Israel, y del Sur, Judá. Y esas narraciones, además de identificar a personajes de importancia en la historia nacional, hacen evaluaciones teológicas críticas de sus decisiones.

Las razones de la crisis en el reino, que desembocó en la división nacional, son complejas y diversas. En primer lugar, debemos tomar en consideración las realidades históricas, económicas y culturales. El reino del Norte estaba ubicado en un sector geográfico más agrícola y fértil, que propiciaba una economía creciente y estable; por su parte, las tribus del sur vivían en terrenos más desérticos, y la economía no era tan floreciente como en el norte. Además, en el norte la población era mayor, que brindaba a las ciudades mejores posibilidades económicas. Esas dinámicas geográficas y demográficas propiciaron diferencias sociales y económicas, que hacían del reino del Sur uno dependiente del Norte.

El espíritu de separación entre las tribus se manifestó mucho antes de la institución de la monarquía. En los tiempos de Gedeón, según las Escrituras (Jue 8.22), hubo intentos de establecer una monarquía en el norte de Canaán. Posteriormente, se proclamó rey a Abimélec (Jue 9.6). Con el tiempo, en el norte se proclamó rey a Saúl. Esa monarquía incipiente se afirmó y fortaleció en tiempos de David, aunque la unión no resistió los embates del tiempo, particularmente no pudo superar las crisis intensas generadas por las diferencias religiosas, políticas, sociales y particularmente económicas.

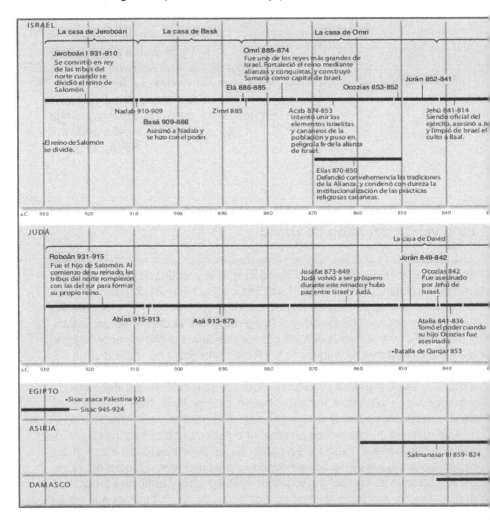

De singular importancia hay que notar las referencias bíblicas a la unión de las antiguas tribus en tiempos de David, que era rey de Judá y de Israel: Es decir, un monarca y dos reinos.

Desde la perspectiva de los relatos bíblicos, que enfatizan los componentes teológicos, las administraciones de David y la de Salomón trataron al reino del Norte de forma diferente. Esas diferencias crearon el ambiente propicio para la posterior división del reino. David es visto como un monarca bueno que era muy sobrio con los gastos oficiales. Pero Salomón, de acuerdo con las narraciones en los libros de los Reyes, necesitó aumentar los impuestos de forma desmedida para sostener su estilo de vida, ampliar sus inversiones nacionales e internacionales, y especialmente para construir el templo.

Esa política económica de Salomón, propicio un clima de tensión con las tribus del norte, a quienes les exigían impuestos altos, y hasta les imponían

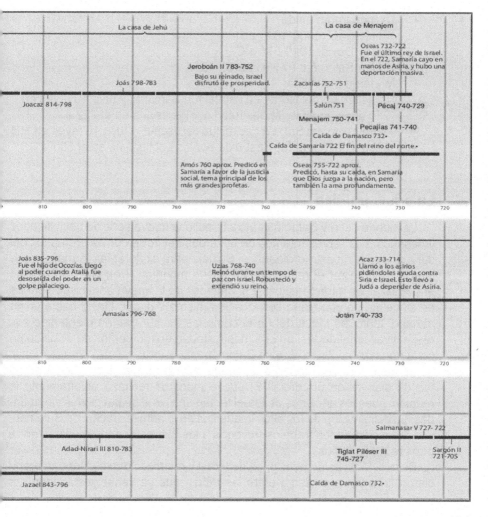

trabajos forzados. Esas dinámicas de tensión administrativa y económica fueron socavando las relaciones entre la monarquía central en Jerusalén, y el reino de Israel, en el norte, e inclusive, produjeron rebeliones, como la de Jeroboán contra Salomón (1R 11.26).

Relacionada con la crisis generada por Jeroboán, el profeta Ahías de Siló anunció públicamente la división del reino, y el posterior establecimiento de una monarquía independiente en el norte (1R 11.29-39). Para salvar su vida de la autoridad y seguridad de Salomón, el rebelde Jeroboán huye a Egipto. Y se unen de esta, forma en el testimonio escritural, las actividades de los monarcas de Judá e Israel, con las interpretaciones teológicas de la historia nacional que hacen los profetas y los redactores de los libros de Reyes.

Las siguientes fechas aproximadas son importantes para comprender el período de la monarquía:

- La monarquía unida
  El rey Saúl: 1030-1010 a.C.
  El rey David: 1010-971 a.C.
  El rey Salomón: 971-931 a.C.
- Monarquía dividida:
  Israel, reino del Norte: La capital fue Samaria, y tuvo 19 reyes en 210 años; finalmente destruido por los asirios en el 722 a.C.
  Judá, reino del Sur: La capital fue Jerusalén, y tuvo 19 reyes en 354 años; finalmente fue destruido por los babilónicos en el 586 a.C.

La crisis política

La muerte del rey Salomón trajo a Israel una nueva serie de posibilidades y desafíos. Los representantes de las tribus del norte convocaron a los del sur a una reunión extraordinaria en Siquén, para explorar las formas en que iban a reorganizar el reino bajo un nuevo monarca, Roboán. La finalidad era analizar las características y prioridades de la nueva administración. Es de singular importancia la convocación misma: Aunque David había unido el reino, tanto las tribus del norte como las del sur habían mantenido sus respectivas identidades, que se manifestaban en momentos de crisis como en la transición política al morir Salomón.

La respuesta de Roboán a los requerimientos de las tribus del norte no fue de bienvenida ni cordial. El nuevo monarca rechazó abiertamente la reunión, pues los ancianos de Israel tenían una serie de peticiones y demandas: La disminución de los altos impuestos en la administración de Salomón, y la reducción de los trabajos forzados a los que estaban sometidos, entre otros requerimientos.

Esas dinámicas de peticiones de Israel y rechazos del rey Roboán propiciaron finalmente el cisma entre las tribus, que ya venía gestándose por años. Israel decidió rechazar públicamente la autoridad del reino del Sur, y nombró a Jeroboán, hijo de Nabat, como su nuevo monarca, que con esa finalidad había regresado de Egipto. De singular importancia en torno a este tema, es indicar que la narración bíblica que presenta estos incidentes se preocupa por indicar que esa división fue parte de la voluntad de Dios para el pueblo, pues el profeta Semeías le indicó a Roboán que no atacara a las tribus rebeldes del norte (1R 12.22-24).

Después de la división, Jeroboán procede a organizar su monarquía. La primera capital se situó en Siquén (1R 12.25), aunque su familia vivía en Tirsá, que también era vista como capital (1R 14.17). Esas incertidumbres administrativas ponen claramente de manifiesto que Jeroboán quería mantener un equilibrio político entre las diversas tribus del norte. Esas mismas complejidades políticas y sociales movieron al monarca a establecer santuarios en Betel y Dan, para contrarrestar el templo de Jerusalén, que se relacionaba con el reino del Sur. ¡Las decisiones políticas afectaron la vida religiosa del pueblo!

El cisma religioso

La reorganización de las tribus del norte como monarquía independiente se llevó a efecto sin dificultades mayores, bajo el liderato de Jeroboán I (922-901 a.C.), quien era reconocido entre sus súbditos como un líder carismático y rebelde. Inclusive, a esa aclamación y reconocimiento popular se unió el profeta Ahías, que apoyó la separación y avaló al nuevo rey. Y luego de ser públicamente aclamado como rey, estableció su residencia oficial primeramente en Siquén, y con el tiempo, en las localidades de Peniel y Tirsá.

Una de sus primeras decisiones oficiales del rey Jeroboán se relaciona directamente con la vida religiosa y la espiritualidad del pueblo. Con la finalidad de detener las influencias del reino del Sur en su nueva administración, el monarca del Norte reestableció de manera oficial a los antiguos santuarios de Dan y Betel, ubicados en los límites de su territorio, y puso en esos lugares de culto dos becerros de oro, que eran representativos de los baales locales. El objetivo era detener los peregrinares a Jerusalén, disminuir las influencias políticas de Judá, y crear una infraestructura religiosa israelita independiente de las ceremonias y actividades en el templo.

La selección de los becerros de oros como representación de Yahvé es vista por los profetas como un acto de infidelidad e idolatría (Ez 32; Os 10.5; 13.2). Aunque desde una perspectiva pragmática, esos becerros eran una especie de pedestal visible de un Dios invisible, el acto alude a las infidelidades de los israelitas en el Sinaí, en el peregrinaje del éxodo de Egipto (Éx 32.4). La actitud del rey se reconoce en las Escrituras como el pecado de Jeroboán (1R 12.28), que contaminó las bases mismas del reino del Norte.

Con una clara motivación política, Jeroboán autorizó actividades cúlticas oficiales en los antiguos santuarios y lugares altos dedicados a Baal en Canaán, y aprobó el servicio de sacerdotes no levitas en sus actividades religiosas, en clara oposición a las regulaciones explícitas de la Ley (Éx 32.25-29). El pragmatismo político del monarca le llevó a tomar una serie de decisiones que afectaron seriamente la vida religiosa y la espiritualidad del pueblo. Esas decisiones políticas que tuvieron serias implicaciones religiosas para el pueblo se convirtieron en el criterio de evaluación de la monarquía bíblica, que eran analizados a la luz de la fidelidad que manifestaban al pacto con Dios.

Israel, el reino del Norte

Por sus recursos naturales y ubicación geográfica, el reino del Norte (1R 14—2R 17) quedó en una posición económica favorable. Además, las políticas fiscales que implantaron incluían una apertura comercial hacia los pueblos vecinos, particularmente hacia los fenicios y arameos, ayudaron en los procesos de estabilización económica después del cisma. En efecto, tras las transiciones políticas de la separación, Israel quedó en un buen tiempo de prosperidad económica.

Esas decisiones políticas, administrativas y económicas, sin embargo, tuvieron consecuencias sociales y espirituales de importancia. Aunque ahora participaban de la política internacional, esa nueva realidad propició una serie importante de influencias religiosas que provenían de los pueblos vecinos, además, de estar expuestos a los desafíos militares internacionales.

Las nuevas realidades políticas y económicas no solo trajeron un período de bonanza fiscal, sino que expuso al pueblo a una serie de prácticas religiosas terminantemente prohibidas por la Ley de Moisés, y le trajo a Israel una vulnerabilidad política y militar frente a las naciones extranjeras. Esas dinámicas nacionales e internacionales noveles generaron gobiernos inestables y cortos: ¡Tuvieron 19 reyes y 9 dinastías en 200 años! Y en ocasiones, ¡los golpes de estado y las transiciones gubernamentales abruptas estaban apoyados por los profetas!

El período inicial del reino del Norte (1R 14—15), que marca la época de fundación nacional, estuvo caracterizado por cierta inestabilidad política. La administración de Jeroboán I hasta Omrí fue testigo de cambios violentos y rápidos. Nadab, el hijo de Jeroboán, después de reinar por menos de dos años, fue asesinado por Basá; y su hijo y sucesor, Elá, también fue asesinado, en esta ocasión por Zimri, que luego se suicidó cuando se percató de los triunfos de Omrí.

Junto a la violencia e inestabilidad interna en el reino del Norte, hay que tomar en consideración la guerra civil entre Asá de Judá (911-970 a.C.) y Basá de Israel (908-870 a.C.), que drenó los recursos económicos del país y agotó emocionalmente al pueblo. Esta guerra culminó finalmente cuando el reino del Sur acordó un tratado de apoyo mutuo con Ben Adad de Damasco, y los ejércitos asirios invadieron Israel y se quedaron con parte de la Galilea (1R 15.18).

La dinastía de Omrí (1R 16—2R 8)

Omrí fue un magnífico rey en Israel, de acuerdo con los criterios políticos, diplomáticos, económicos y comerciales. Su influencia en el Oriente Medio, y su reconocimiento internacional, fue de tal magnitud y naturaleza que, pasados los años, los asirios, en la época de Sargón II (c. 700 a.C.), aludían a Israel como la Casa de Omrí.

Desde la perspectiva militar, la administración de Omrí logró una serie de triunfos de importancia: Sometió el reino de Moab, mantuvo la paz con su vecino Judá, y estableció una importante alianza con los fenicios, que se selló con el matrimonio de su hijo, Acab, con Jezabel, hija de Et Baal, rey de Tiro. Las relaciones con los arameos, sin embargo, fueron muy complicadas y conflictivas. Finalmente, estableció la capital de su reino en Samaria.

Gran parte del reinado de Acab, hijo de Omrí, estuvo dedicado a luchar contra los arameos de Damasco, pero este prolongado conflicto se superó ante un enemigo común: Asiria. En el año 853 a.C., Samaria y Damasco se unieron para atender los peligros y desafíos que representaban los ejércitos de Salmanasar II en la batalla de Qarqar. Los asirios, aunque tuvieron un tipo de victoria en esa campaña militar, no aprovecharon el triunfo ni sus ventajas militares, pues se replegaron por algún tiempo. Durante ese período, Moab se reveló contra Israel, quien superó con el tiempo esas derrotas militares.

Los profetas Elías (1R 17—2R 2) y Eliseo (2R 2—9)

La diplomacia, y también las repercusiones religiosas de las políticas administrativas y económicas de Acab, se ponen de manifiesto en las narraciones proféticas de Elías y Eliseo. Posiblemente, Acab era un seguidor del yahvismo no muy comprometido con sus tradiciones religiosas. En el contexto del apoyo a las relaciones internacionales, y en reconocimiento de la población cananea en su reino, Acab permitió que su esposa, Jezabel, implantara el culto de Baal en su monarquía.

A juzgar por la cantidad de profetas de Baal (450) y profetisas de Aserá (400) que se enfrentan al profeta Elías en el monte Carmelo, el baalismo se vivía con fuerza en Samaria. Inclusive, de acuerdo con las narraciones escriturales, se construyó un templo a Baal en Samaria (1R 16.32), que debe haber sido un escándalo para los adoradores de Yahvé, y una ofensa mayor para los sacerdotes que seguían las tradiciones legales de la Torá, específicamente las afirmaciones en torno al Dios único.

Según el testimonio bíblico (1R 18), Elías intervino en un momento histórico crucial, y salvó al yahvismo de un sincretismo perjudicial con Baal y sus adoradores, que representaba, para los profetas, una manifestación de infidelidad magna. Esa victoria fulminante del profeta en el monte Carmelo, sin embargo, le costó a Elías la huida, pues las amenazas de muerte de Jezabel no se hicieron esperar. En ese entorno de crisis religiosa y complejidad política nacional e internacional, el rey Acab murió en la batalla contra los arameos en Ramot, en la región de Galaad.

A Acab le sustituyó brevemente uno de sus hijos, Ocozías, que vivió la parte final del ministerio del profeta Elías. Otro de los hijos de Acab, Jorán, sustituye a su hermano, y vive durante el período del ministerio del profeta Eliseo (2 R 2—9). La debilidad política y militar de Israel en este período fueron deteriorando la estabilidad del gobierno, y esta situación permitió que Moab se independizara de Israel, y los arameos hicieran varias incursiones militares exitosas en los territorios israelitas Ese fue el período para que grupos de profetas extáticos fomentaran la insurrección y la revolución, que desembocó en el derrocamiento de la dinastía de Omrí, para dar paso a una nueva dinastía, la de Jehú, que era un general del ejército israelita.

La dinastía de Jehú (2R 9—10)

El golpe de estado que le dio Jehú a la dinastía de Omrí fue intenso y devastador. El rey, Jorán, que se reponía de las heridas que había recibido en la batalla en Ramot de Galaad, contra los ejércitos sirios, liderados por Jazael, fue asesinado. Además, asesinó Jehú al rey de Judá, Ocozías, que visitaba a su homólogo israelita. Y en medio de ese contexto de matanzas y transformaciones, en nuevo rey también asesinó a 70 hijos de Acab que estaban en Samaria, y aprovechó el momento para matar también a 42 representantes del gobierno de Judá que estaban en Israel.

La transición de la dinastía de Omrí a la de Jehú fue cruel y sangrienta. De especial significado fue la muerte de Jezabel, la matanza de los profetas de Baal y sus seguidores, y la destrucción del templo pagano en Samaria. El nuevo rey quería enviar un mensaje claro y firme a la comunidad: La nueva administración rechazaba contundentemente el baalismo que se manifestaba en Israel, con las implicaciones económicas, políticas y sociales que ese tipo de experiencia religiosa presuponía. El nuevo rey Jehú inauguraba un período de crueldad y brutalidad, que ciertamente fue condenado por Oseas (Os 1.4-5).

El triunfo de Jehú y del yahvismo en Samaria, no generó muchos éxitos de Israel en la política exterior. La afirmación nacional del monoteísmo generó en asiria una serie importante de preocupaciones que desembocaron en la extensión del poder de Salmanasar III sobre el reino del Norte, Israel. El rey Jehú fue inmortalizado en el famoso obelisco negro sirio, donde se identifica como hijo de Omrí, y se le presenta arrodillado frente a Salmanasar III ofreciendo tributos en oro y plata. Esa transición en la política internacional de Israel debe haber ocurrido al comienzo de su reinado, por el año 841 a.C. La derrota de Jehú fue mayor, cuando Jazael de Damasco invadió y se apoderó de los territorios transjordanos (2R 10.32). En efecto, su dinastía, que comenzó con violencia y asesinatos, culminó con derrotas y pérdidas de territorio nacional. Esas dinámicas de hostilidad con los asirios, propició un ambiente de tensión internacional y de derrota en Israel y Judá, por medio siglo.

De singular importancia en la política de Israel fue la llegada de Adad-Nirari al poder asirio, que organizó varias campañas militares contra los arameos de damasco, a quienes sometió finalmente en el 802 a.C. Esos triunfos asirios contra los arameos, fueron liberación para Israel, que vieron cómo la influencia y el poder de Damasco se desvaneció. El hijo de Jehú, Joacaz, soportó y respondió a las guerras contra los arameos (2R 13.7), pero fue Joás, su hijo y sucesor, quien pudo con el tiempo recuperar los territorios ocupados transjordanos.

En un ambiente de calma internacional y sobriedad nacional, el nuevo rey de Israel, Jeroboán II (2R 14), comenzó un proceso firme de recuperación económica y social. Uno de sus logros mayores fue establecer las fronteras nacionales, que le brindaba una importante extensión de terreno, desde la entrada de Lebó Jamat hasta llegar al mar Muerto (2R 14.25). Es de singular importancia notar que la arqueología revela que durante ese período hubo una serie de fortificaciones de importancia en Samaria.

La administración del rey Jeroboán II en Samaria fue próspera y extensa. Durante ese período de bonanza económica, se generaron una serie de conflictos e injusticias internas, que fueron los temas que dieron paso a las profecías de Amós y Oseas. Las realidades políticas propiciaron una serie importante de dificultades sociales, religiosas y espirituales, que se convirtieron en el contexto inmediato del ministerio de los profetas del siglo VIII a.C.

En medio de esas dinámicas de prosperidad para un sector de la sociedad, y de cautiverio para los grupos económicamente menos desarrollados y socialmente cautivos, surgen las profecías de Amós y Oseas, que presuponen una serie importante de reflexiones y críticas teológicas, políticas, sociales y económicas. Estos valientes profetas, criticaban no solo las injusticias económicas, sociales y políticas en general, sino identificaban de forma precisa el lujo, la inmoralidad, el culto falso y la idolatría como los factores que propiciaban el juicio divino al pueblo. Estos profetas, revisaron las dinámicas que caracterizaban la sociedad israelita del siglo VIII a.C., y la evaluaban a la luz de la revelación divina.

De singular importancia en las profecías de este período, es que Amós predicaba en torno al día del Señor, que tradicionalmente era visto e interpretado como un momento de luz, celebración y victoria, por la maldad del pueblo y sus líderes, se convertiría en un día de oscuridad, tinieblas y derrota para el pueblo. Oseas presentó la crisis de fidelidad que tenían los israelitas, a la luz de sus desgracias familiares y matrimoniales.

En medio de la prosperidad interna de Samaria, y los mensajes de juicio de los profetas, el ambiente internacional se transformaba con la llegada al poder del asirio Tiglat Piléser III. Los éxitos políticos y económicos de Israel, que ciertamente fueron factores de importancia nacional y regional, de forma paulatina fueron cediendo ante la llegada y los avances firmes del nuevo monarca en Asiria. Tiglat Piléser III no solo organizaba campañas militares para cobrar impuestos y tener hegemonía económica y política, su nueva política militar era conquistar los pueblos derrotados.

Muy temprano al comienzo de su reinado, Tiglat Piléser III comenzó su política militar de conquista. Esas campañas militares e implantaciones políticas comenzaron por el oeste, e Israel fue uno de sus objetivos iniciales. Tras la muerte de Jeroboán II, Israel vivió un período de anarquía política, que afectó adversamente sus logros y conquistas económicas. Esas realidades internas fueron el ambiente ideal para la llegada y conquista de Tiglat Piléser III.

A Jeroboán II (Os 7.3-16) le sucedió su hijo, Zacarías, que posteriormente fue asesinado a los seis meses por Salún, que fue ejecutado, a su vez, por Menajem al mes de llegar al poder. La administración de Menajem en Israel, fue afectada adversamente por los fuertes tributos que debió pagar a Asiria (2R 15.18). En efecto, fue un período difícil, de inestabilidad política y social, que hirió muy seriamente las finanzas de Samaria, y le impidió responder con firmeza y efectividad a los desafíos internacionales, especialmente a los avances de Tiglat Piléser III.

Derrota y destrucción del reino del Norte (2R 15—17; 743-722 a.C.)

Aunque los logros económicos y administrativos que se vivieron durante la monarquía de Jeroboán II fueron significativos, la derrota y caída del reino del Norte fue devastadora y relativamente rápida. Ya los profetas Amós y Oseas habían criticado el estilo de vida en Samaria, y proclamaron los juicios divinos a Israel que respondían a los pecados del pueblo. Esa realidad interna –que tenía dimensiones económicas, políticas, morales, religiosas y espirituales– se unió a los avances internacionales de Tiglat Piléser III, que emprendió un nuevo tipo de conquista en la región: Su objetivo no solo era fiscal, sino imperialista.

La inestabilidad política en Samaria continuó, tras la muerte de Menajem. Su hijo, Pecajías fue asesinado posiblemente por un usurpador de nombre Pécaj. El objetivo del nuevo monarca en Samaria era liberarse del yugo asirio, pues se alió a Rasón de Damasco, para organizar un frente común contra los ejércitos de Tiglat Piléser III.

En el desarrollo de la coalición internacional y estrategia militar para responder a las políticas imperialistas de Tiglat Piléser III, Pécaj intentó incorporar infructuosamente al reino del Sur, Judá. Esas estrategias políticas y militares fueron el contexto histórico para la llamada guerra siro-efraimita, entre en reino del Norte y del Sur. Jerusalén no quiso aliarse a Samaria, pues tenía muy serios conflictos con Edom (2R 16.6).

La guerra siro-efraimita comenzó en el norte, con los ataques de la coalición antiasiria, lideradas por Pécaj. Samaria amenazó a Judá con poner a un nuevo rey en el trono de David, Ben Tabeel. En medio de la crisis, Acaz pidió ayuda a los asirios, y Tiglat Piléser respondió muy positivamente (c. 733-732 a.C.), pues le convenía esa alianza con el reino del Sur en contra del pueblo de Israel y los arameos en Damasco. Esa alianza, que es vista por los testimonios bíblicos como una falta de fe en Dios (Is 7; 2R 16), le abrió las puertas al imperialista asirio para llegar con fuerza a la región, y destruir Damasco y quitarle gran parte del territorio al reino del Norte, especialmente en Galilea y Transjordania. El resultado final de las malas decisiones de Pécaj fue que Samaria se convirtió en un pequeño estado vasallo gobernado por Oseas, al servicio de Asiria.

Tras la muerte de Tiglat Piléser III le sucedió en el trono asirio Salmanasar IV. En ese contexto de transición política e inestabilidad administrativa en Asiria, Oseas cambió su lealtad del reino y pidió ayuda a Egipto. Esa movida política, que no fue muy bien ponderada de antemano, fue el detonante para la destrucción final del reino del Norte, y su capital, Samaria (722 a.C.).

Salmanasar IV respondió con fuerza a la rebelión del reino del Norte. El rey asirio encarceló a Oseas y sitió Samaria, hasta conquistarla e imponer las políticas imperiales a las naciones y los territorios que se revelaban: Deportaron a diversos lugares del imperio a la población conquistada, que fue sustituida por ciudadanos de otros lugares de la región. Y con el tiempo, la sociedad samaritana fue asimilada por los pueblos que llegaron a la ciudad para repoblarla.

El reino del Sur: Judá (1R 14—2R 25)

El contexto geográfico y la relativa estabilidad social fueron factores de importancia en la historia y vida del reino del Sur, Judá. Con la posible excepción de la intervención usurpadora de Atalía (841-835 a.C.), en Jerusalén se vivieron días de calma y sobriedad política, aunque la prosperidad económica no fue tan importante como en Samaria. En el marco internacional, Judá logró mantenerse relativamente al margen de los conflictos internacionales, y distante de las grandes potencias de la época, evitando el pago de tributos e imposiciones del exterior, para desarrollar y estabilizar su economía.

En este contexto nacional e internacional, debemos tomar en consideración dos factores de importancia: Con la caída del reino del Norte, Jerusalén ocupó un lugar de importancia en la geopolítica del Oriente Medio, pues era el paso entre los imperios del noreste, noroeste y del este, con Egipto y las naciones al sur. Y entre otros factores a tomar en consideración, como resultado de las dinámicas políticas, económicas y militares del período, surgen una serie de profetas que incluyen en sus mensajes referencias importantes a las realidades que vivía el pueblo.

Luego de la división del reino de Salomón, comenzó la guerra civil entre los reinos del Norte y del Sur para establecer fronteras e identificar los espacios políticos de acción tanto en Jerusalén como en Samaria. Una determinación de importancia del rey Roboán fue establecer contactos con Egipto. De singular importancia fueron las campañas militares en Palestina organizadas por Sosaq, que se constituyó en el primer faraón de la dinastía XXII. En varios documentos egipcios de la época, se identifican más de 150 lugares, entre los que se encuentran Jerusalén, y otras ciudades de Judá, que resistieron los embates de la época, posiblemente por los pagos de impuestos del rey Roboán a las autoridades egipcias. El testimonio bíblico indica que, el monarca de reino del Sur ordenó diversos trabajos para fortalecer sus ciudades (2Cr 11.5-12).

Abías sucedió a su padre Roboán en el trono. Una de sus primeras acciones fue un enfrentamiento con el reino del Norte, como se describe en la Biblia (2Cr 13). De acuerdo con las lecturas teológicas del conflicto, fue Yahvé directamente quien logró el triunfo contra los combatientes del reino del Norte. En la batalla, los ejércitos de Judá llegaron hasta Betel, Jesaná y Efraín, aunque el control de esas ciudades no fue estable ni duradero. Abías de esta forma identificó las fronteras con el reino del Norte, propiciando un ambiente de paz con sus vecinos que permitió un tiempo de sosiego político y prosperidad económica.

Tras la muerte del rey Abías, le sucedió en el trono su hijo, Asá. El nuevo monarca enfrentó varios desafíos formidables en su monarquía: En primer lugar, una invasión de comunidades nómadas, que fueron organizadas dirigidas por Zera que provenía de Cus. La batalla final y decisiva se llevó a efecto en Maresá: Asá triunfó sobre los grupos invasores de forma fulminante, y los persiguió hasta Guerar.

Posteriormente, el rey Basá de Israel organizó una campaña militar contra el reino del Sur, y llegó muy cerca de la capital del reino, hasta Ramá, como a 10 kilómetros de Jerusalén. Ante esos conflictos y amenazas militares reales e inmediatas, Asá pidió ayuda a Ben Adad II de Damasco, para que le apoyara en el conflicto con Israel, y la respuesta fue firma y decidida: Los arameos atacaron a Israel, y ocuparon Iyon, Abel Mayin, Bet Macá, Dan, y llegaron hasta los alrededores del lago de Galilea.

Ante la crisis militar que representaba la llegada de los arameos a su territorio, el rey de Israel, Asá, abandonó Ramá, y movió sus soldados a la frontera norte para enfrentar las agresiones de Ben Adad II. El texto bíblico indica que después de estos conflictos, el reino del Sur fortaleció no solo la ciudad de Ramá, sino a Guebá y Mizpa (1R 15.16-22).

El rey Josafat, que sucedió a Asá, cambió la política internacional de sus predecesores, especialmente en relación con sus vecinos en el norte, y su reconcilió con Israel. Esos importantes cambios diplomáticos llegan a su punto óptimo con la boda de la hija de Acab y el hijo de Josafat. Fue un período de gran fuerza en la dinastía de Omrí y sus descendientes, y el resultado inmediato para el reino de Judá fue que dependió del poder y la economía del reino del Norte, con sus sucesivas consecuencias políticas y administrativas.

Posteriormente, y ante los avances de Moab en la región, Josafat y Acab establecieron una alianza en Ramor de Galaad. Esa alianza, que continuó bajo la incumbencia del rey israelita Jorán (1R 22; 2 Cr 20), triunfó contra los moabitas, aunque el resultado inmediato del conflicto no fue definitivo, pues no les permitió extender sus capacidades económicas en la región, ni reestablecer el comercio con Ofir.

Durante el reinado de Jorán en Judá, Moab logró recuperar su independencia de Judá. Y en medio de esos conflictos al este de su territorio, que representaban para el reino del Sur períodos de debilidad interna, la ciudad montañosa de Libná se rebeló contra la autoridad del rey, las amenazas de los diversos grupos de filisteos aumentaron, y se hicieron realidad una serie de rebeliones de los grupos árabes en la región (2Cr 21.8-20). En efecto, fue un período de grandes desafíos para Jorán.

Ocozías sucedió a Jorán en el trono de Judá, aunque su monarquía no duró mucho, menos de un año, pues murió asesinado como parte de la rebelión interna en Israel organizada por Jehú. La madre de Ocozías, Atalía, tomó el poder en Judá, y entre sus primeras acciones para afirmar su posición como reina, eliminó a todos los posibles herederos del trono. Uno de los hijos de Ocozías, Joás, salvó su vida al huir de la matanza. Lo tuvieron escondido por seis años, lo que preparó el camino para su futura intervención en la historia del reino del Sur, Judá.

La administración de Atalía fue violenta y difícil, y finalmente murió como vivió, rodeada de violencia. Uno de los sacerdotes del templo de Jerusalén, organizó un golpe de estado, para darle el poder al joven Joás, hijo de Ocozías. Una vez la reina Atalía fue ejecutada, el sacerdote Joyadá presentó al nuevo rey ante el pueblo, y se estableció una nueva alianza de Joás y los ciudadanos de Judá.

El reinado de Joás fue importante, tanto desde las perspectivas religiosas como las de economía, política interna y militar. En primer lugar, se deben afirmar sus esfuerzos por restaurar el templo, aunque debió también enfrentar desafíos formidables con los avances y la invasión de los arameos de Damasco, que llegaron a conquistar la ciudad de Gat. Inclusive, se dirigían a Jerusalén. La ciudad se salvó de una catástrofe nacional por el hecho que el rey Joás pagó una serie de muy elevados tributos, que tomó del templo y del palacio real. Esa acción del monarca generó descontento y ansiedad interna en Judá, que desembocó en la rebelión de sus militares cercanos, y su asesinato.

Tras la rebelión militar en Judá, tomó el poder y ocupó el trono el hijo de Joás, Amasías. El nuevo rey tuvo unos aciertos militares de importancia, que trajeron estabilidad a su monarquía. Derrotó a los edomitas, y conquistó su capital, Selá, y le cambió el nombre a Joctel, en un gesto de poder, autoridad y triunfo. Y en ese espíritu triunfalista, atacó al reino del Norte en Bet Semes, pero los ejércitos de Israel respondieron a esos ataques con autoridad y vehemencia, y llegaron hasta Jerusalén. En la capital del reino del Sur, los israelitas derribaron una sección importante del muro de seguridad de la ciudad, y saquearon inmisericordemente los tesoros del templo y del palacio real. El rey Amasías sobrevivió a la invasión, pero fue posteriormente asesinado en la ciudad de Laquis, a donde había buscado refugio.

El nuevo rey de Judá, Azarías, sustituyó en el trono al asesinado Amasías. El nuevo monarca, que también es conocido como Uzías, tuvo algunos logros políticos y económicos de importancia. En primer lugar, reconstruyó el puerto marítimo en Elat, en el golfo de Acaba, que propició el comercio internacional, y estabilizó y fortaleció la economía del reino. Además, recuperó el uso de algunas vías comerciales, al mantener a Edom marginado en el proceso. De acuerdo con los testimonios bíblicos, también Azarías lucho con éxito contra los filisteos, los meunitas de Edom, y los árabes del Néguev. Durante el reinado de Azarías, se fortaleció la ciudad capital del reino, Jerusalén, y se construyeron importantes fortificaciones y se apoyaron los sistemas agrarios en las regiones del mar Muerto y hasta en Cades Barnea. Con el tiempo, Azarías contrajo lepra, y fue despojado del trono y aislado; le sucedió su hijo, Jotán.

El reino de Judá, bajo la administración del rey Azarías, disfrutó un buen período de paz y desarrollo económico. Fue un período de logros fiscales, comerciales y diplomáticos, pero al mismo tiempo, fueron tiempos de injusticias sociales, empobrecimiento de grandes sectores de la comunidad, corrupción política y gubernamental, y sincretismo religioso. De acuerdo con las profecías de Amós y Oseas, esos desafíos éticos, morales, económicos, políticos y espirituales, acompañaron la administración del rey Azarías en el reino del Sur.

La guerra siro-efraimita (2R 16)

La guerra siro-efraimita se relaciona íntimamente con la campaña militar de los ejércitos asirios en el 734 a.C. El nombre proviene de la coalición política y militar de los sirios de Damasco y los ejércitos de Israel, en la que la tribu de Efraín ocupaba un papel preponderante. El rey de Israel, Pécaj, y el monarca de Siria, Rasín, decidieron unirse para formar un frente común contra las amenazas de los arameos de Asiria. Para lograr su proyecto bélico con efectividad, necesitaban el apoyo del reino del Sur, Judá. La respuesta de Jotán, y su sucesor, Acaz, sin embargo, fue negativa.

El rechazo del reino de Judá propició una respuesta firme de la coalición de Israel y Siria. En primer lugar, intentaron poner en el reino del Sur a un monarca antiasirio que simpatizara con el proyecto bélico de Israel y Siria (Is 7.1-7), y organizaron una campaña militar contra Judá, ejerciendo presión contra la ciudad de Jerusalén. Acaz, sin embargo, mantuvo su negativa a incorporarse al proyecto militar contra Asiria, pues estaba en medio de una muy importante serie de luchas contra los moabitas y los filisteos, al este y oeste de sus territorios, que le impedían abrir otro frente de guerra en el norte.

En ese entorno saturado de conflictos bélicos e inestabilidad política, el rey Acaz reconoció el poder y la autoridad de Tiglat Piléser III, le pagó sus tributos, y le pidió a poyo y protección a Asiria ante las amenazas israelitas y sirias. La intervención de Tiglat Piléser III fue decisiva y fulminante: Atacó a Samaria y Damasco, y terminó con el asedio de Jerusalén y la posibilidad de derrota del reino del Sur. Sin embargo, aunque Judá logró superar la crisis contra Israel y Siria, se convirtió en un estado vasallo de Asiria, y le pagaba fuertes tributos.

El testimonio bíblico en torno al sometimiento del rey Acaz ante Tiglat Piléser III, es muy elocuente y crítico (2R 16.10-16). El rey de Judá no solo fue a Damasco para llevar personalmente los tributos al monarca asirio, sino que aceptó las imposiciones para hacer reformas en el templo de Jerusalén. ¡Acaz fue fiel súbdito del imperio asirio toda su vida! Ese sometimiento servil tuvo consecuencias religiosas de importancia, pues levantó en el templo una estatua al estilo asirio. La decisión de pedir apoyo militar de Asiria para superar la crisis contra Israel y Siria trajo la aceptación del imperio asirio en medio de las realidades políticas y religiosas en Judá.

Dos profetas bíblicos llevaron a efecto sus ministerios en el período de la guerra siro-efraimita. En sus oráculos, se ponen de manifiesto claramente las injusticias sociales y los desafíos políticos que se vivían en esos años. Isaías, por ejemplo, destaca los temas de la justicia y fidelidad a Yahvé (Is 7.1-17). Las decisiones políticas y militares de Acaz, son para Isaías demostraciones claras de su desconfianza en Dios, y su rechazo a las promesas divinas.

El nacimiento especial del niño Emanuel –que significa, Dios con nosotros–, es una manera profética de afirmar la necesidad e importancia de renovar el pacto del Señor con su pueblo; además, esa profecía revela la falta de confianza y fe del rey de Judá, y anuncia la inminente derrota de la coalición siro-efraimita contra los asirios. Para Isaías, la confianza del rey y del pueblo de Judá debe estar puesta en las promesas de Dios, especialmente relacionadas con la dinastía de David en el trono de Jerusalén.

Miqueas sigue la tradición profética de Isaías durante el mismo período. Su objetivo primordial era identificar con precisión las dificultades relacionadas con la crisis profunda de Judá: La opresión de los pobres, los abusos de las clases gobernantes del país, y la corrupción del liderato nacional en los diversos niveles políticos y sociales de la sociedad. De acuerdo con Miqueas, la seguridad que se vivía en Jerusalén era falsa e imprudente: ¡La ciudad estaba plagada de crímenes, llena de injusticias, y saturada de corrupción (Miq 3.9-11)! Las desgracias que profetizaba Miqueas, ¡que llegaban hasta ver a Jerusalén en ruinas!, se fundamentaban en la falta de fidelidad que tenían sus ciudadanos en Dios (Miq 1.2; 6.1-5).

Los oráculos de Isaías y Miqueas fueron revisados con el tiempo por sus discípulos y seguidores. El propósito era actualizar los mensajes a las nuevas realidades políticas y sociales del pueblo. Durante el período exílico, los nuevos profetas predecían la restauración nacional, usando las palabras de Isaías y Miqueas, entre otros profetas. Un magnífico ejemplo de esas relecturas proféticas es el mensaje de la conversión y gloria futura de Judá. Uno de esos mensajes, el del nacimiento del Mesías, que afirma la dinastía de David (Miq 5.1-6), es fuente de esperanza y seguridad en el Dios que es capaz, de acuerdo con los profetas, de restaurar a su pueblo, aún desde las ruinas y angustias del exilio.

Reformas religiosas e infidelidad nacional (2R 18—21)

Las narraciones de la Biblia, especialmente las reflexiones deuteronomísticas, destacan y celebran las ejecutorias del rey Ezequías. Las acciones y decisiones del monarca son evaluadas de forma positiva, especialmente las decisiones que se relacionan con la centralización del templo de Jerusalén y sus actividades. Esas decisiones y reformas ciertamente respondían mucho mejor a su programa político y de unidad nacional, que a sus intenciones religiosas o teológicas. En efecto, las llamadas reformas espirituales y teológicas del rey Ezequías, deben ser vistas como decisiones que beneficiaron la administración pública del monarca, pero que también tuvieron repercusiones religiosas.

De singular importancia en los relatos que se encuentran en la literatura cronista (2Cr 30.1), podemos identificar y destacar la invitación y las motivaciones que presentó el rey Ezequías a los israelitas que quedaban en Efraín y Manasés, para que regresaran a Jerusalén a celebrar la fiesta de la Pascua. Era una forma de destacar la idealidad del culto único y central en Jerusalén, que ciertamente constituía una gran conveniencia política y económica para Judá. Relacionado con esas reformas y transformaciones religiosas, se desarrolló un espíritu nacionalista que apoyaba las políticas oficiales de la administración de Ezequías.

Las relaciones oficiales del rey Ezequías con el imperio asirio son difíciles de evaluar y entender con certeza. Lo que sí sabemos es que llevó a efecto una política y relación de respeto y distancia, que permitió que el monarca de Judá desarrollara un programa importante de construcciones, y se preparara militarmente para posibles enfrentamientos futuros. De acuerdo con el testimonio bíblico, construyó un importante túnel, que la arqueología ha descubierto, para mantener los abastecimientos de agua en Jerusalén en tiempos de crisis, particularmente en momentos de guerra (2R 20.20; 2Cr 32.30-33).

El momento de mayor dificultad política de Judá con Asiria fue, posiblemente, cuando Ascalón y Ecrón e revelaron contra el imperio (704 a.c.), después de la llegada al trono asirio de Senaquerib. El nuevo monarca asirio llegó al poder con un proyecto militar de conquistas muy bien elaborado y firme. En primer lugar, derrotó a Merodak-Baladán de Babilonia, luego llegó a las costas fenicias y las destruyó, para finalmente dirigirse al sur, y derrotar fulminantemente las ciudades filisteas que se habían confabulado contra Asiria. Fue una campaña militar fuerte, bien organizada y destructiva. El objetivo no solo era apagar la rebelión, sino demostrar el poder de Senaquerib, y dar un escarmiento a las naciones vecinas.

Judá se involucró en este conflicto de forma indirecta y casi involuntaria. El pueblo de Ecrón le entregó a Ezequías su rey, Padi, pues había mostrado algún nivel de lealtad al imperio asirio. Con el rey enemigo en sus manos, fue muy difícil para Ezequías evitar la intervención militar de Asiria.

De acuerdo con las crónicas de Senaquerib, los ejércitos asirios se apoderaron de 46 ciudades de Judá, y tomó cautivo al rey Ezequías, y lo mantuvo cautivo en su propia ciudad, Jerusalén (2R 18.13-19, 34; Is 36—37). En ese contexto bélico de tensión, ansiedad e inseguridad, la ciudad de Jerusalén fue firmemente asediada por los soldados asirios, hasta que finalmente pagó tributos muy fuertes, que evitaron su destrucción total a manos del ejército invasor. Tras estas campañas militares, los ejércitos asirios regresaron a Babilonia, para responder a otra rebelión en ese sector del imperio.

Ese mismo período fue el contexto histórico de una serie importante de profecías de Isaías. En primer lugar, presenta una serie de oráculos contra Egipto, que representaba un poder militar y político capaz de hacer frente al imperio asirio. Para Isaías, la milicia egipcia no era lo suficientemente fuerte y poderosa como para hacer frente a las amenazas y agresiones asirias (Is 18.1-2, 4; 30.6-8). Además, el profeta critica fuertemente los esfuerzos diplomáticos de Judá, pues una alianza con Egipto en ese momento era tanto inútil como peligrosa (Is 30.1-5; 31.1-3).

Los mensajes de Isaías, además, denuncian a Judá por los infructuosos preparativos militares que llevan a efecto (Is 22.8-11), la actitud falsa e hipócrita que manifiestan de los líderes del pueblo (Is 28.7-13,14-18), y el sentido irresponsable e irracional de triunfalismo, que no se percata que el pueblo está en medio de sufrimientos extremos (Is 1.4-9; 22.1-14). En efecto, los oráculos de Isaías respondían no solo a las realidades políticas que se mostraban en el pueblo y la sociedad, sino que llega a las causas internas y subyacentes que con el tiempo propiciaron la derrota y destrucción final del reino de Judá.

La administración de Manasés, que sucedió en el trono de Judá a su padre Ezequías, estuvo muy bien caracterizada por el sometimiento político a las fuerzas del imperio asirio. Esta percepción de las dinámicas internas y la política internacional en Judá se confirman en los anales internos de Asiria, que indican que el reino del Sur y sus reyes, tanto Manasés como su hijo Amón, fueron sus vasallos serviles. La realidad política de Judá es que la independencia que tenían sus gobernantes era ínfima. Inclusive, en el territorio de Judá se establecieron varios contingentes militares asirios, que supervisaban las decisiones y acciones de los monarcas en Jerusalén.

De singular importancia, en la comprensión del poder asirio en este período de la historia de Judá, es un comentario bíblico referente a que el rey Manasés estuvo preso en Babilonia (2Cr 33.11). Ese confinamiento temporal del monarca se produjo posiblemente en el contexto de llevar los tributos anuales del reino de Judá al emperador asirio. Aunque es posible que Manasés haya tenido alguna responsabilidad en el levantamiento contra Asurbanipal en el 659 a.C.

La evaluación bíblica de Manasés y Amón no es la mejor. Entre las razones que se presentan para comunicar el juicio negativo de sus acciones, están sus actitudes frente a los cultos paganos y a las divinidades de la fertilidad, y la idolatría. El rey Manasés no siguió la política de centralización del culto que había comenzado su padre, Ezequías. En todo el territorio de Judá, se presentaban cultos paganos y ritos idolátricos, para el escándalo de los fieles a Yahvé y singularmente a los profetas. Inclusive, en el templo de Jerusalén se habían erigido altares para venerar a las divinidades asirias, y hasta se llevaban a efecto ritos de prostitución sagrada.

Durante el reinado de Amón, el hijo de Manasés, las actitudes permisivas contra la idolatría continuaron. Y en medio de todas esas complejas dinámicas sociales, políticas y religiosas, un grupo de oficiales del reino organizó un golpe de estado, y asesinó a Amón. El pueblo rechazó abiertamente las actividades insurreccioncitas de los golpistas y pusieron en el trono a Josías su hijo, aunque tenía solamente 8 años de edad.

Una singular evaluación religiosa y teológica de este período se encuentra en los mensajes del profeta Sofonías. El ministerio de este singular profeta se desarrolla en la época que incluye las diversas monarquías en Judá, que van desde la administración de Ezequías hasta Josías. El tema recurrente en sus oráculos es el rechazo a los cultos paganos y extranjeros, además de criticar con firmeza a los funcionarios del monarca, que se vestían como los asirios, que era una manera de rechazar las influencias foráneas, especialmente las del imperio asirio (Sof 1.8).

Las reformas de Josías (2R 22—23)

La llegada al poder de Josías coincide con una transformación en la política internacional. Por el desarrollo y crecimiento de los grupos medos y babilónicos, el imperio asirio comenzó a dar signos de crisis interna, deterioro y declive. En esos años, el rey de los medos, Nabopolasar, desafió abiertamente al imperio asirio, invadió su capital Nínive, y la destruyó en el año 612 a.c.

En ese contexto de transición política en el imperio, donde se manifestaba debilidad en la comunidad asiria, y cuando los medos no se habían afianzado aún en el poder nacional e internacional, Josías llevó a efecto unas reformas religiosas de gran valor teológico, y con una importancia económica y política determinante (2R 22.3; 2Cr 34.3). El elemento fundamental de esta importante reforma era la centralización del culto en Jerusalén y la eliminación de los cultos paganos. Esos dos factores tenían implicaciones políticas de gran importancia, pues le devolvía el papel central de la capital de Judá, y se rechazaban las influencias extranjeras representadas en las actividades religiosas.

De acuerdo con las narraciones de las Sagradas Escrituras (2R 22—23), la reforma de Josías se produce en el contexto de un descubrimiento de valor extraordinario: ¡Encuentran en el templo de Jerusalén el libro de la Ley (por el año 621 a.C.)! Tradicionalmente el texto encontrado se relaciona con el libro del Deuteronomio. Ese singular descubrimiento genera las dinámicas sociales, espirituales y emocionales necesarias para organizar una reforma religiosa mayor en medio de las realidades cotidianas del pueblo.

Respecto a este tema, es importante señalar que los "descubrimientos de libros" con autoridad especial en la antigüedad, forman parte de la cultura amplia del Oriente Medio antiguo. Encontrar un manuscrito en algún templo o lugar sagrado, era un tema literario recurrente e importante en el mundo antiguo. El propósito de este tipo de descubrimiento era incentivar cambios y reformas en la sociedad, que tuvieran el aval de un documento antiguo, con autoridad moral y reconocimiento espiritual de la comunidad. Estas dinámicas de descubrimientos de libros se manifestaban tanto en Babilonia como en Egipto.

El origen y naturaleza del libro descubierto es complicado, aunque podemos pensar que se fundamenta narraciones y leyes relacionados con el Código del Pacto (Éx 20.21—23.19). Los levitas deben haber cuidado estos manuscritos, que contenían tradiciones muy antiguas de las enseñanzas y Leyes de Moisés. Es posible que, con la destrucción del reino del Norte (725-722 a.C.), algunos de los exiliados, tanto sacerdotes como levitas, lo llevaran a Jerusalén. Ya en la capital del reino de Judá, se ubicó en alguna de las instalaciones del templo de Jerusalén.

El rey Ezequías utilizó estas enseñanzas mosaicas básicas en sus reformas, aunque debe haber añadido algunas secciones que apoyaran sus esfuerzos de transformación nacional, p.ej., las instrucciones en torno a la centralización del culto en Jerusalén, que constituía uno de los componentes centrales de su programa de transformación nacional (Dt 12; 14.22-29; 15.19-23; 16.1-7).

El libro descubierto en la época de Josías debe haber sido parte de los rollos antiguos traídos desde Samaria después de la caída del reino del Norte, con las revisiones que respondían a las reformas previas del rey Ezequías. En el contexto de las reparaciones y el mantenimiento del templo de Jerusalén, se descubre este libro olvidado en algún lugar de las instalaciones religiosas, y se reencuentra su significado nacional y afirma su pertinencia histórica. Para el rey Josías, el texto descubierto tenía gran valor religioso y político, pues sirvió de fundamento teológico y de base moral para llevar a efecto sus reformas que formulaban e incentivaban un nuevo pacto entre Yahvé y su pueblo.

Las lecturas atentas del libro de Deuteronomio, que ciertamente son el fundamento literario y teológico del libro descubierto en el templo, revelan el gran impacto que debió haber tenido las enseñanzas y aplicaciones del manuscrito. Con este descubrimiento, el rey Josías afirmó, y el pueblo recibió, una serie de valores y recomendaciones de gran valor político y espiritual. Desde la perspectiva política, el libro de la Ley incentiva la democratización de los sistemas gubernamentales; desde el ángulo religioso, afirma la importancia de la centralización del culto en Jerusalén; desde la óptica espiritual, rechaza las prácticas idolátricas de las comunidades cananeas; y desde la dimensión social, las enseñanzas del libro apoyan esfuerzos importantes para la implantación de la justicia.

Para el rey Josías, el corazón de la reforma se relacionaba con la centralización del culto en un solo lugar, Jerusalén. Esa comprensión de la sociología de la religión no solo afirmaba su compromiso religioso con las tradiciones de la Ley, sino que era muy conveniente para el desarrollo de una política nacional de unidad y centralización administrativa. El rey de Judá utilizó el recién descubierto libro que ciertamente incluía, por lo menos, el fundamento del libro del Deuteronomio.

Las nuevas políticas religiosas y administrativas de Josías tomaban muy bien en consideración al reino del Norte. Un magnífico ejemplo de esos intentos de llevar la reforma fuera de sus fronteras fue su invitación a los ciudadanos del reino de Israel a participar activamente de la renovada fiesta de la Pascua. Ciertamente, esa decisión tenía muy claras connotaciones, tanto religiosas como políticas: Las decisiones administrativas relacionadas con la reforma del monarca de Judá, llegaban con autoridad a territorios que antiguamente se asociaban con el reino del Norte.

Crisis final del reino del Sur (2R 23—25)

El movimiento de reforma que comenzó Josías culminó de forma trágica y abrupta con la muerte del rey en Meguido. La implantación de los cambios sociales, políticos, económicos y religiosos de Josías no pudieron superar el vacío de poder que se generó con la muerte de su promotor más importante. En un ambiente de transiciones internas, y de volatilidad internacional, las importantes reformas de Josías pasaron a un plano secundario, y posteriormente cayeron en el olvido, ante la serie de cambios en el panorama político internacional en la región.

El avance de los ejércitos de Babilonia en medio del imperio asirio, y la caída de la importante ciudad de Nínive, presagiaban su inminente final como potencia internacional en el panorama político regional. En el año 612 a.C. los asirios perdieron en Nínive, y luego en el 610 a.C. sufrieron una derrota fatal en Jarán, en donde se habían refugiado. Y aunque el faraón egipcio, Necao II (609-593 a.c.), trató de ayudar a sus antiguos enemigos asirios, quizá para mantener un balance en el poder político en el Oriente Medio, los esfuerzos fueron infructuosos y los babilónicos se pusieron en una posición de victoria inminente.

Las decisiones políticas y militares del rey de Judá, Josías, no fueron las más convenientes para la seguridad nacional del reino del Sur. Los ejércitos egipcios, que para llegar a combatir a los babilónicos y apoyar a los asirios debían pasar por Palestina, encontraron resistencia en los territorios de Judá, pues Josías decidió enfrentarlos militarmente. La crisis militar llegó a su punto máximo en la batalla en Meguido (609 a.C.), y Necao II, en su paso hacia Asiria, mató a Josías y puso en su lugar a uno de sus hijos, Joacaz.

Los egipcios finalmente no pudieron evitar la derrota de los asirios, y los babilónicos se impusieron como una potencia política y militar mayor en la región. Sin embargo, aunque el faraón Necao II no pudo detener las transiciones de poder en Mesopotamia, y Babilonia surge como un nuevo imperio en el Oriente Medio, los egipcios quedaron en una posición de poder en la región siro-palestina.

Una vez culminaron las campañas militares egipcias en Mesopotamia, sus ejércitos regresaron al reino del Sur, y destituyeron y encarcelaron al rey de Judá, Joacaz. En su lugar, pusieron a otro de los hijos de Josías, Eliaquín, a quien en una demostración de autoridad y poder, le cambiaron el nombre a Joacim. La presencia militar egipcia en Judá, y el cambio de nombre del nuevo rey, son demostraciones fehacientes de la soberanía de Egipto en Judá, que tuvo que pagar un precio muy alto al faraón, en términos económicos, sociales y políticos.

Los años finales del siglo séptimo a.C. (605-601 a.C.), estuvieron llenos de guerras y cambios políticos abruptos en el Oriente Medio. Aunque Nabucodonosor de Babilonia derrotó a Necao II de Egipto en el 605 a.C., los ejércitos egipcios lograron recuperarse y derrotar a los babilónicos en el 601 a.C. Esos cambios de poder en la región, posiblemente hicieron que Joaquín se revelara contra Babilonia, ciertamente con la ayuda de Egipto. En ese ambiente de volatilidad y crisis internacional, en Judá se manifestaba una división política e ideológica importante, pues el pueblo dividió sus lealtades hacia Egipto o Babilonia.

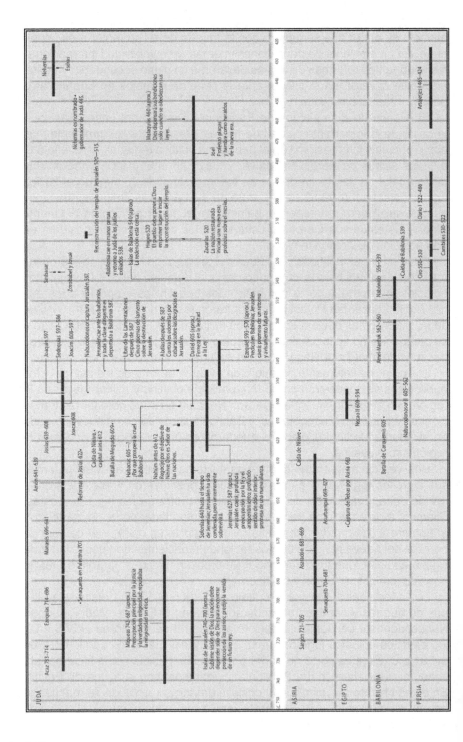

El rey Joacim, quizá motivado por algunas promesas egipcias, decidió revelarse contra Babilona, y el resultado para su administración, fue nefasto: El pequeño reino de Judá, que no tenía el poder político ni las fuerzas militares necesarias para resistir los avances violentos de los ejércitos babilónicos, fue derrotado, destruido y devastado de forma fulminante. De acuerdo con las crónicas babilónicas, el asedio de Jerusalén comenzó el día segundo del mes de *adar* (mediados de marzo) del año 597 a.C.

El programa de conquista y destrucción de los ejércitos babilónicos, liderados por Nabucodonosor, contaron con el apoyo de varios vecinos de Judá, p.ej., amonitas, moabitas y arameos. En medio del asedio de Jerusalén, el rey Joacim muere, y le sucedió su hijo, Joaquín llamado también Jeconías, quien se rinde ante los firmes avances babilónicos. Ya en la época de Joaquín se presagiaba el triunfo de los babilónicos, pero el rey no se percató de esa realidad histórica que cambió de forma sustancial, no solo la historia en la región, sino transformó la política y las realidades sociales y religiosas en Jerusalén.

En ese contexto de triunfo militar y celebración, Nabucodonosor tomó varias decisiones de gran importancia política: Saqueó y tomó los tesoros del templo, y deportó a la familia real, un importante grupo de artesanos, y gran parte de la población dirigente del pueblo. Además, puso en el trono de Judá a otro hijo de Josías, Matanías, a quien le cambiaron el nombre a Sedequías, para poner claramente de manifiesto que iba a ser un monarca servil al imperio babilónico. Los babilónicos no tenían la política de deportar a grandes sectores de los pueblos derrotados, como los asirios hicieron con el reino del Norte.

Sedequías de esa forma se convirtió en el último rey de Judá en la tradición de la dinastía de David. Sin embargo, las complejidades políticas, sociales y económicas de una ciudad como Jerusalén, destruida, y los desafíos políticos y militares de un ambiente internacional en transición de poder, puso claramente de relieve la incapacidad administrativa y desorientación de Sedequías. Su actitud vacilante ante el profeta Jeremías (Jer 32—38), y su aceptación de las nuevas recomendaciones egipcias, demuestran que no estaba a la altura de los tiempos.

En medio de esas complejidades internas en Jerusalén, y desafiado por las potencias internacionales, Sedequías decidió revelarse nuevamente contra el nuevo imperio babilónico, pero en esta ocasión las consecuencias fueron devastadoras y finales. El rey de Judá, inspirado por los faraones egipcios –p.ej., Psamético II y Ofrá–, y apoyado por otros grupos regionales –p.ej., Amón, Moab, Tiro, Sidón y Edom–, desafió la autoridad babilónica, y la respuesta de Nabucodonosor, no se hizo esperar.

La repuesta de los ejércitos babilónicos fue fulminante: Establecieron un centro de mando al norte de Israel, en Riblá, a las orillas del río Orontes, para reconquistar primeramente las regiones fenicias; posteriormente se dirigieron al sur, para derrotar a los filisteos que se habían incorporado en la rebelión; para finalmente llegar a Jerusalén. Los ejércitos egipcios trataron de apoyar los esfuerzos militares de los aliados contra Babilonia, pero al ser derrotados, se regresaron a Egipto.

La ciudad de Jerusalén resistió valientemente por 18 meses los avances y el sitio militar de Nabucodonosor, pero cayó finalmente en el 586 a.C. Las acciones de los babilónicos fueron fulminantes y mortales: El rey Sedequías trató de huir ante el triunfo enemigo, pero fue capturado y llevado al centro de mando regional en Riblá, donde luego de presenciar la matanza de sus hijos, le sacaron los ojos; además, la ciudad fue devastada, el templo destruido, varios sacerdotes y líderes prominentes fueron asesinados, y otro sector de la población fue deportada a Babilonia.

Tras la derrota del reino del Sur y devastación de Jerusalén, Nabucodonosor puso en el poder a una persona notable de la ciudad, Guedalías, como responsable de la administración. El nuevo líder parece ser una persona reconocida en la ciudad, pues su familia había desempeñado funciones de importancia en la historia del pueblo (p.ej., su abuelo, Safán (2R 22.3), fue ayudante de Josías, y su padre fue parte del proyecto de la profetisa Huldá (2R 22.14). Y como Jerusalén había quedado en ruinas, el poder administrativo se trasladó a Mispá, a donde llegaron representantes de todo el pueblo, para presenciar el juramento público de fidelidad que hace Guedalías al monarca babilónico (2R 25.24).

Sin embargo, las dinámicas políticas internas en Judá no estaban calmadas, pues había en el pueblo, y específicamente en los sectores militares, sentimientos encontrados respecto a la fidelidad del gobernante de Judá ante el imperio babilónico. Esas inseguridades sociales y políticas, unidas al rechazo de la subordinación política, hicieron que Ismael, que provenía del linaje de David, se revelara contra las autoridades de Judá y Babilonia, y asesinara a Guedalías y su infraestructura inmediata de apoyo administrativo. El resultado inmediato de esas acciones revolucionarias fue que el resto de las autoridades del reino del Sur, huyeran a Egipto, dejando un muy serio vacío administrativo en Jerusalén.

Profecía y política: El caso de Jeremías

De acuerdo con los documentos bíblicos, Jeremías comenzó su labor profética durante la administración del rey Josías, por el año 627 a.C. Su tarea profética se llevó a efecto en el contexto previo e inmediato de la reforma religiosa que el monarca organizó en el reino del Sur. La teología de Jeremías parece influenciada por el libro del Deuteronomio, e incentiva la conversión del pueblo de Judá (Jer 2.1; 4.4; 3.6-18), y predice las invasiones de ejércitos que provienen del norte (Jer 1.13-16; 4.5—6.30; 10.22).

De singular importancia al estudiar los oráculos de Jeremías, es notar la pertinencia de sus mensajes, que responden de forma directa a las realidades históricas, y presentan los reclamos divinos ante los desafíos políticos, sociales y económicos del pueblo. El profeta estaba consciente que la llegada de Babilonia al teatro político y militar del Oriente Medio constituía un factor de cambio en el balance de poder internacional, que tenía consecuencias inmediatas en Judá.

Para responder con pertinencia a esas nuevas realidades políticas nacionales e internacionales, dirige una serie de oráculos a los reyes, Joaquín y Jeconías, pues critica duramente el tipo de administración pública que subestima la justicia en favor de construcciones lujosas en el palacio real, y rechaza las políticas antibabilónicas de esos reyes; además, el profeta Jeremías, tiene una serie de conflictos con el rey Joaquín, pues sus actitudes antibabilónicas ponían en peligro el futuro del pueblo de Judá.

Los oráculos que presagian la invasión de Judá por el norte son reveladores. El profeta estaba muy bien enterado de las dificultades internacionales, que desafiaban la estabilidad política y el futuro histórico del reino del Sur. Esa comprensión de los conflictos más amplios en la región le permitió a Jeremías visualizar el peligro que constituía una invasión por el norte, por la antigua ciudad de Dan (Jer 8.16). Y en su carta a los exiliados del año 597 a.C., les invita al reconocimiento del poder y la autoridad de Babilonia, pues la estabilidad y prosperidad del imperio, tendría repercusiones positivas para el pueblo de Judá. En efecto, la relación íntima entre religión y política se pone claramente de manifiesto en el ministerio de Jeremías.

La vida y estabilidad del reino que se estableció en la antigua región cananea en la época de Saúl, y que llegó a un punto culminante en los tiempos de David y Salomón, se vio muy seriamente afectada por su ubicación geográfica. Las tierras que formaban parte de esas monarquías eran el te- rritorio por donde pasaban las caravanas comerciales interregionales, que propiciaban la prosperidad económica y social. A la vez, por estar ubicados en medio de esas vías, que también llevaban soldados entre Babilonia y Egipto, los reinos del Norte y del Sur se vieron afectados adversamente y de forma reiterada, por invasiones que intentaban utilizar sus territorios como un tipo de puente político y militar, para llegar a enemigos y amigos distantes.

La monarquía: Logros y dificultades

En el mundo del oriente Medio, el pueblo de Israel se organizó políticamente como una monarquía, relativamente tarde en la historia. En el siglo x a.C., ya las naciones que rodeaban las fronteras de la antigua Canaán habían establecido sistemas de gobierno monárquicos, que estaban arraigados en el pueblo, cuando comenzó el experimento político y social en Israel. Al principio, es importante notar que, según las narraciones bíblicas, tuvo el nuevo proyecto político recibió rechazos fuertes de diversos sectores de la comunidad, especialmente en relación con la transición de Samuel –que era líder político y militar, además de caudillo y profeta–, a Saúl, el primer monarca establecido con su corte real en Israel.

Posiblemente durante el reinado de David, los vecinos de Israel notaron no solo la presencia de un nuevo actor político en la región, sino que comenzaron a sentir las ejecutorias internacionales del nuevo rey. En un período cuando Asiria estaba en decadencia, y con instabilidad política y económica interna, David aprovechó la coyuntura política para conquistar naciones vecinas, y posteriormente Salomón afianzó esos logros, y los desarrolló aún más con un proyecto diplomático internacional, fuerte y definido.

Israel, sin embargo, no disfrutó esos logros políticos, económicos, militares y diplomáticos por un período largo, pues la división del reino causó, no solo instabilidad política, dificultades sociales y crisis económicas en las nuevas monarquías divididas, sino que debilitó seriamente la infraestructura militar, que podía responder con firmeza a las amenazas de los imperios y las potencias internacionales, que ya se reorganizaban para regresar a la conquista.

La reaparición y reorganización del imperio asirio, trajo como consecuencia inmediata que los logros políticos, sociales, económicos y militares de la administración de una monarquía unida, como fue la administración de David y Salomón, se fueran desvaneciendo, poco a poco en la historia. La realidad político-militar, fue que dos reinos divididos, resultaron presa fácil ante los avances serios y muy bien organizados de Asiria. En primer lugar, Israel cayó derrotado de forma fulminante en el 722 a.C. Posteriormente le llegó el turno a Judá, que corrió la misma suerte en el 586 a.C., y cayó ante los avances imperialistas babilónicos de Nabucodonosor y sus ejércitos.

Política y religión en el período de la monarquía

En el Oriente Medio antiguo, la política y la religión eran dos aspectos de una misma realidad social e histórica. El pueblo de Israel vivía en un mundo donde tanto la política afectaba directamente la religión, como la religión incursionada con fuerza en el mundo de la política. Las fronteras entre esas dos importantes vertientes sociales no estaban bien definidas. Esas percepciones del mundo y comprensiones de la sociedad deben tomarse muy seriamente en consideración al estudiar la historia de todo el período monárquico en Israel.

Para comprender mejor esas dinámicas, se deben tomar en cuenta los mundos religiosos en Babilonia, Egipto y Canaán. Cada una de estas sociedades tenían percepciones diferentes de las divinidades y de sus influencias en la sociedad. Fueron las percepciones religiosas de esas naciones vecinas, con sus respectivas implicaciones políticas de importancia, las que influenciaron el mundo religioso y político de los israelitas.

CRONOLOGÍA APROXIMADA DE LOS REYES DE ISRAEL Y JUDÁ

Judá	Israel
Roboán (931-914 a.C.)	Jeroboán (931-910 a.C.)
Abías (913-911 a.C.)	Nadab (910-909 a.C.)
Asá (911-870 a.C.)	Basá (908-886 a.C.)
	Elá (885-884 a.C.)
	Zimri (884 a.C.)
	Omrí (884-874 a.C.)
	Acab (874-853 a.C.)
Josafat (870-848 a.C.)	
	Ocozías (853-852 a.C.)
Jorán (848-841 a.C.)	Jorán (852-841 a.C.)
Ocozías (841 a.C.)	
Atalía (841-835 a.C.)	Jehú (841-814 a.C.)
Joás (835-796 a.C.)	
	Joacaz (813-797 a.C.)
Amasías (796-767 a.C.)	Joás (797-782 a.C.)
Azarías o Uzías (781-740 a.C.)	Jeroboán II (782-753 a.C.)
	Zacarías (743 a.C.)
	Salún (734)
Jotán (740-736 a.C.)	Menajem (743-738 a.C.)
	Pecajías (738-737 a.C.
Acaz (734-722 a.C.)	Pécaj (737-732 a.C.)
	Oseas (732-724 a.C.)
	Caída de Samaria (722 a.C.)
Ezequías (716-687 a.C.)	
Manasés (687-642 a.C.)	
Amón (642-640 a. C.)	
Josías (640-609 a.C.)	
Joacaz (609 a.C.)	
Joacim (609-598 a.C.)	
Joaquín o Jeconías (598 a.C.)	
Sedequías (598-586 a.C.)	
Caída del reino de Jerusalén: 586 a.C.	

Desde la perspectiva babilónica, el dios Marduc ocupaba un lugar central en el mundo, pues fue agente de creación al derrotar a la diosa Tiamat. El orden de la creación, que impide la manifestación de las fuerzas antagónicas del caos, es mantenido por las actividades de Marduc. En Egipto, que también mostraba preocupación por el orden del cosmos, las múltiples divinidades jugaban un papel protagónico en el balance y el mantenimiento de la estabilidad natural. En Canaán, la presencia de los dioses El y Baal, representan el poder creador y de la fertilidad; y las montañas eran centros de culto a esas divinidades antiguas.

La respuesta teológica de los israelitas, esas influencias religiosas procedentes de Babilonia, Egipto y Canaán, fue firme, decidida y continua. David, por ejemplo, ordenó la construcción de un templo en Jerusalén, que singulariza a un pueblo escogido y a un monarca, que es hijo de Dios y representante divino en el mundo. Su hijo y heredero político, Salomón, construyó el templo, que servía de centro religioso y político del país.

Un componente singular de las relaciones entre lo político y lo religioso, es la presencia y el mensaje de los profetas bíblicos. Estos agentes de cambio, que hablaban en nombre de Dios, tenían una responsabilidad teológica de llegar a las autoridades políticas de la época, pues al llegar a los monarcas, influenciaban al resto de la sociedad. Con sus oráculos, los profetas se convirtieron en la consciencia moral del pueblo, y llegaron a convertirse en la esperanza nacional. Mientras los monarcas, que no necesariamente vivían a la altura de las exigencias éticas y espirituales de las enseñanzas de la Ley de Moisés, los profetas eran los agentes que los llamaban al arrepentimiento y la conversión. Además, fueron los profetas los agentes divinos que impidieron que las influencias religiosas de otros pueblos se incorporaran en los estilos de vida y percepciones religiosas del pueblo. La institución de la profecía fue uno de los instrumentos más importantes del pueblo de Israel, pues le recordaba a los monarcas y al pueblo, que la fuente última de autoridad religiosa y política era Dios, no el rey de turno.

XI
EXILIO (597, 586-539 a.C.) Y
POSEXILIO (539-333 a.C.)

Cuando el Señor hizo volver a Sión a los cautivos,
nos parecía estar soñando.
Nuestra boca se llenó de risas;
nuestra lengua, de canciones jubilosas.
Hasta los otros pueblos decían:
«El Señor ha hecho grandes cosas por ellos»
Sí, el Señor ha hecho cosas grandes por nosotros,
y eso nos llena de alegría.
Ahora, Señor, haz volver a nuestros cautivos
como haces volver los arroyos del desierto.
Salmos 126.1-4

Destrucción y crisis en el reino de Judá

El triunfo de los ejércitos de Nabucodonosor sobre Judá trajo de inmediato, al reino y sus ciudadanos, nefastas consecuencias políticas y económicas. La devastación física de la ciudad y el saqueo de los tesoros nacionales, junto a las deportaciones de ciudadanos clave en la administración nacional, trajeron desorientación social, emocional y espiritual al pueblo. Las personas que quedaron en Jerusalén veían continuamente la naturaleza de la desolación y la extensión de la destrucción; los que llegaron a Mispá vivían en medio de inseguridades, preocupaciones y limitaciones; y los grupos de deportados al corazón del imperio babilónico sintieron físicamente el golpe personal y familiar mayor como resultado de las políticas de triunfo militar de Nabucodonosor.

En medio de ese marco político, social, económico, emocional y espiritual de derrota, destrucción y crisis los diversos grupos judaítas intentaban identificar el origen de las dificultades; además, deseaban comprender la extensión de las calamidades, e intentaban sobrevivir en medio de las nuevas realidades bajo la autoridad y el poder del imperio babilónico. La historia, en efecto, tomó un nuevo giro político con la llegada de Nabucodonosor al mundo del Oriente Medio. El reino de Judá, así como la región en general, vivió las consecuencias de las nuevas políticas imperialistas de Babilonia.

El imperio babilónico

Aunque Babilonia se levantó rápidamente y con mucha fuerza política y militar, en el contexto amplio de las naciones del Oriente Medio por el siglo vi a.C., su imperio no duró mucho tiempo. Las intrigas internas de palacio y la inestabilidad política generaron un ambiente de inseguridad, que afectó muy seriamente la estabilidad del gobierno y la capacidad de mantener el imperio a los gobernantes babilónicos.

Tras la administración efectiva y las políticas firmes de Nabucodonosor (605-562 a.C.), llegó al poder del imperio Evil Merodac (562-560 a.C.), que de acuerdo con los testimonios bíblicos indultó a Joaquín (2R 25.27-30; Jer 52.31-34). Su gobierno, sin embargo, fue muy breve, pues rápidamente fue asesinado. Le sustituyó Neriglisar (560-556 a.C.), que tampoco estuvo en el trono por mucho tiempo y fue sustituido por su hijo, Labasi-Marduc, que igualmente fue asesinado por quienes apoyaban en el trono a Nabónido (555-539 a.C.). En solo unas cuantas décadas, el esplendor político de Babilonia y el poder militar, que habían demostrado con firmeza en Jerusalén, se fueron desgastando, hasta el punto de que cedieron ante los avances políticos y militares de Persia, que también tenía unas muy firmes y claras políticas imperialistas.

El período de Nabónido en el trono de Babilonia fue singular, pues una vez llegó al poder, se retiró a Arabia a disfrutar y descansar en los oasis de Temá. Como sucesor inmediato, dejó en el trono a su hijo, Bel-shar-usur, que es conocido como Belsasar en el libro de Daniel (Dn 5.1). Esos cambios gubernamentales abruptos generaron las siguientes dinámicas: Inestabilidad administrativa y social, desorganización política y económica, y desorientación e impotencia militar, que prepararon el camino para las invasiones y los triunfos de los ejércitos persas.

El imperio babilónico llegó a su fin no solo por sus dificultades internas. Sellaron su destrucción las políticas expansionistas de Ciro y el espíritu militarista y de conquista de Persia. Ya el general persa había derrotado los ejércitos babilónicos a las orillas del río Tigris, y esa victoria fulminante le permitió entrar triunfante a Babilonia, sin resistencia local. Inclusive, Ciro recibió el apoyo público de los sacerdotes locales, que estaban descontentos con las políticas religiosas de Nabónido, que había subestimado y devaluado el culto a Marduc, que era el dios nacional de Babilonia, y lo había sustituido por el culto a Sin, el dios de la luna.

Babilonia, después de la devastación en Jerusalén y posterior a los procesos de deportación, incorporó el reino de Judá a la provincia de Samaria. Al finalizar las campañas militares de Nabucodonosor, el reino del Sur había estaba destruido y desolado, aunque quedaban algunos habitantes que prefirieron mantenerse en sus ciudades y hogares. Varios vecinos de Judá se incorporaron al saqueo y destrucción de las ciudades tras las victorias babilónicas, entre los que podemos identificar a Edom y Amón (Ez 25.1-4).

De acuerdo con las narraciones que se encuentran en el libro del profeta Jeremías, los exiliados a Babilonia eran unas 4,600 personas. En el libro del profeta Ezequiel, se describen las formas de vida de la comunidad de deportados. En Babilonia, no eran esclavos, y podían moverse por las inmediaciones del imperio. Vivían cerca de la capital babilónica y de Nippur, que eran comunidades económicamente prósperas. Con el tiempo, los deportados del reino de Judá se incorporaron a la comunidad babilónica y prosperaron política y económicamente.

De singular importancia, para comprender las dinámicas históricas de los exiliados, debemos tomar en consideración importantes componentes teológicos. En primer lugar, vivían en tierras ajenas, en Babilonia, no en «la tierra que fluye leche y miel» que Dios mismo les había prometido al salir del cautiverio en Egipto. Además, el templo de Jerusalén, símbolo de la presencia divina, y lugar de los sacrificios del pueblo, estaba destruido. También el rey, que representaba la dinastía de David, que era signo de las promesas de Dios, estaba derrotado y deportado. Y como si fuera poco, la infraestructura religiosa, política y administrativa en la cual los deportados de Jerusalén vivían, no era la que se afirmaba y presuponía en la Ley de Moisés.

Con el tiempo, los exiliados fueron incorporándose en la sociedad, y respondieron de forma creativa y teológica a las nuevas realidades políticas y sociales. En ese contexto, la Ley, la circuncisión y la observancia del sábado se convirtieron en los pilares de la experiencia religiosa del pueblo. Es muy importante señalar, desde la perspectiva histórica, que el centro de la vida religiosa del pueblo, que en Jerusalén se relacionaba con los sacrificios en el templo, en Babilonia se asociaba al libro de la Ley; y entre las prácticas que propiciaban su identidad nacional estaban la circuncisión y el día de reposo.

Respuestas a la crisis

Aunque la experiencia exílica fue traumática, el pueblo deportado revisó su historia, sus necesidades y sus valores, para atemperarlos a las nuevas realidades en las cuales vivían. En ese singular proceso de autoevaluación, la comunidad religiosa jugó un papel protagónico. Los profetas y los sacerdotes, aunque no estaban amparados teológica, económica y sicológicamente por las estructuras físicas y emocionales del templo, incentivaron y propiciaron una novel producción literaria, que tenía como distintivo la contextualización y adaptación de las antiguas tradiciones del pueblo a las vivencias cotidianas de la comunidad. El período traumático del exilio, y también los años posexílicos, entre otros factores, fueron responsables de una magnífica actividad literaria, y se convirtieron en el marco de referencia vital de una producción teológica extraordinaria.

En el entorno de los grupos sacerdotales, se recopilaron y redactaron muchas de las antiguas tradiciones orales y escritas del pueblo. Se dio forma final a los libros de Moisés, que incorpora en sus narraciones, desde las tradiciones del desierto de los antepasados de Israel, hasta las prácticas religiosas relacionadas con el templo y el culto. Además, la Torá responde teológicamente a los mitos de creación babilónicos, y presenta dos comprensiones teológicas de la creación del mundo, la humanidad y el cosmos (Gn 1—3). En medio de esas actividades literarias y religiosas, la Ley de Moisés fue adquiriendo un valor teológico de importancia capital, y de forma paulatina fue sustituyendo al templo de Jerusalén como el centro religioso del pueblo.

La historia de Israel, tras las experiencias traumáticas del exilio, tomó un giro nuevo, a la luz de esas reflexiones críticas de los grupos sacerdotales y proféticos. Esos años de destierro fueron testigos de la redacción de una historia nacional, fundamentada en la teología del libro del Deuteronomio. Además, se compilaron los mensajes y libros de los profetas en rollos que podían usarse en los lugares de culto, conocidos posteriormente como sinagogas. De esta forma, la crisis exílica se convirtió en un buen período de creatividad literaria y teológica. El dolor fue el marco de referencia de la esperanza.

El triunfo de los ejércitos de Nabucodonosor en Judá y la victoria babilónica sobre el reino del Sur, lejos de destruir totalmente al pueblo, sirvió de base para su transformación. El trauma de la derrota permitió, a los ciudadanos de una nación pequeña y destruida por la guerra, reflexionar sobre los valores profundos en la vida, que le brindan a las personas y a las naciones identidad y sentido de dirección al futuro en la vida. El exilio les permitió a los deportados madurar espiritualmente, para reaccionar con creatividad ante las más agobiantes y nefastas experiencias en la vida.

Profetas de importancia

En ese singular proceso de reflexión histórica y análisis espiritual, la voz y los mensajes de varios profetas fueron determinantes. Esos mensajeros divinos releyeron la historia nacional, en medio de las realidades cotidianas del exilio, y decidieron presentarle a la comunidad de deportados alternativas teológicas con serias connotaciones políticas y sociales, que les permitieran vivir en Babilonia, con salud mental y espiritual, y también con buenas esperanzas de retorno a la tierra prometida, para vivir nuevamente en Jerusalén, reconstruir el templo, y disfrutar el cumplimiento de las promesas divinas.

El profeta Ezequiel llevó a efecto su ministerio en medio de la comunidad de deportados en Babilonia. Su libro pone de relieve no solo la naturaleza de las revelaciones divinas que presentó al pueblo, sino que presupone una serie compleja de realidades adversas en la vida de los deportados. Provenía de una familia sacerdotal, y experimentó las realidades exílicas desde la primera deportación (597 a.C.). Muy temprano en el desempeño de sus funciones proféticas, indicó que la experiencia del exilio no sería breve, y que las esperanzas de un retorno rápido a Jerusalén no se iban a materializar. Además, tras la primera experiencia de deportación del pueblo a Babilonia, anunció la destrucción del templo y la devastación de la ciudad. Sus primeros mensajes luego de la crisis inicial del exilio fueron de derrota y destrucción.

Tras la destrucción del templo (586 a.C.), el mensaje de Ezequiel tomó otro giro. Los oráculos de juicio y destrucción se convirtieron en palabras de esperanza y restauración. Como las profecías respondían a las necesidades reales del pueblo, en medio de las calamidades de ver el templo destruido y presenciar la desolación de la ciudad, las exhortaciones de Ezequiel movían al pueblo a confiar en las promesas del SEÑOR, que no se olvidará de su pueblo e intervendrá de forma extraordinaria para liberarlo y restaurarlo. El famoso mensaje de los «huesos secos» (Ez 37) pone de relieve esas prioridades teológicas de profeta. La esperanza se convirtió en el eje central sus mensajes.

Otro profeta de importancia en este período exílico es uno que proviene de la tradición y las enseñanzas de Isaías de Jerusalén. El mensaje de este singular profeta, generalmente conocido como Segundo Isaías o Deutero Isaías, se incluye en el libro de Isaías, en los capítulos 40—66. Los oráculos de este singular profeta se presentan por los años 550-539 a.C., y destacan la capacidad divina para salvar a su pueblo, independientemente de las crisis y las adversidades. El corazón de su mensaje, en medio de una comunidad deportada y con un profundo sentido de derrota, es que Dios tiene la capacidad y el deseo de redimir al pueblo que está oprimido en el exilio.

Para el Segundo Isaías, las calamidades que vivían los deportados eran el fruto del pecado nacional e individual del pueblo. Judá experimentaba, de acuerdo con el profeta, el resultado de sus acciones de desobediencia a Dios. Sin embargo, la teología del profeta afirma que el exilio terminará; además, indica con firmeza que pronto se levantará un libertador, que le permitirá a la comunidad de deportados regresar a Jerusalén. Inclusive, en su mensaje indica que ese nuevo instrumento divino de liberación, se llamará Ciro, proveniente de Persia, a quién también identifica como «ungido de Dios».

De acuerdo con los mensajes de este singular profeta, el único que tenía el poder de finalizar el exilio, y hacer que los deportados regresaran a Jerusalén, era Yahvé. Ese poder divino se hacía realidad en medio de la historia, mediante instrumentos humanos que en ese período era el famoso Ciro el persa. De esa forma, este extraordinario profeta del exilio destaca la teología del Dios único y creador, que demuestra nuevamente su poder y autoridad, en medio de las realidades humanas, al hacer regresar a los deportados en Babilonia a Jerusalén, como si fuera un nuevo éxodo. Esa singular alusión a la liberación de Egipto es una manera teológica de leer la historia, de comprender las vivencias del presente, tomando en consideración las experiencias vitales del pueblo en pasado.

El imperio persa (539-333 a.C.)

Los persas llegaron a ser parte del amplio mundo del Oriente Medio al asentarse al este de Elán. Su lengua era de origen indoeuropeo, y su cultura estuvo influenciada fuertemente no solo por los elanitas, sino por los medos, que también tenían mucha presencia en la región. De los medos recibieron influencias importantes, que se ponen claramente de manifiesto en la terminología utilizada en la política y la administración.

La historia persa como imperio hegemónico en la región duró como dos siglos (539-333 a.C.). Ese período fue ideológica y políticamente determinante para los pueblos conquistados y la región en general. Nuevas políticas administrativas y económicas se implantaron, y la infraestructura militar que desarrollaron se dejó sentir con autoridad en el Oriente Medio.

Cuando los persas llegan al siglo vi a.C., habían demostrado, sin reservas, que tenían poder militar, y habían puesto claramente de relieve que tenían un espíritu expansionista y afirmaban una serie extensa de políticas imperialistas. Ya habían conquistado a Ebla, y trasladaron su capital a la antigua ciudad de Susa, en un gesto no solo administrativo sino una clara manifestación de poder político. Esas transiciones se llevaron a efecto en el reinado de Teispes, hijo o descendiente de Arquémenes, de quien tomó nombre su dinastía: Arquémida. Esa dinastía persa fue muy importante en la región, pues se mantuvo en el poder hasta la aparición de una nueva estrella en la constelación política y militar de la región: Alejandro Magno. Después del reinado de Teispes, le sucedieron, Darío I y Cambises I (c. 640-560 a.C.).

Es importante tomar en consideración, que el líder que organizó a Persia como una potencia internacional fue Ciro II, conocido tradicionalmente como el Grande (559-529 a.C.). Sus logros políticos, apoyados por su firme estructura militar, incluyen el triunfo definitivo sobre los medos y la toma su capital, Ecbataná. Los ejércitos de Ciro el Grande derrotaron a Astiarges, e incorporaron a Media a su imperio. Posteriormente venció a Creso (546 a.C.), el rey de Lidia, y con ese triunfo los persas tomaron el poder en el Asia Menor.

La derrota de Creso, que tradicionalmente había sido buen aliado de los babilónicos, puso a Nabónido en una situación de precaria de crisis internacional y de debilidad nacional. Con la derrota de los ejércitos de babilonia en Opis, se abrieron las puertas de Ciro el Grande para entrar y conquistar sin resistencia militar adicional el antiguo imperio liderado por Nabónido. De esta forma se fue consolidando un poderoso y nuevo imperio en la región, liderado por los persas, bajo el mando firme de Ciro II. De singular importancia en la administración persa fue su política de respeto a las tradiciones de los pueblos sometidos, siempre y cuando no interfirieran con las decisiones del imperio, ni afectaran adversamente la seguridad nacional persa.

Con el paso del tiempo, el imperio persa se fue consolidando y conquistando otras naciones y regiones del Oriente Medio. Sustituyó a Ciro el Grande, Cambises II (529-522 a.C.), quien continuó el programa expansionista persa. En primer lugar, conquistó a Egipto, al vencer a Psamético III, e incursionar triunfante en las importantes ciudades de Pelusio, Heliópolis y Menfis (525 a.C.). Tras responder exitosamente a las rebeliones organizadas por Gautama, Darío I (522-486 a.C.) sustituyó a Cambises II.

Darío I fue responsable de varios cambios políticos y administrativos de importancia en el imperio persa. Reestructuró la administración del imperio, en 20 satrapías, que a su vez estaban organizadas en provincias y ciudades. Además, construyó una nueva ciudad, Persépolis, que convirtió en la capital del imperio. Estas decisiones administrativas le permitieron afianzarse en el poder, y también le permitieron supervisar de forma efectiva satrapías, provincias y ciudades.

Al poder persa llegó posteriormente Jerjes I (486-465 a.C.), que tuvo que enfrentar una serie importante de revueltas en Egipto, y responder con valentía a las amenazas de los grupos griegos. La derrota naval persa en Salamia, preparó el camino para la muerte de Jerjes I. Esa muerte fue parte de una conspiración interna en el imperio.

Artajerjes I (465-423 a.C.) sucedió a Jerjes I, en una transición compleja, difícil y confusa. Su llegada al poder fue parte de una serie de intrigas de palacio y conflictos en la sucesión del trono. Quizá su contribución mayor fue la derrota de los movimientos de insurrección en Egipto. Jerjes II (423 a.C.) le sustituyó por algunas semanas, y fue también asesinado como parte de la insurrección interna persa.

Darío II (423-404 a.C.) llegó al poder del imperio, y respondió con efectividad a las inestabilidades nacionales y también a las amenazas internacionales. Uno de sus logros fue detener y terminar con las rebeliones que se manifestaban en Medio y Libia. El imperio egipcio, sin embargo, durante su administración, se fortaleció y reorganizó. Esa recuperación política, económica y militar se demostró con claridad en la administración de Artajerjes II (404-358 a.C.), pues bajo su administración en Persia, Egipto recuperó su independencia.

El imperio persa fue desgastándose de forma paulatina pero continua, debido a la inestabilidad política interna, y también por la reorganización de la política internacional. Artajerjes II (358-338 a.c.) conquistó nuevamente a Egipto (341 a.c.), pero al poco tiempo fue envenenado, y murió en una conspiración interna que no se detenía, independientemente del emperador. La misma suerte corrió su sucesor, Arses (338-336 a.C.), quien también fue envenenado. Esa serie de complots y asesinatos llevó al poder a Darío II (336-330 a.c.), quien fue derrotado finalmente por Alejandro Magno, dando por terminada la hegemonía persa en el Oriente Medio.

La región de Judea bajo el imperio persa

Las políticas persas en el Oriente Medio, tras conquistar el imperio babilónico, cambiaron el panorama político de la región. Esos cambios tenían importantes repercusiones administrativas y económicas. El territorio y los ciudadanos del antiguo reino de Judá fueron testigos de esas transiciones en el poder internacional, y sintieron los resultados de las nuevas políticas imperialistas persas. La vida de los ciudadanos de Judá cambió considerablemente, tras la irrupción persa en el antiguo reino del Sur.

Después de la promulgación del famoso Edicto de Ciro, los judíos que regresaron a Jerusalén tuvieron la oportunidad de rehabilitar la ciudad, restaurar sus vidas, reconstruir el templo, además de reorganizar sus comunidades, dentro de los parámetros administrativos impuestos por Persia. Los diversos grupos, tanto los que regresaron del exilio a Jerusalén, como los que quedaron en las ciudades donde se habían asentado en la antigua Babilonia, se esforzaron por transformar la experiencia religiosa y actualizar sus actividades cúlticas a las nuevas realidades sociales y políticas.

La vida en la región de Judea se puede dividir en dos grandes períodos. Esos períodos manifiestan cambios sustanciales en las políticas persas, y también revelan las implicaciones sociales y económicas de las decisiones administrativas del imperio. Durante esos dos siglos de dominación, los judíos, además, pusieron las bases teológicas para la reorganización de la experiencia religiosa. El judaísmo fue tomando forma durante ese período, pues los judíos se dieron a la tarea de repensar la historia nacional, y restructurar las prácticas religiosas, a la luz de las nuevas realidades políticas y sociales. Los períodos exílicos y posexílicos incentivaron cambios religiosos sustanciales entre los judíos, que tuvieron no solo implicaciones éticas sino políticas y económicas.

Tras el Edicto de Ciro, los judíos que regresaron a Jerusalén comenzaron las tareas de reconstrucción nacional bajo el liderato del gobernador Zorobabel, que descendía de la familia real de Judá. Durante ese período posexílico, y como por cien años, Jerusalén formó parte de la provincia de Samaria, que a su vez pertenecía a la satrapía transeufratina. Esos años fueron testigos de la implantación continua de las políticas persas, que se manifestaban no solo en la administración pública de la ciudad y la región, sino en la vida diaria de los ciudadanos.

Esas dinámicas sociales y administrativas cambiaron considerablemente, con la llegada de Nehemías al escenario político de Judea (445 o 385 a.C.). Una vez que Nehemías llegó a la gobernación de Jerusalén, la región se convirtió en una provincia autónoma del imperio persa, pues las estructuras políticas confiaron en su visión y proyecto político. Esa autonomía de Judea, identificada en ese período como Yehúd, en el idioma arameo, se pone de relieve pues el imperio les permitió acuñar su propia moneda, con la identificación del gobernador o la provincia.

De singular importancia en estas decisiones administrativas, es que las monedas estaban impresas en hebreo con caracteres antiguos, que era una manera comercial de unir la población del momento con las raíces históricas del pueblo de Israel. Y aunque la extensión territorial de Judea no era extensa (Esd 2.21-35; Neh 3.2-22; 7.25-38; 12.28), las autoridades locales en Jerusalén, con el aval del imperio persa, deseaban relacionar a sus ciudadanos con el período monárquico. Para el pueblo, la antigua monarquía del reino del Sur representaba un período ideal, después de las experiencias traumáticas de la destrucción del templo, símbolo de la presencia divina, y la deportación a Babilonia, que no solo implicaba una derrota militar con repercusiones políticas y administrativas, sino era signo de dependencia con muy serias implicaciones teológicas.

La ascensión de Ciro II al poder de las regiones ubicadas al este del mar Mediterráneo implicó una serie muy importante de cambios en la región. De singular importancia en esos cambios, debemos incluir la relación entre el imperio y los países conquistados.

Con sus triunfos, los asirios deportaban a grandes sectores de la población conquistada, y la sustituía con ciudadanos de otros sectores del imperio. Los babilónicos tenían una política no solo de deportación, sino de destrucción de las estructuras políticas y religiosas de los pueblos conquistados. Los persas, sin embargo, llevaron a efecto una política de respeto y tolerancia hacia las instituciones locales. La unidad del imperio no se imponía por los carriles de la religión o el lenguaje, sino por la infraestructura política y militar.

Al tratar de comprender las políticas que implantó Persia en el Oriente Medio, debemos comprender la importancia de la religión en el proceso. Ciro el Grande se presentó ante el pueblo babilónico como el agente de cambio elegido por Marduc; en la antigua ciudad de Ur, se identificó como enviado del dios Sin; y entre los judíos se proclamó como el ungido que cumplía las ordenes de Yahvé. La religión, de esta forma, se convirtió en un vehículo de gran importancia administrativa para la implantación de las políticas del imperio persa.

Regreso de los deportados

Una vez comenzó la implantación del Edicto de Ciro, tanto la diáspora judía como los ciudadanos que habían quedado en Judea se percataron de que los que regresaban de Babilonia a Jerusalén no eran muchos. Las causas de ese retorno menor son varias. De un lado las familias que habían sido deportadas, tras más de medio siglo en el exilio, ya se habían asentado en Babilonia, y no deseaban regresar a un país pobre y devastado, a comenzar nuevamente sus vidas. Además, el ambiente en Jerusalén era de mucha inestabilidad política y social, y de tensión con los samaritanos, que reclamaban autoridad sobre Judea y sus ciudades, pues pertenecían al distrito persa liderado desde Samaria.

El Edicto de Ciro, entre otros temas, incluía los siguientes: Regreso de los deportados judíos a la tierra prometida; devolución de los tesoros de la ciudad Jerusalén y del templo, que habían sido llevado a Babilonia como parte del botín de guerra; y, finalmente, apoyo económico para llevar a efecto las obras de reconstrucción. Con los primeros exiliados que regresaron a Jerusalén, estaba Sesbasar, que posiblemente era su líder o gobernador. Los primeros esfuerzos de reconstrucción fueron infructuosos, quizá por la magnitud de la desolación que encontraron en Jerusalén, los conflictos internos y con los samaritanos, y la falta de apoyo económico del imperio persa.

Durante la administración del gobernador Zorobabel y el sacerdote Josué, las obras de reconstrucción del templo comenzaron y avanzaron. Los trabajos se llevaron a efecto con esmero, pero en medio de un ambiente de precariedad fiscal y desorientación política. Este proyecto de reconstrucción del templo (520-515 a.C.), se llevó a efecto, y los profetas Hageo y Zacarías fueron los agentes de Dios, de acuerdo con el testimonio de las Escrituras, que motivaron al pueblo y sus líderes a comenzar, mantenerse y concluir estos importantes esfuerzos de reconstrucción.

Tras la reinauguración del templo (515 a.C.), los procesos de restauración de la ciudad no parecen haber avanzado mucho. Durante las administraciones de Jerjes y Artajerjes I, parece que la región de Judea vivía un período de inestabilidad política, social y económica, que impidieron el avance de la restauración de la ciudad. De singular importancia en este proceso es que los samaritanos vehementemente boicotearon los esfuerzos de recuperación, pues reclamaban autoridad sobre los territorios de Judea, incluyendo sobre Jerusalén. Ese era el ambiente general en Jerusalén, que reclamaba una reforma radical en las instituciones sociales, políticas y religiosas del pueblo.

En ese contexto de crisis existencial y esperanzas heridas, es que los profetas Hageo y Zacarías llevan a efecto sus ministerios. De acuerdo con Hageo, el pueblo vivía un periodo de dificultad mayor, pues las malas cosechas podía ser la advertencia divina para que trabajaran más en la reconstrucción del templo. El corazón de su mensaje era de exhortación al trabajo, de motivación espiritual, de afirmación nacional (Hag 2.4). ¡La comunidad acogió con beneplácito esas palabras proféticas! (Hag 1.14)

El profeta Zacarías presenta tres oráculos de importancia en torno a la reconstrucción del templo, que están dirigidos a Zorobabel, pues no solo era el gobernador de turno, sino pertenecía al linaje de David. En última instancia, decía el profeta, la reconstrucción del templo se llevaría a efecto, no por los esfuerzos humanos, sino con una manifestación grande del Espíritu (Zac 4.6). Estos mensajes de Zacarías, junto a los de Hageo, fueron factores de importancia en la motivación del pueblo y sus líderes, para culminar los trabajos de reconstrucción del templo.

Esdras y Nehemías, posibilidades de fechas

De gran importancia, son los libros de Esdras y Nehemías para el estudio y comprensión de la historia de Israel en el período posexílico. En ambas obras, hay referencias de importancia las vivencias de la comunidad judía, desde la promulgación del Edicto de Ciro II (539 a.C.) hasta tarde en el siglo v (c. 400 a.C.). Esta literatura es muy importante para conocer los procesos de restauración de la ciudad de Jerusalén, la repatriación de los judíos que regresaron a Judea, y particularmente en torno a los inicios del judaísmo como religión organizada en relación a la Torá o la Ley de Moisés.

La cronología de las actividades de Esdras y Nehemías en Jerusalén presenta a los estudiosos un desafío formidable. Posiblemente, esta confusión en las fechas de las actividades de los dos reformadores judíos se relaciona a los propósitos de los autores, que estaban interesados más en las narraciones de finalidad teológica y religiosa que en la redacción de un documento histórico, de acuerdo con los criterios historiográficos contemporáneos.

Las posibilidades de fechas son las siguientes. La primera posibilidad, es que Esdras llegó a Jerusalén después de Nehemías, por el año 458 a.C., durante la administración de Artajerjes I, específicamente el séptimo año de su ascensión al trono. Sin embargo, otra posibilidad, es que el Artajerjes mencionado no sea el primero, sino Artajerjes II, por el año c. 398 a.C.

En un intento de comprender mejor las actividades de estos importantes líderes en el período de la reconstrucción nacional, algunos estudiosos indican que, debido a una dificultad textual, el año de la llegada de Esdras debió haber sido, no el séptimo año de Artajerjes I, sino el vigésimo séptimo (428 a.C.). Esta es una buena hipótesis del cronograma de las actividades de los reformadores, aunque debemos estar conscientes que, en efecto, es solo una hipótesis muy difícil de sostener de acuerdo con las narraciones escriturales.

Tradicionalmente se ha pensado, fundamentado en los relatos bíblicos, que Nehemías llegó a Jerusalén por el año 458 a.C., bajo la administración de Artajerjes I (Esd 7.14; Neh 7.72—9.37). Con esta cronología, Edras debió haber comenzado sus trabajos iniciales en Jerusalén por los años 446-433 a.C. (Neh 1—6; 10.1—13.3).

Los acontecimientos básicos durante el período posexílico inicial fueron los siguientes: Zorobabel y Josué trabajan en la reconstrucción del templo en Jerusalén, tras el Edicto de Ciro II, bajo las administraciones de Ciro II (556 a.C.), Cambises II (529-522 a.C.) y Darío I (522-486 a.C.). Tras la muerte de Jerjes I (465 a.C.) y en el reinado de Artajerjes I (465-423 a.C.), y con el sumo sacerdote, Eliasib, como líder religioso, Nehemías regresa a Jerusalén y evalúa las necesidades de la ciudad, y comienza sus trabajos de reconstrucción. Las labores de Esdras se relacionan con los reinados de Jerjes II (423 a.C.), y posteriormente con Darío II (423-404 a.C.) y Artajerjes II (404-358 a.C.).

En medio de esos cambios políticos en el imperio persa, y como parte de los procesos de reconstrucción nacional, se desarrolla una singular comprensión de la historia del pueblo de Israel que se conoce como la obra cronista, y se incluye en la Biblia en los libros de Esdras y Nehemías, y también en los dos libros de Crónicas. Un componente importante de esta obra cronista es que revisa la historia, desde la perspectiva del exilio, pues toma en consideración la interpretación teológica de las vivencias de Israel en Babilonia, y trata de explicar las razones de la deportación y de la crisis nacional.

Nehemías y sus reformas sociales y religiosas

Con el tiempo, los deportados judíos en Persia se incorporaron a la sociedad en general, y llegaron a tener puestos de poder y confianza en el imperio. Uno de esos líderes judíos fue Nehemías, que cumplía responsabilidades de suma importancia en Susa, en la corte de Artajerjes I: Era copero del rey –es decir, que había alcanzado la confianza del monarca–, y logró que lo nombraran gobernador de Jerusalén, encargado de la reconstrucción de la ciudad, que pone de relieve sus capacidades administrativas. Además, su primera responsabilidad fue reconstruir los muros de la ciudad, que pone claramente de manifiesto la importancia de su presencia en Jerusalén y lo delicado de sus labores (Neh 2—4).

Las dinámicas políticas y sociales que rodearon las labores de Nehemías eran complicadas. Además de mantener las políticas del imperio persa en Judea, Nehemías tuvo que lidiar con el escepticismo y la indiferencia de los ciudadanos de Jerusalén. El famoso reformador, también debió responder con sabiduría y firmeza a la obstinada oposición que estaba representada en Sambalat, gobernador de la provincia persa de Samaria, y Tobías, que era el gobernador de la provincia de Amón, en la región de Transjordania. Inclusive, se oponían a sus obras de restauración, provincias más lejanas, como la de Arabia, gobernada por Guesén.

Las influencias de estos enemigos regionales de Nehemías, entre los líderes y los ciudadanos de Jerusalén, eran muchas, e intentaban detener las obras de reconstrucción. Muchas personas influyentes de Jerusalén se oponían tenazmente a las reformas sociales; sin embargo, esos componendas, artimañas y engaños no detuvieron la implantación del plan de renovación nacional que llevada Nehemías desde la capital de Persia (Neh 5.1—6.14).

A la llegada de Nehemías a Judá, la provincia tendría unos 50,000 habitantes, y se extendía desde Betel hasta Betsur. Inclusive, entre sus ciudadanos, se manifestaban diferencias sociales de importancia. De acuerdo con la lista que se incluye en Nehemías 7.6-38, la comunidad en general se dividía en, por lo menos, dos grandes grupos: Los deportados que regresaron a Judá después del Edicto de Ciro (538 a.C.), que ya venían influenciados por las culturas extranjeras, como se revela en los nombres no judíos que tenían, y los que no fueron deportados y se quedaron en Judá, o que regresaron antes del Edicto. Los dos grupos habían pasado por traumas diferentes: Unos por la deportación y el exilio; y otros, por la crisis de la derrota y sus consecuencias emocionales y espirituales. Además de las dinámicas sociales de separación, se manifestaba en la región una grave crisis económica que servía de agente de inestabilidad política en la provincia.

Tras doce años de trabajo arduo y complicado (433 a.C.), Nehemías regresó por un tiempo a Persia, donde presentó sus nuevos planes para Jerusalén, donde se necesitaban restauraciones más profundas y complejas. Era un período complicado que requería reformas y transformaciones radicales. Se necesitaban cambios de importancia capital, tanto en el mundo político y social, como el religioso y espiritual.

Desde el ámbito religioso, Nehemías implantó sus reformas de forma firme y decidida. Cuando el sumo sacerdote, Eliasib, le dio un cuarto en las instalaciones del templo a Tobías, el reformador respondió con determinación y sin temores: ¡Lo sacó del templo, con todas sus pertenencias! Además, como parte de las reformas religiosas, dignificó a los levitas con mejores ingresos, afirmó el sábado como día de reposo sin actividad comercial, y promulgó una serie importante de leyes contra los matrimonios con mujeres extranjeras, o los matrimonios mixtos (Neh 13).

Las crisis sociales y económicas en Judá eran muy serias y crecientes, después de las deportaciones, el exilio y los retornos. Las diferencias sociales y distancias económicas entre los sectores más acaudalados de la comunidad, y los grupos fiscalmente menos desarrollados, eran muy serias, y generaban tensión. Las familias más ricas se convirtieron en prestamistas, y provocaron el endeudamiento del pueblo, específicamente en sus sectores marginados. Nehemías reaccionó con gran indignación ante esas dinámicas económicas que propiciaban la crisis social. De acuerdo con el reformador, se debía acabar con la usura, para salvar a las comunidades endeudadas, y en ese proceso de liberación económica, las personas endeudadas pudieran recuperar sus bienes.

De vital importancia en los procesos de restauración, fue la convocatoria del pueblo a una asamblea nacional. La naturaleza de la crisis económica y social era de tal magnitud que se necesitaban tomar decisiones drásticas e inmediatas. La ley deuteronómica afirma la condonación de las deudas y la liberación de los esclavos en el año sabático (Dt 15.1-6), ¡pero las dinámicas sociales, políticas y económicas del pueblo requerían decisiones inmediatas! ¡Las familias en necesidad no podían continuar viviendo en ese ambiente de cautiverio económico y social, que tenía repercusiones espirituales!

Ante esos desafíos, Nehemías radicalizó la ley del año sabático, para implantar los procesos de liberación de forma inmediata (Neh 5.11). Además, obligó a las personas ricas y acreedoras a jurar ante Dios que renunciaban a sus derechos. Y Nehemías mismo dio el ejemplo (Neh 5.10-13). Esas acciones económicas, tuvieron repercusiones políticas, sociales y espirituales, pues fue el entorno adecuado para preservar el sosiego de la comunidad, y preparar el camino para la implantación del resto de las reformas.

Esdras y las reformas religiosas

Esdras, que era sacerdote y escriba, fue uno de los israelitas que fueron deportados a Babilonia, y con el tiempo llegó a ocupar posiciones de prestigio y gran responsabilidad en el imperio. Al igual que Nehemías, fue enviado por los persas a llevar a efecto una misión oficial en la provincia de Judá. Su título es significativo, y pone de relieve la naturaleza y extensión de sus responsabilidades: «Estudiar la ley del SEÑOR, a ponerla en práctica y a enseñar sus preceptos y normas a los israelitas» (Esd 7.10). El objetivo de su misión se describe en un documento oficial del rey (Esd 7.14).

Las responsabilidades y el objetivo de Esdras incluían lo siguiente: Afirmar una serie de beneficios económicos para incentivar la fidelidad de los judíos al imperio persa (Esd 7.15-24); además, presenta los castigos relacionados con la infidelidad al imperio y al decreto real, que incluían, multas, cárcel, destierro y muerte (Esd 7.26). Parte de las responsabilidades de Esdras era presentar la Ley de Moisés como si fuera ley de los persas. Y en ese contexto legal es que la Torá fue adquiriendo protagonismo no solo religioso, ético y moral, sino económico, político y social.

De singular importancia en la comprensión de este período es la forma que las narraciones bíblicas presentan las decisiones, ejecutorias y políticas del imperio persa. Para los escritores bíblicos, el Dios de los antepasados fue el que inspiró al rey de Persia a presentar esas políticas que beneficiaban a los judíos (Esd 7.27). Inclusive, el viaje del escriba a la provincia de Judá es visto como una manifestación extraordinaria del poder y la bondad de Dios (Esd 7.9, 28; 8.22, 31).

Afirmación de la Ley de Moisés

Al llegar a Jerusalén desde Persia, Esdras comenzó sus labores con un encuentro solemne del pueblo para leer, afirmar y proclamar la Ley de Moisés (Neh 8). Frente a la comunidad, y en la plaza de la puerta del Agua, Esdras leyó el texto de la Ley, desde que salió el sol hasta el mediodía (Neh 8.1-3). El evento, cargado de solemnidad, fue un tipo de declaración pública de los principios que iban a gobernar sus procesos de reformas religiosas, que estaban aprobados por el imperio persa.

El acto solemne, que llevó a efecto Esdras, al comienzo mismo de su llegada a Jerusalén, le brindó a sus labores oficiales como delegado persa una dimensión especial, pues se fundamentó en la Ley de Moisés. Con ese evento oficial de afirmación nacional, la Torá se convertía en el fundamento religioso y político del pueblo. La Ley, de esta forma, tomó un carácter oficial bajo la administración persa, y sirvió de marco legal y gubernamental para la comunidad judía de Judá. Ese singular proceso, que se llevó a efecto bajo el liderato de Esdras, le brindó al judaísmo las fuerzas legales requeridas y los fundamentos teológicos necesarios para contribuir positivamente a la formación de la identidad del pueblo, bajo la autoridad del imperio persa.

Una de las políticas persas más efectivas en el proceso de conquista y reorganización de las naciones sometidas, era permitir la aplicación de las leyes locales, especialmente las religiosas. Si las prácticas religiosas y regulaciones políticas y administrativas locales no estaban reñidas con los intereses del imperio, se les permitía su implantación, pues era una manera de incentivar la lealtad de esas comunidades a las autoridades persas. Esa política de tolerancia a las leyes locales fue un vehículo muy importante en los procesos de conquista persa. La relativa autonomía local era parte del proceso de control y conquista imperial.

Las actividades de Esdras en Jerusalén también incluyen la celebración de las fiestas del nuevo año judío (Esd 7; Neh 8). En medio de esas celebraciones, el reformador llevó a efecto un singular y profundo rito penitencial: Afirmó su rechazo firme y público a los matrimonios mixtos, e incentivó los divorcios de las mujeres extranjeras. En efecto, fue una medida extremadamente difícil que propició la renovación del pacto, además de impedir las infracciones a las leyes del sábado, y de promover el respeto al templo y sus instalaciones.

El periodo de las actividades de Esdras y Nehemías en Jerusalén fue, a la vez, creativo y desafiante. Ambos líderes llegaron a la pequeña provincia persa de Judá a implantar las políticas oficiales del imperio. Esas políticas imperialistas que se implantaron en la ciudad de Jerusalén incluían unas singulares actitudes de respeto a las instituciones nacionales, particularmente religiosas. Ese contexto de apertura de Persia, junto a las experiencias del destierro en Babilonia, le brindaron al pueblo judío las herramientas necesarias para reinterpretar sus experiencias religiosas, teológicas y espirituales que generó el desarrollo del judaísmo, que daba prioridad a la Ley, al culto y al concepto de pueblo elegido.

La experiencia de fe que propició el crecimiento teológico y cúltico en el naciente judaísmo, tiene varios pilares fundamentales:

- La ciudad de Jerusalén retomó su estatus de ciudad singular y santa, lugar de peregrinares, cuna mesiánica...
- La imagen del templo restaurado fue de suma importancia para el desarrollo de la identidad nacional, tras el destierro. ¡Era símbolo físico y visual de la presencia divina!
- El pueblo reunido en asamblea y en eventos cúlticos, era una expresión de adoración, penitencia, revelación divina...
- La Ley, después de las reformas de Esdras, se convirtió en el centro ético y moral del pueblo, pues se destacaron las declaraciones y la teología del Deuteronomio, que tienen un tono más pedagógico...
- Y en ese contexto de deportación y restauración, el pueblo de Israel desarrolló la teología de pueblo escogido por Dios, como una manifestación teológica de la historia de una comunidad que vivió una derrota militar aplastante, experimentó un destierro inmisericorde y sintió la desolación del exilio.

Los libros de Rut y Ester, y sus contextos históricos

La Biblia hebrea incluye un grupo de libros que presuponen el contexto histórico del período posexílico, inclusive que llegan hasta la época helenística (c. 200 a.C.). Son obras de carácter educativo y tienen una finalidad básica: afirmar el valor de ciertas actitudes en la vida, y presentar una serie de personajes modelos y ejemplares. Además, el estilo de esta literatura incluye narraciones novelescas, que incentivan respuestas a los desafíos de la vida de acuerdo con los principios éticos y morales que se ponen de manifiesto en el judaísmo. De singular importancia para el análisis de la historia de Israel es la preocupación continua de salvar y preservar la identidad nacional del pueblo judío en momentos de crisis nacional.

El mensaje de Rut presupone el contexto histórico de los tiempos de Esdras y Nehemías. La lectura sobria del libro revela que, por ejemplo, era un período donde los matrimonios mixtos no se interpretaban como una calamidad nacional ni un desafío a la identidad nacional. Ese tipo de matrimonio fue un tema prioritario y álgido en las muy estrictas transformaciones religiosas y sociales que implantaron los famosos reformadores que llegaron a Jerusalén en medio de la administración persa de la provincia de Judá (Esd 9; Neh 13).

La comunidad posexílica vivía en Jerusalén, y la diáspora en un ambiente político de tolerancia a las tradiciones religiosas del pueblo judío.

Tras la caída de Babilonia, el imperio persa implantó esas políticas que significaron para la comunidad judía un ambiente de mayor tolerancia social. Tanto los judíos que no fueron desterrados, como los que vivieron en el exilio en el período babilónico, se vieron afectados positivamente por la nueva administración persa. En medio de esas dinámicas, los matrimonios mixtos florecieron, pues los judíos de forma paulatina se fueron incorporando a las dinámicas sociales, espirituales, políticas y económicas de Persia.

Para Esdras y Nehemías, esas actitudes permisivas frente a las influencias persas, eran un muy serio desafío a la identidad nacional. Como respuesta a esos retos extraordinarios, los reformadores llegaron al extremo de separar matrimonios que no fueran contemplados en la Ley de Moisés. En efecto, fue una decisión extrema y conflictiva que revela la percepción que ellos tenían de la grave crisis que presentaba a la fe judía la influencia de otras divinidades y culturas, en medio de los hogares judíos y en las comunidades de la pequeña provincia persa de Judá.

La lectura del libro de Rut, sin embargo, revela que no todo el pueblo reaccionó de la misma forma ante los matrimonios mixtos. En esta obra se pone claramente en evidencia el matrimonio de un antepasado del rey David, con una mujer moabita. Inclusive, Rut no solo representa un pueblo extranjero, sino que Moab era una nación tradicionalmente enemiga de Israel (Dt 23.4-7). El mensaje de la obra es claro: Afirmar la importancia de los prosélitos en el desarrollo de la fe judía. En efecto, la obra representa una teología universalista que fue determinante en la historia del pueblo de Israel. Esa teología revela que el Dios bíblico no limita la bendición y los beneficios a las fronteras de la tradicional tierra prometida, sino que manifiesta su misericordia y poder a los extranjeros (Rut 2.12).

El libro de Ester presenta una muy interesante narración, de importancia histórica y teológica, y de carácter sapiencial en la corte misma de la monarquía persa. De acuerdo con la obra, el rey Jerjes o Asuero escoge a una joven judía entre las mujeres más hermosas del imperio, para ser reina, sin tomar en consideración su origen étnico. Por sus influencias con el rey, y también en la infraestructura política y social del gobierno, Ester destruye los planes malévolos y asesinos de Amán, que deseaba exterminar a los judíos que vivían bajo la autoridad y las influencias de Persia. Ese fue el contexto histórico para la institución de las fiestas judías de Purim (que significa, «suertes»). Y aunque la obra no menciona a Dios de forme directa o explícita, la presencia y providencia divina se pone claramente de manifiesto.

Estos episodios de la vida de la reina Ester en la corte persa se ubican en el reinado de Asuero o Jerjes I (486-465 a.C.), en la ciudad capital del imperio, Susa. Sin embargo, ese contexto histórico, que revela persecución política e inseguridad social en la diáspora judía –característicos de la época de Esdras, Nehemías y Rut–, se puede relacionar más bien con las intransigencias y persecuciones de Antíoco IV Epífanes, que se manifestaron a principios del siglo II a.c. El autor del libro, que conoce muy bien la geografía de Mesopotamia, y guarda silencio sobre las realidades sociales y políticas de la provincia de Judá y de la ciudad de Jerusalén, debió ser un judío que vivía en Susa las realidades diarias y los desafíos continuos de la diáspora.

La literatura después de la crisis del destierro y el retorno

Los dolores, las frustraciones y los conflictos que se generaron tras la crisis de la destrucción del templo, la caída de Jerusalén, el destierro a Babilonia y los diversos esfuerzos de regresar a Judá y Jerusalén, incentivaron la creatividad literaria en el pueblo. Ese período, que se puede caracterizar como históricamente conflictivo y crítico, propició la imaginación de escritores, poetas y sabios, que respondieron a las adversidades y los desafíos de las nuevas realidades sociales, políticas, económicas y espirituales, con creatividad y afirmación nacional.

Tras el exilio en Babilonia, las comunidades judías estuvieron expuestas, como nunca antes, a diversas tradiciones religiosas y literarias que provenían de diferentes partes de los imperios babilónico y persa. Ese encuentro intercultural generó una serie importante de reflexiones, que le permitieron a la comunidad desterrada entender sus vivencias desde nuevos ángulos y desde perspectivas diferentes. En ese mundo nuevo de reflexiones sobre la existencia humana, debemos destacar la contribución de los sabios y los poetas, que revisaron las posturas teológicas tradicionales, y las ajustaron a las nuevas realidades de la vida, después de los traumas relacionados con las incursiones militares de Nabucodonosor en Judá y Jerusalén.

La teología tradicional en ese período era una de retribución. Las personas y las naciones recibían bondades y bienes si actuaban de forma correcta, de acuerdo con las normas establecidas en la Ley de Moisés; o, de acuerdo con estas posturas, si se conducían con rebeldía y maldad, y desobedecían el Pacto de Dios con Moisés, recibirían el castigo por sus acciones. Se desprendía, de esas percepciones religiosas, que la prosperidad de personas y naciones era el resultado de sus acciones buenas, y las adversidades y derrotas estaban directamente relacionadas con el pecado y la maldad. Inclusive, aunque una persona sea aparentemente justa y buena, si vivía calamidades y experimentaba alguna adversidad individual o nacional, las dificultades eran signos claros de pecados ocultos de debían salir a la luz.

En este entorno histórico, la literatura sapiencial es una respuesta teológica y práctica a las experiencias, los dolores y las vivencias del pueblo judío. Los sabios del pueblo, que adquirieron prestigio nacional e internacional, se convirtieron en los pensadores y educadores, tanto de los deportados, como de los judíos que no fueron deportados a Babilonia.

Este tipo de literatura, conocida como sapiencial o de sabiduría, consiste en reflexiones en torno a la vida diaria, con sus gozos y tribulaciones, con éxitos y fracasos, con virtudes y defectos. No es un tipo de escrito o reflexión especulativa, sino práctica, real, concreta que intenta descubrir el sentido de las vivencias, ya sean de triunfo o de derrota. Los sabios reflexionan sobre la experiencia, sobre la vida, y sobre las realidades que rodean a los individuos y las comunidades.

La literatura sapiencial surge, posiblemente, en contextos reales, en la corte de Jerusalén, particularmente en el período monárquico en Israel. Los ambientes palaciegos constituyeron el ambiente ideal para el desarrollo de un grupo de personas cultas que estaban en contacto con las diversas expresiones culturales en el Oriente Medio antiguo. Ya en los tiempos de Salomón se entendía que la sabiduría del monarca era superior a la de Egipto y del Oriente (1R 5.10).

Esas reflexiones salomónicas iniciales llegaron a una expresión mayor en los períodos exílico y posexílico. La crisis del destierro incentivó la redacción y edición de reflexiones sabias, que se incluyen en libros bíblicos como Proverbios, Job y Eclesiastés (Qohelet). Posteriormente, en la versión griega de las Sagradas Escrituras hebreas, se añadieron los libros de Eclesiástico y Sabiduría, que completan los cinco libros sapienciales.

El corazón de la literatura sapiencial, en torno a la historia del pueblo, era hacer sentido de las realidades y vivencias del pueblo de Israel. Había que explicar de forma adecuada, porqué el pueblo escogido por Dios, que había sido liberado de la opresión en Egipto y había llegado y vivido en la antigua Canaán como regalo divino, sufrió una derrota política y militar apabullante, que trajo como consecuencia la destrucción del templo y el exilio. Esa derrota tenía implicaciones teológicas muy serias, ¡pues el templo era signo de la presencia divina!

La experiencia crítica del destierro hizo que el pueblo reflexionara sobre la llamada teología de la retribución, que explicaba y relacionaba los triunfos con las bondades humanas, y las derrotas con los pecados. Debía haber otra explicación inteligente, y fueron los sabios del pueblo los que ofrecieron esas reflexiones teológicas que transformaron esas comprensiones simplistas de la vida, con interpretaciones más complejas y actualizadas. La vida es compleja, y las vivencias humanas, tanto personales e individuales, como nacionales e internacionales, son afectadas de diversas maneras por múltiples factores; sin embargo, la gente de fe debe confiar en Dios que tiene el mundo y la historia bajo control.

Ese mismo período en la historia de Israel fue testigo de un renacer de la literatura poética. La poesía, que tradicionalmente había sido un medio de comunicación efectiva y de mucha importancia desde los comienzos mismos de la literatura bíblica, cobró una dimensión nueva en el momento de las dificultades históricas del exilio, y en los años posteriores al retorno. Durante ese período se escribieron y editaron muchos poemas, que se incluyen en los libros del Cantar de los cantares y los Salmos.

El Cantar de los cantares es una obra breve que, leído teológicamente, intenta relacionar las realidades humanas, como el amor y el matrimonio, con la revelación divina. El libro, que tiene un claro origen secular, afirma la capacidad que tiene el alma hebrea de afirmar el amor, en medio de vivencias de dolor y desesperanza. El corazón del mensaje es que el amor tiene más poder que las dificultades y las angustias relacionadas con las derrotas en la vida.

Por la misma vena teológica y existencial, los Salmos presentan una especie de síntesis de la espiritualidad israelita. Lo profundo del sentimiento del pueblo se manifiesta en estos poemas que, aunque se editaron finalmente en la época exílica y posexílica, representan teologías provenientes de diversos contextos históricos del pueblo. Los Salmos contienen las reflexiones teológicas del pueblo que responden a la historia nacional, y esas contribuciones espirituales incorporan las vivencias de la comunidad, tanto la de los deportados como la de los que quedaron en Judá y Jerusalén.

Los Salmos incluyen poemas que responden a la vida y a la historia. Son las reflexiones poéticas de los israelitas que han sido fieles a Dios a través de la historia, pero que luego del exilio no solo articulan las vivencias actuales desde la perspectiva de la fe, sino que miran la historia como un todo, y afirman la presencia divina en medio de la historia humana. Desde esa perspectiva histórica, los Salmos son importantes, pues reflejan la vida del pueblo de Israel, especialmente los períodos críticos del exílico y posexílico. Esas vivencias ponen de relieve las respuestas de esperanza, seguridad y salvación, en períodos de inseguridad individual, y en instantes de desafíos serios a la identidad nacional.

XII
PERÍODO HELENÍSTICO (333-63 a.C.)

Cuando Gabriel se acercó al lugar donde yo estaba,
me sentí aterrorizado y caí de rodillas.
Pero él me dijo: Toma en cuenta, criatura humana,
que la visión tiene que ver con la hora final.
Mientras Gabriel me hablaba,
yo caí en un sueño profundo, de cara al suelo.
Pero él me despertó y me obligó a levantarme,
mientras me decía:
Voy a darte a conocer lo que sucederá
cuando llegue a su fin el tiempo de la ira de Dios,
porque el fin llegará en el momento señalado.
Daniel 8.17-19

Alejandro el Grande y su imperio

El imperio persa mantuvo el poder y su hegemonía en el Oriente Medio por 200 años. En ese período, se demostró la eficacia de sus decisiones económicas, sociales, políticas y militares, y se puso claramente de manifiesto las virtudes del respeto a las culturas conquistadas y la tolerancia a las expresiones religiosas locales. Durante ese período, los persas respondieron con efectividad a los diversos desafíos que presentaban las naciones del Oriente Medio, y mantuvieron cohesión y firmeza en las provincias.

En Grecia, sin embargo, surgían nuevos líderes políticos y militares, que deseaban internacionalizar sus poderes, y deseaban llegar y conquistar el Oriente Medio. Uno de esos líderes, Filipo II, rey de Macedonia, aprovechó los conflictos entre los diversos naciones-estados griegos, y se proclamó soberano de toda Grecia, en el 338 a.C. Ese acto político y militar nacional tuvo importantes repercusiones internacionales. A Filipo II, le sucedió su hijo, Alejandro, que posteriormente recibiría el título y reconocimiento de "el Grande o Magno".

Desde que recibió el poder, el joven militar Alejandro Magno decidió emprender una serie de campañas contra los ejércitos del imperio persa y sus intereses en el Oriente Medio, en el espíritu y los proyectos de conquista de su padre, Filipo II. Esos esfuerzos militares, dieron fruto en el 334 a.c., cuando Alejandro el Grande irrumpe en el Asia Menor para enfrentar los ejércitos de Darío II.

Alejandro venció a Darío II en Isos, que estaba ubicada a la Cilicia oriental. Desde ese instante, la sed de conquista y triunfo no se apartaron del joven general. En primer lugar, redirigió sus ejércitos hacia Damasco, Fenicia y Palestina, decisión que le permitió llegar y conquistar Egipto. En el 331 a.c., fundó la ciudad de Alejandría, que jugó un papel preponderante en la transformación cultural de le región.

Tras sus triunfos fulminantes en Egipto, Alejandro regreso con sus tropas a Mesopotamia, donde tuvo que enfrentar nuevamente los reorganizados ejércitos persas de Darío II. En esta ocasión, el triunfo de Alejandro fue de tal magnitud que produjo la caída del antiguo imperio persa, y le permitió proseguir hasta las regiones orientales de Persia.

Las conquistas de Alejandro fueron muchas, extensas e intensas. Su capacidad bélica fue muy buena, y sus políticas administrativas, efectivas. En muy poco tiempo, Alejandro conquistó grandes extensiones de terrenos, lo que le permitió organizar y consolidar un imperio cuando era muy joven. Sin embargo, el joven conquistador murió en Babilonia, en el 323 a.C., dejando un vacío político, social y militar, que fue muy difícil llenar. Era un imperio muy grande, que incluía diferentes naciones y culturas variadas.

De singular importancia, en las conquistas de Alejandro Magno, fue la importancia que se le dio a la cultura durante esos años. Se inicia en esos años de conquista una gran influencia de la cultura griega en el Oriente Medio que, unida a las dinámicas sociales del Oriente Medio, posteriormente se conoce como la cultura helenística. Las ciudades fueron transformadas para relacionarlas, tanto en el orden social como en el arquitectónico, a las antiguas ciudades griegas. En esas transformaciones, se debe destacar a ciudad de Alejandría, que se convirtió en modelo y representante del helenismo.

De acuerdo con el historiador judío Flavio Josefo, Alejandro decidió ir y conquistar Jerusalén. Sin embargo, al recibir los honores del sumo sacerdote, y tener unos sueños que le advertían que no saqueara la ciudad, decidió ofrecer sacrificios en el templo. Además, como producto de las gestiones de Yadúa, el sumo sacerdote, decidió afirmar los reconocimientos y privilegios que tenía la comunidad judía en el imperio.

Las conquistas militares y las políticas administrativas de Alejandro Magno cambiaron el rostro social del Oriente Medio y las vivencias diarias de los territorios conquistados. Con la implantación de su gobierno y hegemonía, se inauguraba un nuevo tiempo en la región, que daba paso al helenismo. Sin embargo, la vida de Alejandro Magno fue intensa pero breve, pues murió joven.

Período de los Diádocos o sucesores de Alejandro Magno

El vacío de poder, y también la falta de visión, la incapacidad administrativa y la ausencia de buenas destrezas militares de sus sucesores, hizo que el imperio conquistado por Alejando Magno de dividiera. En efecto, el imperio recién establecido no pudo mantener su unidad, y al dividirse, el control regional recayó en manos de sus generales, que tomaron el título de Diádocos o sucesores. Macedonia y Grecia cayeron bajo la autoridad de Antípatro; Antígono gobernó sobre Asia Menor; en Egipto el líder fue Tolomeo; Lilímaco quedó a cargo de Tracia; y Laomedón tomó control de las regiones de Siria y Palestina.

El nuevo arreglo administrativo para dividir las tierras conquistadas por Alejandro Magno no duró mucho tiempo. Los generales que heredaron el poder en las diversas regiones no pudieron mantener la paz, pues el deseo de gobernar todo el imperio, o aumentar sus esferas regionales de poder, propiciaron serios conflictos administrativos y guerras. En el 319 a.C., Tolomeo I, quiso expandir sus poderes desde Egipto a Siria y Palestina, pero fue rechazado por Antígono. Posteriormente Antígono venció a Seleuco I, y conquistó Babilonia. En ese proceso de luchas internas por logar la hegemonía, en el 315 a.C., Antígono conquistó las ciudades costeras de Fenicia, desde Tiro hasta Gaza, hasta que finalmente conquistó Palestina.

Pero las luchas de los generales de Alejandro, y de sus hijos y sucesores, continuaron. En al año 312 a.C., Tolomeo recuperó el poder en Egipto, al vencer en Gaza al hijo de Antígono, Demetrio; ese triunfo, sin embargo, no duró mucho, pues al año los ejércitos de Antígono reconquistaron Egipto. Con el poder sobre la antigua Babilonia y en Egipto, se proclamó rey e incorporó a Palestina como parte de su territorio. En el 301 a.C., la unión de Seleuco I y Lisímaco probó ser efectiva, pues en esas luchas, Antígono, no solo perdió la batalla en Ipsos, sino también la vida.

Con la muerte de Antígono, las antiguas tierras de Alejandro Magno vuelven a dividirse. Seleuco I tomó el poder en Asia, Siria y Palestina; Tolomeo I se quedó al mando de Egipto; Lisímaco quedó como la autoridad en Tracia y Asia Menor; y Casandro mantuvo el poder en Macedonia. Sin embargo, ese arreglo político y militar no duró mucho tiempo, pues a los pocos meses Tolomeo I conquistó Palestina, para mantenerse definitivamente en el poder.

Los conflictos internos entre los Diádocos, o sucesores de Alejandro, continuaron por casi cuatro décadas, hasta que en el 281 a.C., las tierras quedaron divididas de forma permanente: Demetrio quedó al mando de Macedonia; Tolomeo I se mantuvo en Egipto, pero expandió su poder a

Siria y Palestina; y Seleuco I tomó el poder en Asia, que constituía las secciones orientales del imperio. Por un siglo Palestina estuvo bajo el poder de la dinastía tolomea, que gobernada desde Egipto.

Los tolomeos (314-197 a.C.)

Tras la muerte de Alejandro Magno, en medio de las luchas por el poder entre sus generales, surge el fuerte liderato de Tolomeo I Soter (306-246 a.C.), hijo de Lagos. Una de sus primeras decisiones políticas y administrativas fue autodenominarse rey, para llegar a ser soberano independiente por el año 305 a.C. Fue este Tolomeo I, el que estableció la dinastía lágida, que estuvo en el poder de Egipto hasta el año 30 a.C.

La sabiduría administrativa y política de Tolomeo se demostró rápidamente al llegar al poder de Egipto: Con su infraestructura militar conquistó las regiones de Siria y Palestina, y estableció múltiples bases marítimas en el Mediterráneo (Dn 11.5). De gran importancia histórica para Israel es que en los tiempos de Tolomeo fue cuando se establecieron las primeras comunidades militares judías en Egipto.

Su hijo y sucesor, Tolomeo II Filadelfo (285-246 a.C.), siguió las mismas políticas expansionistas de su padre, y respondió positivamente a las agresiones de Antíoco II, que quería retomar de nuevo los territorios de Siria y Palestina. El triunfo de Tolomeo II fue de tal magnitud, que obligó a Antíoco II a casarse con su hija Berenice (Dn 11.6). De singular importancia histórica para la comunidad judía, es que Tolomeo II fue el fundador de la biblioteca y el museo de Alejandría, que se convirtieron en el entorno intelectual y administrativo para la traducción de las Sagradas Escrituras hebreas al griego, y que se identifica como la Septuaginta, o versión de los Setenta (LXX).

El hijo de Tolomeo II Filadelfo, Tolomeo II Evergetes (246-221 a.C.), fue su sucesor. Una de sus primeras acciones militares fue atacar a Seleuco II de Siria, para defender a su hermana Berenice. En el proceso, Tolomeo II se apoderó de muchas bases militares en la región, entre las que se encontraba la de Seleucia. Esas acciones bélicas y expansión política le permitieron, desde Egipto, ejercer el poder político y económico en el mar Mediterráneo, particularmente en su sección oriental.

El próximo de los tolomeos en llegar al poder egipcio, fue Tolomeo IV Filopator (221-205 a.C.). Este monarca, aunque tenía una gran capacidad militar, era más amante de las artes y el placer que de los conflictos y las guerras. Sin embargo, cuando fue atacado e invadido por los ejércitos de Antíoco II, respondió con autoridad y mucha fuerza, para derrotar fulminantemente a los invasores en Rafia (217 a.C.). De singular importancia, en este triunfo militar, es el uso de soldados egipcios, que habían descubierto el poder de las armas que poseían.

El poder de los tolomeos en Egipto fue deteriorándose con el tiempo, pues los ejércitos nacionales comenzaron a utilizar el poder militar para hacer importantes conquistas políticas y administrativas en Egipto. En ese contexto de debilidad política de los tolomeos, y en medio de la expansión del poder militar en las milicias egipcias, el ejército apoyó varias revueltas campesinas contra las influencias y la cultura griegas.

Las luchas internas en la administración tolomea, y las políticas de conquista de Antíoco II, propiciaron la derrota de Tolomeo V Epífanes (204-180 a.C.) en Panión (200 a.C.). Esa derrota fue determinante para la historia de la comunidad judía, pues desde ese momento la autoridad sobre Palestina y Siria recayó sobre el vencedor. El triunfo fue total y absoluto: Los tolomeos perdieron permanentemente el poder sobre Siria y Palestina. Para poner de manifiesto quienes eran los nuevos gobernantes y líderes de la región, Antíoco II hizo que Tolomeo V se casara con su hija, Cleopatra I (Dn 11.13-17), en una movida que tenía como finalidad, no solo afirmar quien ostentaba en nuevo poder político, sino para claramente poner de manifiesto que Egipto había sido fulminantemente derrotado.

De gran importancia, en los procesos de consolidación del poder en las administraciones tolomeas, fue seleccionar a Alejandría como su capital. Esta ciudad cosmopolita, que ya era conocida internacionalmente, se convirtió en un centro importante de la cultura helénica. Tenía una población griega numerosa, y la presencia judía era notable. En medio de la expansión de la cultura helenística y en el contexto de las nuevas políticas internacionales, Alejandría se convirtió en un muy importante centro comercial y en un espacio único para la reflexión intelectual de la época.

La política interna de la dinastía tolomea, que era de origen griego, fue aceptada de forma gradual en Egipto. Esa aceptación es resultado de varias medidas políticas, sociales y religiosas de afirmación nacional, que facilitaron la diseminación de la cultura helenística: Conservaron muchas de las tradiciones nacionales de Egipto; en los monumentos públicos y la arquitectura, utilizaban las imágenes y tradiciones locales antiguas; participaban de las ceremonias religiosas y construyeron templos a las antiguas divinidades nacionales; crearon también una extraordinaria infraestructura administrativa, comercial y económica, que le brindó gran estabilidad fiscal y política.

Sin embargo, aunque los tolomeos hicieron una gran contribución al desarrollo de la cultura helenística en Egipto y en la región, durante los siglos II y I a.C., la llegada de una serie de monarcas débiles al poder propiciaron el debilitamiento de la dinastía. Junto a esa decadencia administrativa y militar local, debemos añadir que las autoridades romanas decidieron intervenir de forma directa en el Oriente Medio, y Egipto se convirtió en un centro de importancia estratégica para la intervención militar en la región.

La dinastía tolomea finalizó en el año 30 a.C., con la administración de la muy famosa Cleopatra VII (69-30 a.C.). Esta gobernante se mantuvo en el poder, primero con el apoyo de Julio César, y luego con la ayuda de Marco Antonio. Finalmente, con la muerte de su hijo, Tolomeo XV Cesarión, la antigua dinastía helénica culminó, y Egipto cayó bajo el poder imperial romano de Augusto.

Los judíos bajo la administración tolomea

La comunidad judía que vivía en Palestina, la antigua región de Judea y Jerusalén, se mantenía relativamente al margen de estos cambios y transformaciones en la política internacional. La situación política, económica y social era bastante buena, pues se pagaban los impuestos a Egipto, y los tolomeos les permitían vivir según sus costumbres y tradiciones. En grupo no era muy numeroso, los unía la experiencia religiosa, y estaba bajo la autoridad política y administrativa del sumo sacerdote que, a la vez, representaba el poder político y espiritual. El Sanedrín, o cuerpo de ancianos, funcionaba como una especia de apoyo o consejo del sumo sacerdote.

Durante ese período, el territorio de Judea era relativamente pequeño, y geográficamente rodeado por montañas, en comparación del resto de los imperios de la época. Sin embargo, ese parcial aislamiento geográfico no pudo evadir ni detener las fuertes influencias del helenismo que llegaban hasta Jerusalén con vigor. Ya en Gaza, Asdod y Ascalón, la llamada llanura filistea, el helenismo había llegado con fuerza, como también a las costas del Mediterráneo (p.ej., Jope y Tolemaida), e inclusive, ese singular proceso de helenización se vivió en el interior de la región (p.ej., Samaria, Betseán y Transjordania).

Esas imponentes dinámicas de afirmación de la cultura helénica se pusieron claramente de manifiesto en Jerusalén. Las modas, costumbres y prácticas griegas comenzaron a llegar de forma paulatina pero continua a la ciudad, y algunos líderes las percibieron como serias amenazas a la fe judía. Ante esos nuevos avances culturales, la comunidad judía se dividió entre los que aceptaban las nuevas tendencias y modas, y los acérrimos devotos de la Ley, conocidos como los *hasidim* (1M 2.42), que rechazaban abiertamente esos procesos de helenización.

Los descendientes de uno de los enemigos más acérrimos de Nehemías, Tobías, llegaron a constituir un grupo económicamente poderoso en los años posexílicos. Aunque residían en los antiguos territorios de los amonitas, llegaron a gobernar diversas regiones en Trans y Cisjordania. Los tobíadas constituyen un buen ejemplo de familias judías que se acomodaron a los nuevos modos de vida y tendencias culturales.

De acuerdo con el historiador judío Flavio Josefo, uno de los tobíadas, José, se ganó el favor de Tolomeo II (246-221 a.C.), y le concedió la res- ponsabilidad de recolectar los impuestos en Palestina. Sin reparos, escrúpulos ni preocupaciones éticas, José se enriqueció considerablemente en esa singular profesión. Uno de sus hijos, Hircano, reconstruyó una fortaleza muy famosa en Araq, y fue muy generoso con el templo de Jerusalén (2M 3.11). Ese poder económico y político de los tobíadas se fue deteriorando de forma paulatina, y llegó a su término con la rebelión de los macabeos. Antíoco IV Epífanes les confiscó sus propiedades y los privó del prestigio y de los beneficios que ostentaban.

Los seléucidas (197-142 a.C.)

La dinastía de los seléucidas estableció un imperio en Asia Menor, Mesopotamia y Asia Superior, al poco tiempo de la muerte de Alejandro Magno. Seleuco I Nicátor (312-280 a.c.), fundador de la dinastía, organizó un gobierno firme y próspero, pero no pudo incorporar los territorios de Siria y Palestina a su imperio; sin embargo, no detuvo sus aspiraciones de gobernar esas provincias, como se revela en las diferentes guerras entre los tolomeos y los seléucidas en la región.

Con el tiempo el gobierno de los seléucidas se fue desorganizando y desgastando, tanto por la inestabilidad política, como por la incapacidad administrativa de los gobernantes. Tras la muerte de Seleuco I, le sucedió su hijo, Antíoco I (280-261 a.c.), que ya había servido como corregente con su padre, y dirigió una primera guerra contra Tolomeo II, en la que fue derrotado por el monarca egipcio. Su hijo, Antíoco II Theos (261-246 a.C.), llevó a sus ejércitos a una segunda guerra contra los tolomeos, y también fue derrotado. Finalmente hubo un acuerdo de paz entre los tolomeos y los seléucidas (253 a.C.), que se materializó con el matrimonio de Antíoco II Theos y Berenice, hija de Tolomeo II.

Ese acuerdo de paz, sin embargo, no duró mucho, pues quedó sin consecuencias, por el asesinato de Berenice y su hijo. En medio del vacío de poder que generaron las dificultades internas a la muerte de la reina, pusieron en el trono a Seleuco II Calínico (246-226 a.C.). Esos asesinatos y cambios en el imperio seléucida prepararon el camino para otro ataque de Tolomeo II, que con su victoria conquistó Seleucia en Piería. Seleuco II Soter le sucedió (225-223 a.C.) en el poder, que fue muy breve, al también ser asesinado.

El año 223 a.C. fue testigo de la llegada al trono sirio de Antíoco III el Grande (223-187 a.C.). Su política de confrontación directa y guerra en contra de los tolomeos, logró que los seléucidas reconquistaran temporalmente a Palestina, pero Tolomeo IV recuperó el control palestino en el 217 a.C. El período de paz alcanzado prosiguió hasta la llegada al trono de Tolomeo V (203-181 a.C.) que reinstituyó la política de confrontación y guerra de sus predecesores. El triunfo definitivo de los seléucidas llegó en el 199 a.C., cuando Siria y Palestina, y el antiguo distrito de Judá, cayeron bajo la autoridad de Antíoco III.

Las políticas expansionistas de Antíoco III le llevaron a Asia Menor, y perdió la guerra contra los romanos en el 189 a.C. Como producto de esa derrota, se firmó un tratado de paz con Roma (188 a.C.), en términos muy onerosos para los seléucidas. Los ejércitos romanos hicieron que las tropas de Antíoco III se retiraran de las fronteras occidentales de su imperio, perdiendo grandes extensiones de terreno y, además, les impusieron tributos muy fuertes, para reparar los gastos de guerra. Roma mantuvo de rehén al hijo de Antíoco III, Antíoco IV, junto a un grupo de personas de gran importancia para la corte de los seléucidas.

Para pagar los grandes tributos impuestos por Roma, Antíoco III decidió asaltar los templos de la región que guardaban grandes tesoros. Pero en una de esas incursiones militares a las instalaciones del dios Bel en Elam, murió en plana batalla. Su hijo, Seleuco IV Filopator, le sucedió en el trono, y prosiguió con la política de asalto a los templos para conseguir los recursos necesarios para pagar los tributos a Roma. Inclusive, intentó apoderarse de los tesoros del templo de Jerusalén, pero no logró su objetivo, y murió a manos de su propio canciller, Heliodoro, en el 175 a.C.

Ese período de convulsión internacional e inestabilidad entre los tolomeos y los seléucidas propició que los judíos vivieran en relativa calma en Judá y Jerusalén. Antíoco III reconoció algunos de los privilegios que tenía la comunidad judía, y esas acciones propiciaron unas buenas relaciones. Inclusive, en el templo se hacían sacrificios tanto por Antíoco III como por su sucesor.

Flavio Josefo atestigua esas buenas relaciones del rey seléucida con la comunidad judía. En sus obras en torno a la historia de los judíos, afirma que Antíoco III les apoyó económicamente para la reparación de daños en el templo, además de respetar la autonomía administrativa y económica que gozaban en Jerusalén desde los tiempos persas, también les eximió de algunos impuestos. En ese período, la Torá era el fundamento de la ley civil, además de contener las normas morales, éticas y espirituales que guiaban la vida diaria de los judíos.

Las transiciones de poder en el mundo seléucida generalmente eran complicadas, y la muerte de Seleuco IV no fue una excepción. En vez de sustituirlo su hijo, Demetrio, que los romanos habían mantenido como rehén, tomó el poder de forma usurpadora Antíoco IV, hermano de Seleuco IV. Para darle sentido de dirección e identidad a su gestión política, adoptó el nombre de Epífanes, que indicaba que era una manifestación del dios Zeus.

Una de sus primeras decisiones administrativas se relacionaba con la comunidad judía. Como necesitaba recursos para responder a los altos tributos que pagaba a Roma, decidió otorgar el título de sumo sacerdote en Jerusalén con la aprobación del imperio seléucida en Siria. Este cargo, que ciertamente era hereditario, era negociado entre los diversos grupos judíos que estuvieran dispuestos a pagar más por ostentar el título y las responsabilidades. Esa decisión política, que tenía efectos inmediatos en la vida religiosa del pueblo, fomentó aún más las divisiones y hostilidades entre los diversos sectores ideológicos y religiosos en Jerusalén. Con el tiempo, Antíoco IV, sin ningún escrúpulo, se robó las riquezas del templo (1M 16—24; 2M 5.11-21).

Como había vivido en Roma, y había sido testigo de la cultura, riqueza y arquitectura de esa ciudad, Antíoco IV comenzó un proceso de helenización sin precedentes en el imperio seléucida y sus territorios. Inclusive, intentó llevar esas dinámicas culturales a Jerusalén, pero entre los judíos recibió una respuesta firme y decidida de rechazo. Ese contexto de helenización generalizada e impuesta fue el marco de referencia básico que generó la rebelión de los macabeos. Ese movimiento de insurrección armada fue organizado y dirigido por Judas Macabeo.

Antíoco IV murió en Persia, en medio de una campaña militar (164 a.c.), y le sustituyó en el trono, su hijo, Antíoco V Eupator. El nuevo monarca era un niño y necesitó un regente, un general del ejército de nombre Lisias. Bajo el liderato de Lisias, los seléucidas lograron ciertos acuerdos de paz, que especialmente tenían vigor en la esfera religiosa. Sin embargo, esos acuerdos se esfumaron al poco tiempo, pues Lisias fue derrotado por el hijo de Seleuco IV, Demetrio I, quien reinó por un poco más de una década (162-150 a.c.).

Las dinámicas políticas y administrativas en el imperio seléucida se deterioraron gravemente en la segunda mitad del siglo segundo a.c. Fueron años y décadas de inestabilidad política y social, en las que reinaron los golpes y los contragolpes de estado. Los descendientes de Seleuco IV que ostentaron el poder son los siguientes: Demetrio I (162-150 a.c.), Demetrio II (145-138 a.c.) y Antíoco VII (138-129 a.c.). Y por la línea de Antíoco IV, están: Antíoco V (164-162 a.c.). Alejandro Balas (153-145 a.c.) y Antíoco VI (145-142 a.c.).

El imperio seléucida era poderoso y amplio. El territorio incluía Babilonia y Siria, y también grandes sectores de Asia Menor. Estaba constituido por unos veinte pueblos, que tenían diversas culturas, gobiernos, vivencias, lenguas y religiones. ¡Eran unos 30 millones de habitantes! Tenía dos capitales: Antioquía en Siria, y Seleucia del Tigris en Mesopotamia. El elemento que unía los diversos sectores del imperio era la administración seléucida, y sus ejércitos. Sin embargo, la inestabilidad política y social en la cúpula gubernamental, junto a las vastas extensiones de terreno, la diversidad cultural y las guerras continuas contra los tolomeos en Egipto, la destrucción de este gran imperio, heredero de las victorias de Alejandro Magno, estaba próxima y asegurada.

El poder del imperio seléucida se fue desgastando con el tiempo. De forma paulatina fueron perdiendo el poder en los territorios al este del río Éufrates, y posteriormente fueron derrotados en Asia Menor. En ese contexto de debilidad y desorganización, las antiguas comunidades bactrianas, persas y medas, inclusive las judías que habían mantenido su identidad cultural y sus idiomas comenzaron a independizarse del imperio seléucida. El golpe mortal vino con la victoria de Roma sobre los ejércitos seléucidas (64 a.C.), en el que Pompeyo destituyó a los dos aspirantes al trono, y comenzó la hegemonía del imperio romano en la región.

Un componente importante de la hegemonía seléucida en la región fue que siguieron las políticas religiosas de sus antecesores sirios, mesopotámicos y persas: ¡Se autoproclamaban reyes, que tenía la implicación política, social, emocional y espiritual de ser adorados como dioses! Ese componente les ayudó a mantenerse en el poder.

Los macabeos (175-134 a.C.)

La comunidad judía, tanto entre los tolomeos como entre los seléucidas, era relativamente pequeña, en comparación con el resto de los pueblos que formaban parte de esos imperios. Además, estaba un poco aislada del resto de las grandes ciudades, pues la cordillera central palestina les servía de protección. En medio de esas realidades políticas y geográficas, Antíoco IV Epífanes comenzó su programa vigoroso de helenización. La estabilidad en Jerusalén se vio afectada, pues Jasón, un representante de las fuerzas helenísticas compró el sumo sacerdocio del templo de Jerusalén, que estaba a manos de la familia oníada, específicamente ejercía el cargo su propio hermano, Onías III. Sin misericordia ni remordimientos, Antíoco IV sustituyó a Onías II por Jasón, que ejerció el sumo sacerdocio por unos tres años (174-171 a.C.).

Con un nuevo líder en Jerusalén, que favorecía sin limitaciones los procesos de helenización de los judíos, comenzaron los procesos, los cambios y las transformaciones de la ciudad, según el modelo que recibían de Roma. Inclusive, a los ciudadanos judíos se les ofreció la posibilidad de hacerse ciudadanos de Antioquía (2M 4.9-16), que era una ciudad que ya gozaba de los beneficios relacionados con el helenismo.

Frente a esos avances firmes y decididos de Antíoco IV, ejecutados por el sumo sacerdote Jasón, un sector de la comunidad decidió rechazar la helenización y responder con firmeza ante lo que percibían como un ataque frontal a las tradiciones de los antepasados del pueblo de Israel. Los que abiertamente rechazaron las nuevas políticas traídas por Jasón, fueron los *hasidim* o asideos (1M 2.42; 7.13). Jasón, que intentaba ser fiel a las políticas de helenización implantadas por Antíoco IV, fue traicionado y destituido en el 171 a.C., y en su lugar se nombró a Menelao. El nuevo sumo sacerdote siguió con la helenización de los judíos en Judea y Jerusalén, y hasta conspiró para asesinar a sus oponentes y críticos, como el exiliado Onías III.

Mientras pasaban los años, las políticas de Antíoco IV se hacían más fuertes y aumentó la represión de los grupos que no querían incorporarse a los procesos de helenización. Motivado por el sumo sacerdote Menelao, Antíoco IV, cuando regresó de su primera incursión militar en Egipto, llegó al templo de Jerusalén y lo saqueó. El malestar de los judíos en torno a las políticas seléucidas cada vez iba en aumento.

Después de su segunda campaña militar en Egipto, la represión de Antíoco IV a Jerusalén aumentó: Comenzó a perseguir a los disidentes que rechazaban las políticas oficiales del imperio, y se prohibieron terminantemente los sacrificios en el templo y la práctica de la circuncisión. La desobediencia a esos mandatos conllevaba la pena de muerte. Finalmente, y con la posible aprobación del sumo sacerdote de la época, Menelao, construyó una estatua del dios Zeus Olímpico en el templo de Jerusalén, que fue visto entre los sectores piadosos y tradicionales del judaísmo, como la «abominación desoladora», o el «horrible sacrilegio».

El rechazo de Matatías y sus hijos, a esas nuevas prácticas religiosas foráneas, fue aguerrido, firme y violento. Comenzaron una rebelión armada contra el rey y contra quienes representaban esas políticas politeístas de helenización. Las fuerzas rebeldes de los judíos, bajo el mando del sacerdote Matatías, se levantaron en Modín, pues representantes del monarca seléucida intentaban convencer a la comunidad a que se incorporaran al movimiento helenista.

La revolución anti-Antíoco IV comenzó oficialmente en Modín, cuando Matatías mató a un judío que participaba de una ceremonia pagana, y también asesinó al representante del rey que instaba al pueblo a dejar las tradiciones y costumbres de los antepasados israelitas. Tras esa confrontación violenta, Matatías y sus hijos se refugiaron en el desierto de Judea, en donde se les unieron otros grupos rebeldes que rechazaban las políticas oficiales de Antíoco IV. Y cuando muere Matatías, en el 166 a.c., siguió dirigiendo la insurrección uno de sus hijos, Judas, a quienes le decían Macabeo, que significa "martillo".

Desde el inicio mismo de la rebelión, los macabeos lograron victorias de importancia. El grupo de guerrilleros que estaban al mando de Judas Macabeo, que era un líder carismático, derrotó a Apolonio (1M 3.12), y triunfó sobre los ejércitos de Serón en la ciudad de Bet Jorón. Al percatarse Antíoco IV de las victorias de Judas, envió a su general Lisias para que acabara con la insurrección macabea, pero los fieles combatientes macabeos les vencieron en la batalla de Emaús. Y Lisias regresó a Antioquía derrotado y humillado.

Un capítulo de suma importancia en las actividades de Judas Macabeo tiene que ver con el templo de Jerusalén. Desde 164 a.C., cuando Judas purificó el templo de la calamidad y deshonra relacionada con la estatua y el altar de Zeus, identificada como el «horrible sacrilegio», el objetivo de la revuelta se expandió. Lo que comenzó como un esfuerzo militar para preservar la cultura y las costumbres judías, se había convertido de forma paulatina en una revolución completa: Judas y su grupo de rebeldes buscaban la independencia del imperio seléucida del distrito de Judá y Jerusalén.

Por el año 160 a.C. había grupos de judíos en diferentes ciudades y pueblos de Palestina y Transjordania, y muchos vivían en ciudades donde la cultura griega se había establecido con vigor. Con el propósito de llevar la insurrección a otros lugares con presencia judía, Judas batalló contra los ejércitos helenistas en Idumea, Amón, Galaad, Galilea y Filistea; y Simón Macabeo batallaba contra los ejércitos seléucidas en Galilea. El objetivo de los macabeos era levantar a los judíos, dondequiera que estuvieran en el reino; que rechazaran los esfuerzos culturales helenistas, además de afianzar la revolución en el pueblo.

Una vez que muere Antíoco IV, el poder llega a manos de Lisias, que gobernaba a nombre de Antíoco V (164-162 a.C.), que era un niño. En una de sus acciones militares contra los macabeos, estuvo a punto de conquistar la ciudad de Jerusalén, pero no pudo hacerlo pues tuvo que regresar a

Antioquía para proteger su autoridad y poder en el reino seléucida. En ese momento lo único que pudo lograr fue un acuerdo de paz en el que se aceptaba que la comunidad judía se podía regir con sus propias leyes, de acuerdo con las antiguas tradiciones mosaicas (1M 6.59).

Con ese tratado de paz, entre Lisias y Judas Macabeo, se logró el objetivo fundamental de la insurrección: Repeler la imposición de la cultura helenística entre los judíos. Sin embargo, después de este acuerdo de paz, los macabeos comenzaron a acariciar la idea de la independencia total del imperio seléucida. El triunfo de las fuerzas macabeas, le hizo proyectar objetivos mayores para el pueblo: La organización de un gobierno judío en el territorio de Judá y en la ciudad de Jerusalén, independiente de las potencias internacionales.

En medio de esas dinámicas revolucionarias de los macabeos, y los sectores judíos que les apoyaban, se levantaban también grupos de judíos que rechazaban la insurrección. Eran judíos helenistas que, para responder a los avances de la revolución macabea, se comunicaron con el nuevo monarca, Demetrio I, para que les diera apoyo. La respuesta del rey fue nombrar a Alcito como nuevo sumo sacerdote, pues era el candidato de los grupos helenistas, además de ser aceptado por los asideos o *hasidim*.

Judas Macabeo se opuso al nombramiento, y reorganizó sus fuerzas para hacer frente a la nueva administración en Jerusalén. Una de las primeras actividades del nuevo sumo sacerdote fue ordenar el asesinato de grupos de asideos que no estaban satisfechos con sus decisiones y ejecutorias. Demetrio I envió un contingente militar, dirigidos por Nicanor, para detener el avance de los macabeos, que cada vez se hacían más populares en el pueblo. Sin embargo, los insurgentes judíos lograron vencer a los ejércitos seléucidas en Cafarsalama, y también en Bet Jorón y Adas.

La respuesta de Demetrio I fue inmisericorde, pues envió a un grupo mayor de sus ejércitos a combatir y detener los avances macabeos. Báquides llegó al mando de las fuerzas seléucidas que derrotaron fulminantemente a los insurgentes judíos. Inclusive, Judas Macabeo perdió la vida en esa batalla. La derrota de los grupos judíos alzados fue muy importante, tanto para el imperio como para los combatientes. La moral de los grupos nacionalistas judíos estaba caída, pues habían derrotado y asesinado al símbolo de los esfuerzos revolucionarios.

Sucedió a Judas, como líder de la revolución judía, su hermano, Jonatán. Con el recuerdo de los triunfos de Judas, lograron detener temporalmente los avances de Báquides y los ejércitos seléucidas. Los esfuerzos de Jonatán eran similares a los de los líderes en la época de los caudillos en Israel, y se estableció en Micmás, para disfrutar de un período de paz (159-152 a.C.).

Un nuevo esfuerzo militar se revela cuando Alejandro Balas, rey de Siria, desafió abiertamente el poder de Demetrio I, y lo venció, declarándose monarca absoluto del imperio (150 a.C.). Jonatán apoyó esa insurrección de Demetrio I contra el imperio seléucida en campaña militar, y recibió grandes honores por ese apoyo, especialmente cuando asistió a la boda de Alejandro y Cleopatra, la hija de Tolomeo VI (1M 10.65).

Jonatán no solo era un militar aguerrido y firme sino un político astuto y visionario. Aprovechó los conflictos internos entre los diversos líderes seléucidas para establecerse como un líder en esa región del imperio. Inclusive, estableció buenas relaciones con los romanos y los espartanos. Ese reconocimiento internacional hizo que un representante de Antíoco VI, Trifón, lo engañara y llevara preso a Tolemaida (143 a.C.).

Un tercer hermano macabeo, Simón, trató de liberar a Jonatán de la cárcel, pero no pudo evitar su asesinato, pues Trifón, el general seléucida, a base de engaños, no liberó al líder macabeo. Finalmente, Jonatán fue enterrado en Modín, que era una especie de patria de la familia macabea.

En medio de los continuos ataques e incursiones de Trifón en las regiones palestinas, Simón negoció un acuerdo de paz con Demetrio II, que fue determinante para la historia nacional política y social judía: Fue reconocido por el pueblo como el monarca de los judíos, pues era sumo sacerdote, estratega militar y jefe de los asideos. Inclusive, la historia comenzó a escribirse de acuerdo con los años que Simón estaba en el poder (142 a.C.); en efecto, era rey de los judíos.

Una vez proclamado por el pueblo como soberano absoluto, Simón emprendió una serie de campañas militares y diplomáticas, y entre las que claramente se pueden identificar, están las siguientes: La conquista de Guézer, y el triunfo sobre las fuerzas sirias que estaban ubicadas en Acra; además, restauró las relaciones con Roma y Esparta. Esas acciones le produjeron varios años de paz.

Una vez más el horizonte político del imperio seléucida comenzó a nublarse. Antíoco VII aspira al poder e intenta convencer a Simón a que se una a sus esfuerzos. Sin embargo, el rechazo del líder macabeo fue el preámbulo de una gran batalla en Cendebeo, en la que los macabeos triunfaron contra los ejércitos de Antíoco VII (138 a.C.).

En el 134 a.C., el gobernador de la región de Jericó, Tolomeo, que también era su yerno, organizó un complot para matarlo, en el que también asesinaros a sus hijos, Judas y Matatías. Inclusive, el complot pretendía acabar con la vida de Juan, que frustró la artimaña, y fue proclamado rey por el pueblo, en Jerusalén. Posteriormente, Juan respondió con fuerza a esas artimañas, pero Tolomeo huyó a Filadelfia. De esa forma el hijo de Simón, Juan Hircano, llegó al poder de Judá, e inició una dinastía en Jerusalén que perduró más de medio siglo.

Los asmoneos (134-63 a.C.)

Los años iniciales de la administración de Juan Hircano fueron muy difíciles. Antíoco VII, que ya guardaba resentimientos contra los macabeos, decidió terminar con la insurrección judía, y sitió la ciudad de Jerusalén, tras desolar varias ciudades del territorio de Judá. Sin embargo, gracias a la intervención de Roma, Antíoco VII llega a un acuerdo con Juan Hircano, y le perdonan la vida y culminan el asedio de la ciudad. El precio de la paz fue muy alto pues, además de los tributos, por varios años Juan Hircano y sus tropas, tuvieron que apoyar a Antíoco VI en sus guerras, especialmente en las batallas contra los partos.

Posterior a esas campañas bélicas contra los partos, muere en plena guerra Antíoco VII, y le sustituye en el trono, Demetrio II, su hijo. Inaugurando su administración, Demetrio II tuvo que luchar contra una insurrección interna, que llevó al pueblo a una guerra civil. En ese contexto de debilitamiento y desorganización en el imperio seléucida, Juan Hircano logró consolidar su poder, reconquistar varias ciudades en la región de Judá, llegar a Transjordania para asumir el poder de Madaba, e imponer varias prácticas judías a los idumeos (p.ej., la circuncisión y el seguimiento a la Ley de Moisés). Como parte de esa política de conquista, destruyó también el templo de los samaritanos.

Las conquistas y los triunfos de Juan Hircano se deben a varios factores de importancia. De un lado estaba la inestabilidad política y social del imperio seléucida, y del otro, contó con el apoyo firme e incondicional de un muy importante grupo de mercenarios, que le permitieron a Juan avanzar en su proyecto expansionista, además de consolidar sus triunfos nacionales e internacionales. Uno de esos logros fue en el año 107 a.C., cuando la ciudad de Samaria cayó bajo el poder de los macabeos, con el liderato de sus hijos, Aristóbulo y Antígono.

Esas dinámicas políticas y sociales fueron el contexto adecuado para el desarrollo de dos grupos de importancia histórica dentro del judaísmo: los fariseos y los saduceos. Los fariseos fueron los herederos de las tradiciones y estilos iniciados por los *hasidim*, o asideos, que en los tiempos de Antíoco IV se habían opuesto vehementemente a las políticas helenistas impulsadas por el imperio seléucida. Los saduceos, aunque de manera tímida, estaban dispuestos a aceptar la helenización moderada de los judíos.

Los fariseos seguían la Ley de Moisés, y las tradiciones orales que con el tiempo habían añadido a la Torá. Pertenecían a la clase media del judaísmo y tenían buena aceptación en la comunidad. Los saduceos, generalmente, pertenecían a las familias más acaudaladas de la ciudad, incluyendo las sacerdotales, y entre sus adeptos estaban los escribas, que ciertamente eran maestros de la Ley.

Aunque Juan Hircano comenzó sus labores religiosas, políticas y administrativas muy cerca de los fariseos, pronto se percató que ese sector del judaísmo era muy estricto en la interpretación de la Ley, y no favorecían que el poder religioso y civil estuviera en una misma persona. Por esas razones, se fue acercando de forma paulatina a los saduceos que, aunque eran helenistas moderados, aceptaban sus estilos de gobierno, que ciertamente estaban influenciados por la cultura griega.

Durante esos años también tomó forma, otro grupo sectario de judíos, que se identifican como esenios. Esa comunidad, de acuerdo con los manuscritos descubiertos en las cuevas cerca del Mar Muerto, rechazaba la autoridad de los sumos sacerdotes de la familia asmonea y, por consiguiente, no aceptaban la legitimidad del culto en el templo de Jerusalén. La teología de este grupo era esencialmente dualista, y creían en la predestinación de las personas, pues la entendían como parte de la voluntad de Dios.

Aristóbulo sucedió a Juan Hircano en el reino de Judá. Llegó al poder por medio de la fuerza y la inmisericordia: Asesinó a su madre y encarceló a tres de sus hermanos. Junto a Antígono desarrollaron un plan de conquista y llegaron hasta la sección norte de Galilea; en el proceso, impuso el judaísmo como la religión oficial en los lugares conquistados. Sin embargo, no se puede ignorar que las influencias del helenismo en Aristóbulo son evidentes: Su nombre es griego, y en vez de etnarca se proclamó rey, aunque su reinado fue muy breve, solo un año. Al morir, su viuda liberó a sus hermanos y se casó con uno de ellos, Alejandro Janeo, que se convirtió inmediatamente en rey y sumo sacerdote.

La administración de Alejandro Janeo se caracterizó por los conflictos y las guerras, pues incorporó una política expansionista en la región. Como resultado de esa política imperialista, todo el territorio de la Palestina antigua cayó en su poder. Trató infructuosamente de conquistar Tolemaida; en Transjordania del norte conquistó las ciudades de Gadara y Amato; en la costa del Mediterráneo, en los antiguos territorios filisteos, conquistó Rafia y Anteponte, y posteriormente saqueó a Gaza; además, ocupó en Transjordania central a Madaba y recaudó impuestos tanto de Moab como de Galaad.

Un incidente en la administración de Alejandro Janeo es digno de señalar: Mientras oficiaba como sumo sacerdote en una de las fiestas de los Tabernáculos, hubo una revuelta popular, que fue fuertemente suprimida por las tropas de mercenarios que estaban a su servicio. Posiblemente, cometió algún error en los protocolos cúlticos, y el pueblo se levantó en una protesta general.

El período final de la vida de Alejandro Janeo fue muy violento. Después de perder una batalla cerca de Siquén ante Demetrio II, regresó a Jerusalén y crucificó a los rebeldes que se habían confabulado con las fuerzas extranjeras para derrocarlo. Fue un espectáculo de muerte y destrucción, de venganza y violencia. Como estaba acostumbrado a las matanzas y los conflictos, aun enfermo, continuó con su proyecto belicista y luchó contra los nabateos. Su último conflicto armado fue Ragaba, donde murió (76 a.C.), y su cuerpo fue llevado a Jerusalén.

El proyecto de guerra continua de Alejandro Janeo tuvo algunos logros militares de importancia. Al final de su vida, los territorios y las influencias políticas de la antigua Judea eran similares a las fronteras amplias del reino de David y Salomón. Además, varias ciudades que se habían helenizado regresaron a sus raíces judías.

La esposa de Alejandro Janeo, Alejandra Salomé (76-67 a.C.), heredó el trono al morir el monarca. Esa transición fue más sobria que los cambios de poder tradicionales en el reino de Judea. Juan Hircano II ocupó el cargo de sumo sacerdote, y la nueva administración siguió una políticas religiosas y administrativas que ciertamente favorecían a las comunidades fariseas. Durante ese período de relativa calma y prosperidad, se mantuvo el control de sus fronteras, y los grupos fariseos adquirieron gran poder político y económico. Cuando Alejandra Salomé muere, le sucede su hijo, el ya sumo sacerdote, Juan Hircano II, pero su administración fue muy corta, pues duró en el trono solo tres meses.

La muerte de Juan Hircano II fue también muy violenta. Al poco tiempo de comenzar su reinado, su hermano, Aristóbulo II, otro de los hijos de Alejandro Janeo, recibió el apoyo de los grupos fariseos, y también de los líderes militares y de quienes apoyaron y afirmaron las políticas bélicas de su padre, organizó un golpe de estado para derrocarlo. En el proceso, las fuerzas rebeldes de Aristóbulo II derrotaron Juan Hircano II muy cerca de Jericó, que se rindió y renunció al trono en Jerusalén.

Aristóbulo II (67-63 a.C.) llegó al poder, y una de sus primeras decisiones fue tomar el poder político y religioso de la nación: Se proclamó rey y sumo sacerdote. Sin embargo, esas decisiones políticas internas en el reino, junto a las inseguridades nacionales que provocaban causó preocupación entre los vecinos de Judá. Como respuesta a esas relaciones regionales de tensión, el gobernador de Idumea, Antípatro, se unió al rey nabateo, Aretas III, para destronar a Aristóbulo II, cuando asediaron la ciudad de Jerusalén.

En medio de la crisis, tanto Juan Hircano II como Aristóbulo II pidieron ayuda a Roma, para mantenerse en el poder. Ya el imperio romano estaba en la región con una presencia militar fuerte, y en medio de un proceso de conquista continua. Inclusive, en respuesta a las insurrecciones y guerras regionales, el general Pompeyo había incorporado los territorios sirios al imperio romano (64 a.C.). Ese ambiente de crisis, y ciertamente el reconocimiento del poder y autoridad de Pompeyo, fue el comienzo del fin de la dinastía asmonea y el inicio de las influencias y el control del imperio romano en Palestina.

Pompeyo continuó sus avances en las regiones sirias, palestinas y transjordánicas. En primer lugar, conquistó a Jericó y dirigió sus fuerzas hacia Jerusalén. Aristóbulo II, ante las amenazas y los desafíos del general romano, decidió rendirse ante el asedio; la población y los soldados en Jerusalén, sin embargo, enfrentaron al Pompeyo. En el año 63 a.C. los romanos emprendieron su ataque final y definitivo contra la ciudad. La victoria de Pompeyo fue firme y decidida. De singular importancia en la confrontación es que Pompeyo respetó las instalaciones del templo, y reconoció a Juan Hircano II como sumo sacerdote y etnarca, pero no como rey.

Esas decisiones y acciones iniciales de Pompeyo ponen claramente de relieve que Judá ya no sería un territorio independiente. Desde ese momento el pueblo judío que vivía en Jerusalén y también en las ciudades vecinas, era parte del imperio romano, al cual debía no solo respeto, obediencia y reconocimiento, sino tributos onerosos. En el proceso, se separaron del territorio judío las ciudades que habían permanecido con las tradiciones helenísticas, como las que estaban en la costa del Mediterráneo, desde las fronteras con Egipto hasta el monte Carmelo, y también Samaria y varias comunidades de Transjordania.

Como resultado de la reorganización nacional, Judea formó parte de la provincia romana de Siria, que estaba gobernada por Scaurus; y Aristóbilo II y sus dos hijos, Alejandro y Antígono, fueron llevados presos a Roma. De esa forma, la independencia de los judíos, que había costado mucho trabajo y sangre a los macabeos, llegaba a su fin. Los sueños de independencia finalizaron con una nueva potencia en el horizonte político y militar de la región: El gran imperio romano.

La época asmonea en Palestina fue una llena de violencia, guerras, golpes de estado, traiciones, sangre... Sin embargo, a la vez, fue un tiempo de gran expansión territorial del reino de Judá. Ese tipo de política expansionista requiere una administración con fuerte presencia militar, y una estructura económica y social muy bien definida. Aunque gobernaban a las comunidades judías, en las que las tradiciones de Moisés eran muy importantes, las acciones y decisiones de los asmoneos estaban fuertemente influenciadas por el helenismo, como claramente se pone de relieve en los nombres griegos que mantuvieron.

Literatura apocalíptica

El mundo griego, y sus manifestaciones culturales como el helenismo, fue el contexto ideal para el desarrollo de un tipo de literatura conocida como apocalíptica. En medio del choque entre culturas fuertes y bien definidas, como la judía y la helénica, surge un tipo de escritos que tratan de entender la historia desde una perspectiva escatológica. Por medio de visiones y sueños, la literatura apocalíptica espera comprender y anunciar el fin de los tiempos, que era una manera teológica y literaria de responder a los graves y complejos conflictos interculturales.

Los escritores apocalípticos presentan el tema de la esperanza como un elemento indispensable para hacer sentido de las realidades históricas. La finalidad es visualizar una sociedad liberada de los conflictos y adversidades que afectaban adversamente a la gente de fe. Esta literatura mira al futuro para ver un mundo liberado de las angustias que generan las injusticias, las persecuciones, las guerras y otras calamidades humanas. Son expresiones literarias que desean incentivar la fe en medio de los problemas históricos y reales que viven las personas.

Apocalipsis es una palabra griega que significa "develación", "descubrimiento" o "revelación", y puede ser una alusión al proceso que descorre un velo que oculta algún objeto. En nuestro caso específico, apocalipsis es la literatura que quita la cubierta a algo que está oculto o escondido. Y en el entorno de la época asmonea, lo que estaba oculto era el sentido que tenía vivir en medio de adversidades que atentaban contra la identidad misma del pueblo judío. Ante los ojos de los creyentes, la realidad adversa oculta el significado profundo de los acontecimientos, que se revelará con claridad al final de los tiempos.

Los escritores de este tipo de literatura entendían que Dios, en su sabiduría, conocía el destino final de la historia desde el comienzo mismo de los tiempos. Ese Dios sabio y conocedor ha revelado los detalles del fin de los tiempos, por medio de visiones y sueños, a este singular tipo de videntes o profetas. El objetivo específico de estos profetas apocalípticos era revelar los misterios divinos a la humanidad, y lo hacían en varias formas literarias, que incluyen, entre otras formas, poemas, cánticos y parábolas.

Los apocalipsis son literatura para tiempos de crisis, momentos de adversidad, instantes de desesperanza. Contienen un mensaje de esperanza y futuro. Ponen de relieve la experiencia de fe de personas en necesidades especiales; manifiestan la religión de gente cautiva, y presentan las aspiraciones de pueblos oprimidos. Responden con inteligencia al corazón de las preguntas de las comunidades e individuos que sufren: ¿Dónde está Dios en mis dolores? ¿Por qué me suceden estas cosas? ¿Cómo es posible que los justos sufran, y los malvados disfruten de la vida sin complicaciones?

Las visiones apocalípticas presuponen un Dios que tiene conocimiento y control de la historia humana. Aunque las acciones humanas carezcan de sentido y brinden la imagen de caos, el Dios de los apocalípticos presuponen que nada ocurre por casualidad, pues lo que aparentemente carece de sentido, tiene una finalidad clara en su voluntad. Toda la historia, desde los instantes mismos de la creación, hasta el final de los tiempos, está guiada por la voluntad divina, y esa percepción teológica era fuente de esperanza y seguridad. Dios pondrá fin a la historia, con los dolores y las adversidades que padece la humanidad, particularmente la gente de fe, cuando se cumpla cabalmente la voluntad divina.

En medio de la sociedad asmonea, este tipo de literatura floreció, pues las continuas guerras, y las manifestaciones de violencia hacia las comunidades más deseosas de ser fieles a Dios y a las tradiciones recibidas por los antepasados, nublaron la esperanza del pueblo judío en la historia previsible. Cuando la esperanza se desdibuja de los horizontes históricos, se posponen para los tiempos escatológicos. El apocalipticismo floreció en los tiempos de los asmoneos, pues la comunidad de fe judía fue perdiendo la esperanza en las instituciones humanas, y las puso en la voluntad de Dios, que tiene el control de la historia.

XIII
IMPERIO ROMANO (63-4 a.C.)

Por aquellos días Augusto César decretó
que se levantara un censo en todo el imperio romano.
(Este primer censo se efectuó cuando Cirenio gobernaba en Siria).
Así que iban todos a inscribirse, cada cual a su propio pueblo.
También José, que era descendiente del rey David,
subió de Nazaret, ciudad de Galilea, a Judea.
Fue a Belén, la ciudad de David,
para inscribirse junto con María su esposa.
Lucas 2.1-5

La conquista de Roma

El triunfo de Pompeyo en Palestina cambió el rumbo de la historia en la región. Aunque mantuvo a Juan Hircano II como líder local, como etnarca pero no rey. Tras el triunfo romano, Juan Hircano II gobernaba en representación de Roma en la región de Judea, además de Galilea y de algunas comunidades en Transjordania, como Perea. Sin embargo, no tenía control de la costa del Mediterráneo, pues esa responsabilidad tenía la posibilidad de transportación y comercio.

Una vez finalizaron con la implantación de las primeras decisiones administrativas y políticas en Jerusalén, Pompeyo regresó a Roma, pero llevó consigo presos a Aristóbulo II y a sus dos hijos, Alejandro y Antígono. Durante el viaje, Alejandro logró huir para evitar la encarcelación romana.

En medio de esos cambios, Antípatro, que era el gobernador de Idumea, fue desarrollando su liderato regional. Como era un buen administrador, aprovechó las debilidades de Juan Hircano II para aumentar sus influencias en Judea. En el 57 a.C., Alejandro, que había escapado de Pompeyo en su viaje a Roma, organizó un ejército de quienes se oponían a la presencia romana en la región, y comenzó una guerra contra los grupos que apoyaban la presencia imperialista de Roma en Palestina.

En ese tiempo, el gobernador de Siria era Gabino, quien autorizó al general Marco Antonio a suprimir ese levantamiento armado de Alejandro. La batalla definitiva tuvo lugar muy cerca de Jerusalén, y la derrota de Alejandro fue fulminante, pues al final de la confrontación y el asedio, se rindió. Para evitar futuras sublevaciones, Gabino ordenó la destrucción las fortalezas de Jerusalén, y otras comunidades judías. Además, le quitó aún más poder a Juan Hircano II, pues dividió su territorio en cinco distritos, administrados por concilios o sanedrines con plenos poderes políticos, sociales y económicos. Los nuevos distritos o toparquías, eran: Jerusalén, Guézer y Jericó, en Judea; y Perea y Séforis, en Galilea.

La administración en Palestina, y en el resto del imperio romano, estaban íntimamente ligadas a las políticas internas en Roma. En el año 60 a.C., y en medio de una lucha tenaz de poderes y de diferentes visiones administrativas y políticas, Pompeyo se unió a Craso y Julio César para organizar el primer triunvirato en Roma. Ese nuevo sistema político decretó varias leyes que beneficiaron la agricultura y a la comunidad en general. Sin embargo, el triunvirato comenzó a dar muestras de debilidad y desorganización cuando en el 55 a.C., Craso murió en la guerra contra los partos, y se generó una lucha de poderes entre Pompeyo y Julio César.

Los conflictos entre Pompeyo y Julio César fueron uno de los factores principales para que comenzara la guerra civil en Roma. El detonante de la guerra fue, posiblemente, la decisión de Julio César de rechazar y desobedecer una orden expresa del Senado, que prohibía cruzar el río Rubicón. De acuerdo con las decisiones oficiales en Roma, no se permitía a ningún general cruzar ese río con sus ejércitos en armas. Con esa decisión, Julio César se presentaba con más poder que el Senado, era un rechazo abierto a la autoridad oficial para presentar una alternativa política, que representaba la administración de Julio César. Ese río, desde el 59 a.C., constituía una frontera que protegía a Roma de la Galia Cisalpina, y de posibles ataques militares.

Los ejércitos de Julio César avanzaron y derrotaron finalmente a los contingentes pompeyanos en España, mientras Pompeyo se refugió en Durazo, ubicada tras el mar Adriático. Posteriormente, Julio César llegó a Egipto y venció a Pompeyo en Farsalia, y cuando buscó refugio en Egipto, Tolomeo XII ordenó su asesinato.

En medio de la guerra, Julio César liberó a Aristóbulo II para que regresara a Judea a enfrentar a los ejércitos de Pompeyo; sin embargo, fue asesinado en el camino, antes de comenzar su rebelión. Alejandro, que se encontraba en Antioquía, también fue ejecutado, de acuerdo con las órdenes de Pompeyo.

Una vez Julio César consolidó su poder como único líder del imperio romano, apoyó a Cleopatra VII en sus aspiraciones a ser la reina de Egipto, contra la voluntad de Tolomeo XII. Luego, prosiguió su camino hacia Asia

Menor, y en Judea presentó a Juan Hircano II como el etnarca, y eliminó los cinco distritos administrativos que había organizado Gabino, y añadió a sus responsabilidades la ciudad de Jafa. Por último, nombró oficialmente a Antípatro como procurador de Judea, responsabilidades que ya ejercía con efectividad por algún tiempo.

Una vez que Pompeyo y sus ejércitos fueron derrotados, Julio César organizó el imperio romano con una administración unipersonal y dictatorial. En medio de la implantación de una serie de cambios administrativos y políticos (44 a.C.), Casio Longino, Junio Bruto y Décimo Bruto se confabularon, y lograron envenenar y matar a Julio César. Ese asesinato, propició otro conflicto armado entre Marco Antonio, que representaba los ideales y la administración de Julio César, y los conspiradores, que estaban apoyados por los republicanos y el Senado.

Al comienzo de estos procesos de cambios repentinos, Casio tomó control del Oriente, y Antípatro se unió a los esfuerzos de los victoriosos. Como rechazo abierto a las políticas de Roma, y también en desprecio a sus representantes locales, Antípatro murió envenenado.

Uno de los hijos de Antípatro, Herodes, no solo vengó la muerte de su padre, sino que continuó sus políticas en favor del imperio romano. Además, para fortalecer sus relaciones con la comunidad judía y la dinastía asmonea, y propiciar una administración con la menor cantidad posible de conflictos, se unió a Mariamme, que de parte de madre era nieta de Juan Hircano II, y de parte de padre, era nieta de Aristóbulo II.

Ya para el año 43 a.C., Marco Antonio había consolidado su poder en Roma, y organizó un segundo triunvirato. En esa ocasión sus miembros eran, junto a Marco Antonio, Lépido y Octavio. Esas decisiones administrativas internas, le permitieron a Marco Antonio proseguir con sus esfuerzos expansionistas e imperialistas, para derrotar a los ejércitos combinados de Junio Bruto y Casio, en Filipos de Macedonia.

Una vez que el poder en el imperio estaba establecido y asegurado, Herodes llegó a Roma, y se presentó ante Marco Antonio con una petición especial: Que le nombrara etnarca en Judea, junto a Fasael, su hermano, mientras Juan Hircano podía seguir siendo el sumo sacerdote. Esa petición tuvo una importancia histórica determinante en la historia de los judíos, pues comenzó un proceso que marcó permanentemente la vida del pueblo.

Pero el imperio romano tenía otros desafíos políticos desde la perspectiva internacional. En el año 44 a.C., los partos cruzaron la frontera del río Éufrates, y ocuparon los territorios de Sira y Fenicia. En medio de ese ambiente de guerra, Antígono, hijo de Aristóbulo II, con el apoyo de los partos, atacó y ocupó la ciudad de Jerusalén, y asedió a Herodes y a Juan Hircano en el palacio de los asmoneos. Como resultado de las negociaciones y engaños, los partos tomaron como prisioneros a Fasael y a Juan Hircano II, pero Herodes logró escapar con su familia, que se refugió en la fortaleza de Masada, en el desierto de Judea, muy cerca del Mar Muerto.

En Jerusalén, Antígono se autoproclamó rey, y le cortó las orejas a Juan Hircano II, para eliminarlo como sumo sacerdote. Finalmente, Juan Hircano cayó en manos de los partos, y Fasael se suicidó en la cárcel.

Herodes, por su parte, en su viaje de huida, atravesó los territorios de los nabateos, para llegar posteriormente a Egipto, desde donde viajó a Roma, a buscar apoyo político y militar. Una vez en el centro de poder del imperio romano, y de entablar un diálogo con Marco Antonio, el emperador convenció al Senado para nombrar a Herodes rey de los judíos. El objetivo era conquistar a Judea, y de colaborar en las guerras contra los partos.

El gran Herodes (37-4 a.C.)

En los diálogos entre Marco Antonio y Herodes, surgió la posibilidad de contar con el nuevo rey de los judíos como un aliado imprescindible para el proyecto romano de conquista y dominación del Oriente Medio. Herodes cumplió con las expectativas romanas: Comenzó sus conquistas militares en las costas del Mediterráneo, y prosiguió con Samaria, Idumea y Galilea. Además, con el apoyo de los ejércitos romanos y las legiones bajo el mando del gobernador de Siria, conquistó la ciudad de Jerusalén en el año 37 a.C.

Una de sus primeras decisiones políticas, fue viajar a Samaria para casarse con Mariamme, que era nieta de Juan Hircano II. De esa forma se emparentó Herodes, que provenía de un padre nabateo y una madre árabe, con la comunidad judía, especialmente con los grupos asmoneos. Sus decisiones estaban orientadas a la consolidación del poder en Jerusalén, y a entablar relaciones de paz con las naciones vecinas pues necesitaba que respetaran su nuevo gobierno.

La dinastía de los asmoneos llegó a su fin, con la decapitación de Antígono, por órdenes de Marco Antonio, en Antioquía. Esa dinastía, que se caracterizó generalmente por la violencia, duró carca de un siglo.

Herodes fue una figura singular: Era atleta, gustaba de las intrigas, además de ser un autócrata firme, decidido e inmisericorde. Su administración no dependía del gobernador romano en Siria, sino que se reportaba directamente a Roma. También era un político astuto, pues cuando las fuerzas de Octaviano derrotaron a Marco Antonio en Actio, rápidamente le fue a visitar a Rodas, para demostrar lealtad al nuevo emperador romano, que lo afirmó como rey de los judíos con un decreto oficial del imperio romano. En efecto, Herodes era el rey entre los judíos, pero su administración estaba al servicio de Roma.

Sus primeros años como monarca en Jerusalén, 37-25 a.C., los dedicó a consolidar su poder, y también a crear las infraestructuras políticas, sociales, económicas y militares necesarias, para desarrollar su ambicioso programa de gobierno. En ese proceso, fue eliminando la oposición a sus políticas de forma continua y cruel. En efecto, el ambiente en el palacio de

Herodes era de sospechas, intrigas y desconfianzas, que le hacían estar a la ofensiva continuamente.

Mediante un sistema de impuestos bien organizado, Herodes comenzó una serie importante de construcciones y proyectos culturales. Afirmó el culto al emperador romano, y para dar realce a esas celebraciones edificó templos, teatros, hipódromos, gimnasios y baños; además, dedicó algunas nuevas ciudades al emperador (25-13 a.C.).

Las construcciones de Herodes en Jerusalén son dignas de mencionar e identificar. Edificó, en el espíritu del imperio romano, un teatro y un anfiteatro, parques, jardines y fuentes, y un palacio real y una fortaleza. Además, comenzó la restauración más importante del templo de Jerusalén, que lo convirtió en una estructura clásica en la antigüedad. En efecto, esos singulares proyectos de construcción le ganaron el reconocimiento público, tanto interno y nacional, como regional e internacional...

Su programa de construcción, sin embargo, no se limitó a la capital del reino. En Samaria, por ejemplo, reconstruyó la ciudad y le cambió el nombre a Sebaste, en honor al emperador; además, construyó un nuevo tempo dedicado a Augusto. En la costa del Mediterráneo, construyó un extraordinario puerto que se convirtió en Cesarea Marítima. En Mambré, ciudad asociada con el patriarca Abraham, construyó unos muros extraordinarios, que mostraban el estilo de sus edificaciones. En el resto del país, además de construir nuevas fortalezas, que apoyaban la seguridad nacional, reedificó otras que estaban descuidadas o destruidas. Y como Jericó era uno de sus lugares preferidos para vivir, construyó un teatro, un hipódromo, un gimnasio y una torre.

Los diversos proyectos de construcción de Herodes estuvieron fuertemente influenciados por la cultura y sus experiencias en Roma, especialmente en la época de Augusto. Sus consejeros eran filósofos griegos, pues su interés por el judaísmo era marginal. Aunque era el rey de los judíos, la realidad es que no era un rey judío, pues estaba saturado de las vivencias y la cultura helenista. Por esas actitudes culturales helenistas, y también por su poco aprecio a la cultura hebraica, el pueblo judío nunca lo recibió con favor, y siempre sospechó de sus intenciones. De todas formas, era originalmente idumeo, que lo convertía a los ojos de la comunidad como solo medio judío. En ese ambiente, los diversos grupos religiosos y políticos en su reino no lo aceptaban, y hasta lo odiaban.

Una de las actitudes que más rechazo recibía del pueblo era cuando Herodes, por caprichos personales o conveniencias políticas, cambiaba los sumos sacerdotes. Esas decisiones no seguían las costumbres y tradiciones judías, al menos las que se habían vivido en los tiempos asmoneos. Nombraba sumos sacerdotes que habían sido educados en las costumbres griegas y en la cultura helenista. Por lo menos, en dos instancias los sumos sacerdotes rechazaron jurarle lealtad a Herodes, y el pueblo se sublevó, pero la represión que siguió a esas decisiones y acciones políticas y religiosas fue intensa y dolorosa. El rey no se inhibía en su uso de la violencia para mantener al pueblo sumiso a su poder y autoridad. En efecto, Herodes era visto como un tirano déspota y despiadado. Aunque desde la perspectiva oficial y política era rey de los judíos, era, en efecto, un monarca helenista, fiel al imperio romano y sumiso ante el emperador.

El comienzo del fin del reinado de Herodes se puede relacionar directamente con las luchas intrafamiliares (13-4 a.C.). Con su poder absoluto en el reino, se había casado en diez ocasiones, y tuvo varios hijos. Sus actitudes despóticas llegaban a tal nivel, que despreció a varias de sus esposas y a sus hijos, para dar preferencia a las que él pensaba que eran más fieles a sus decisiones, que en muchas ocasiones eran esencialmente arbitrarias.

El clímax de la crisis familiar, que tuvo repercusiones inmediatas en el gobierno, fue el conflicto con los dos hijos de Mariamme, Alejandro y Aristóbulo IV. A Aristóbulo mandó a matar en el año 7 a.C., en las postrimerías de su reinado; y también mandó a matar a Antípatro III, solo cinco días antes de su muerte. Y para colmo de sus actitudes violentas e insensibles, antes de morir, mandó a quemar vivos a dos sacerdotes que movieron al pueblo a una sublevación.

De acuerdo con los relatos de Flavio Josefo, la muerte de Herodes (4 a.C.) fue un evento multitudinario. Una gran procesión acompañó el cadáver desde Jericó hasta al Herodión, que era una especia de fortaleza que había preparado para su sepultura. A su muerte, el pueblo lo recordó desde dos perspectivas: La primera, como un gran constructor de edificios y fortalezas; y la segunda, como un déspota tirano y político inmisericorde, que no se detenía ante nada para lograr sus objetivos políticos. La memoria popular judía lo recuerda como el rey de los judíos que vivía como un buen helenista, que usó la fuerza indiscriminadamente para obtener beneficios personales.

La época cristiana (4 a.C.-100 d.C.)

El nacimiento de Jesús (6 o 4 a.C.) fue testigo de las luchas políticas, sociales, ideológicas y religiosas que siguieron a la muerte de Herodes el Grande. El reino, que estaba unido por la infraestructura militar que reprimía al pueblo, rápidamente se dividió entre los hijos del difunto monarca: Arquelao, Herodes Antipas y Felipe. Arquelao, comenzó como el etnarca de Judea y Samaria, pero gobernó por muy poco tiempo, al ser depuesto por el emperador Augusto en el año 6 d.C.

Desde ese momento la administración del antiguo reino de Judea estuvo a manos de procuradores romanos. Uno de los procuradores más famosos, fue Poncio Pilato, que ejerció el poder durante los años 26-36 d.C. En Galilea y Perea, la administración gubernamental estuvo en manos de Herodes Antipas, quien ejerció el poder hasta el año 39 d.C. Felipe, el tercero de los hijos de Herodes que heredaron el poder de su reino, fue tetrarca de Iturea, Traconite y otras comunidades del noreste, hasta el 34 d.C.

El emperador romano Calígula, nombró rey a Herodes Agripa en el año 37 d.c., y le dio el poder sobre la tetrarquía de Filipo, para posteriormente añadir los territorios de Herodes Antipas en Galilea y Perea. A la muerte de Calígula, su sucesor, Claudio, aumentó el poder de Herodes Agripa, al darle autoridad sobre Samaria y Judea. Hasta su muerte (44 a.c.), Herodes Agripa reinó sobre casi la totalidad de Palestina.

De importancia para la iglesia cristiana fueron Herodes Antipas, pues fue quien ordenó decapitar a Juan el Bautista (Mr 6.18-29); y Herodes Agripa quien fue el encargado de organizar y llevar a efecto la persecución de las primeras comunidades cristianas de Jerusalén, y además ordenó matar a Jacobo y apresar a Pedro (Hch 12.1-23). En las narraciones del N.T. se alude a otro Herodes Agripa II, que era hijo del primer Herodes Agripa. El segundo Herodes Agripa, en compañía de su esposa y hermana, fue quien escuchó el discurso de Pablo en Cesarea de Filipos (Hch 25.13—26.32).

Aunque las intrigas y los conflictos continuaban en Palestina, el poder real de la región estaba en manos del imperio romano. Ese poder se manifestaba en un control férreo a través de la infraestructura militar que se mantenía en la región. Los cambios políticos que se llevaban a efecto en Palestina respondían a los intereses del imperio romano, no a las necesidades ni las iniciativas de los monarcas de turno.

Desde los tiempos del ministerio de Jesús de Nazaret (27-30 d.C.), hasta la destrucción del templo (70 d.C.), se sucedieron en Roma siete emperadores o césares. En las narraciones del N.T. se identifican a tres emperadores, pues interaccionaron de forma directa con los creyentes en el mensaje de Jesús, y son: Augusto (Lc 2.1), Tiberio (Lc 3.1) y Claudio (Hch 11.28; 18.2). El apóstol Pablo hace referencia indirecta a un cuarto césar (Nerón), cuando indica que va a apelar al tribunal del emperador (Hch 25.10-12; 28.19).

La Palestina de los tiempos de Jesús formaba parte del imperio romano desde los triunfos de Pompeyo en el 63 a.C. Esa nueva realidad política había cambiado la ruta de independencia de los judíos, pues aunque tenía un reino, y ciertamente un monarca, el poder real en la nación y en la región residía en el trono del emperador de Roma. Desde esa época, los judíos de Palestina estaban adscritos a la provincia de Siria, que estaba muy bien protegida por la milicia romana.

La administración romana en la región ejercía el poder respetando las tradiciones y las religiones locales, siempre y cuando no interfirieran con el poder romano ni con sus políticas de conveniencia en la región. Esa dinámica de aparente respeto a las costumbres locales propiciaba la paz en las ciudades, que siempre era evaluada por la milicia romana. Un buen ejemplo de esas políticas de tolerancia fue la administración y reino de los Herodes, que ejercieron el poder local, pero siempre respetando las decisiones del imperio.

Esas políticas de respeto finalizaban ante la agitación política regional, y frente a los alzamientos y las rebeliones locales. Roma no toleraba ningún tipo de demostración de rechazo a la autoridad del imperio, pues respondía con autoridad, vigor y rigor. Un buen ejemplo de las respuestas violentas de Roma a las sublevaciones fue la destrucción del templo y la destrucción de la ciudad de Jerusalén por el general Tito, hijo del emperador Vespasiano, como respuesta a los alzamientos judíos.

Con la destrucción del templo de Jerusalén, finaliza una etapa importante en la historia del pueblo de Israel. Esa crisis provocó que cesaran los sacrificios, que eras determinantes en la religión judía. Además, el templo era símbolo de la presencia divina en el pueblo, y que fuera destruido por los ejércitos romanos, desafiaba seriamente las teologías tradicionales que afirmaban que Dios mismo habitaba en ese lugar santo.

Sectores religiosos de la época

En medio de las dinámicas políticas que se generaban por las políticas imperialistas de Roma, y las interpretaciones políticas que le daban los Herodes en Palestina, surgieron varios grupos religiosos que contribuyeron destacadamente a la historia nacional judía. Estos grupos representaban diversos sectores de las realidades sociales y políticas de los judíos.

Los fariseos, era un grupo de religiosos, eminentemente laicos, que fundamentaban sus creencias en la Ley escrita y en las tradiciones orales. Para este importante sector religioso, seguir la Ley de Moisés era un valor fundamental e indispensable en la vida. Fue este sector del judaísmo, el que contribuyó a que los judíos superaran la experiencia de la destrucción del templo en el año 70 d.C., pues ante la falta del edificio que representaba la presencia de Dios, afirmaron la importancia de la Torá, para guiar la vida y sus decisiones.

El segundo grupo de importancia fue el de los saduceos que, en efecto, afirmaban las enseñanzas de la Torá o Ley de Moisés escrita, pero rechazaban las tradiciones orales que eran tan importantes para los fariseos. De singular importancia en la fe de los saduceos es que no creían en la resurrección, tampoco aceptaban las creencias en los ángeles. En los sectores saduceos estaban los aristócratas, la nobleza sacerdotal y los terratenientes, y eran la fuerza predominante en el Sanedrín.

Aunque el N.T. no los menciona, los esenios eran un grupo religioso, social y político de los judíos, que se separaron de los fariseos y los saduceos porque, según sus creencias, no eran fieles a las tradiciones de Moisés. Eran esencialmente ascetas, muchos vivían en el desierto, y seguían una norma de pureza firme y fiel.

Los zelotes eran un grupo de gente fiel a la Ley divina, al extremo. Se organizaron como un grupo paramilitar en la región de Judea, con el propósito claro y definido de expulsar a los romanos de las tierras de Palestina. Fueron los principales combatientes en la rebelión judía de los años 66-70 d.C. que propició la destrucción del templo.

La historia del pueblo de Israel está marcada por una serie de eventos y narraciones que le dan sentido de dirección. Entre esos relatos históricos indispensables para el desarrollo de la identidad nacional, debemos identificar personajes de importancia, como Abraham y Sara, Moisés y Aarón, Rut y Nohemí, y eventos de gran significado nacional, como la liberación de la opresión de Egipto, la destrucción del templo, el exilio en Babilonia y el retorno a la tierra prometida por Dios.

En ese largo e importante proceso histórico, la Biblia presenta varias lecturas teológicas y reflexiones espirituales de esos eventos nacionales, que le brindan al pueblo judío salud espiritual y social, además de identidad, en medio de la constelación de naciones y pueblos del Oriente Medio.

BIBLIOGRAFÍA

A continuación, presentamos una bibliografía selecta, no muy extensa, de las obras consultadas y de los libros que recomendamos para proseguir los estudios más avanzados de la historia del Israel bíblico, la Biblia hebrea o el Antiguo Testamento. Aunque deseamos enfatizar obras recientes en castellano, se han incluido algunas referencias a libros en otros idiomas, particularmente en inglés, por la importancia de sus contribuciones.

Y en torno a la bibliografía de los libros de la Biblia en específico, se puede consultar los comentarios bíblicos que incluimos a continuación.

OBRAS GENERALES EN TORNO A LA BIBLIA

Alonso Schokel, Luis. *La palabra inspirada*. Madrid: Cristiandad, 1986.

————. *Hermenéutica de la Palabra*, 3 Vols. Madrid: Cristiandad, 1986/1987.

————. Artola, A.M., (eds.). *La Palabra de Dios en la historia de los hombres*. Bilbao: Deusto-Mensajero, 1991.

Aranda Pérez, G., García Martínez, F., Pérez Fernández, M. *Literatura judía intertestamentaria*. Estella, Navarra: Verbo Divino, 1996.

Artola Arbiza, A.M. *La Escritura inspirada. Estudios sobre la inspiración bíblica*. Bilbao: Universidad de Deusto, 1994.

Childs, B.S. *Introduction to the Old Testament as Scripture*. Philadelphia: Fortress Press, 1982.

Clemens, R.E. *Old Testament Theology*. Atlanta: John Knox Press, 1978.

Delcor, M., García Martínez, F. *Introducción a la literatura esenia de Qumrán.*Madrid: Cristiandad, 1982.

Diez Macho, A. *El Targum: Introducción a las traducciones aramaicas de la Biblia*. Madrid: CSIC, 1982.

————. *Los apócrifos del Antiguo Testamento*. Madrid: CSIC, 1983-1986.

García Cordero, M. *Teología de la Biblia*. 3 Vols. Madrid: Edica, 1970-1972.

García Martínez, F. *Textos de Qumrán*. Madrid: Trotta, 1993.

Finegan, J. *Hanbook of Biblical Chronology. Principles of Time Reckouning in the Ancient World and Problems of Chronology in the Bible*. Peabody: Hendrickson, 1998.

Mannucci, V. *La Biblia como Palabra de Dios*. Bilbao: Desclée, 1995.

Pagán, S. *El misterio revelado: Los rollos del Mar Muerto y la comunidad de Qumrán*. Nashville: Abingdon, 2001.

————. *El Santo de Israel*. Nashville: Abingdon, 2001.

————. *Palabra viva*. Miami: Caribe, 1995.

————. *Experimentado en quebrantos*. Nashville: Abingdon, 1998.

Ocariz, F., Blanco, A. *Revelación, fe y credibilidad*. Madrid: Pelícano, 1998.

Rad, G.von, *Teología del Antiguo Testamento*. Vol. 2. Salamanca: Sígueme, 1975.

Trebolle, Barrera, J. *La Biblia judía y la Biblia cristiana*. Madrid: Trota, 1993.

Trevijano Etchevarría, R. *La Biblia en el cristianismo antiguo*. Estella, Navarra: Verbo Divino, 2001.

Schwantes, M. *Sufrimiento y esperanza en el exilio*. Santiago: REHUE, 1991.

ENCICLOPEDIAS, GEOGRAFÍAS Y DICCIONARIOS BÍBLICOS

Achtemeier, P.J. (ed.). *Harper's Bible Dictionary*. San Francisco-Londres: Harper and Row, 1985.

Aharoni, Y. Avi Yonay, M. *The Macmillan Bible Atlas*. Jerusalén, Nueva York y Londres: Macmillan, 1977.

———. *The Archaeology of the Land of Israel*. Londres: SCM, 1982.

Baly, D. *The Geography of the Bible*. Nueva York y Londres: Harper, 1979.

Blaiklock, E.M., Harrisson, R.K. *The New International Dictionary of Biblical Archaeology*. Grand Rapids: Zondervan, 1983.

Bogaert, P.M. *et al*. *Diccionario enciclopédico de la Biblia*. Barcelona: Herder, 1993.

Botterweck, G.W., Ringreen, H. *et al* (eds.). *Diccionario teológico del Antiguo Testamento*. Madrid: Cristiandad, 1973.

Browning, W.R.F. *A Dictionary of the Bible*. Oxford, New York: Oxford University Press, 1996.

Buttrick, G.A., *et al.* (ed.). *The Interpreter's Dictionary of the Bible*. 4 Vols. Nashville-New York: Abingdon Press, 1962. Suppl. 1976.

Cohenen, E., Beyreuther, E., Bietenhard, H. (eds.). *Diccionario teológico del Nuevo Testamento*. Salamanca: Sígueme, 1980-1984.

Diez Macho, A. Bartina, S. (eds.) *Enciclopedia de la Biblia*. 6 Vols. Barcelona: Garriga, 1963-1965.

Freedman, D.N. (ed.). *The Anchor Bible Dictionary*. Vol. 6. New York, Londres, Toronto, Sydney, Auckland: 1992.

Jenni, E., Westermann, C. (eds.). *Diccionario teológico manual del Antiguo Testamento*. 2 Vols. Madrid: Cristiandad, 1973.

Léon-Dufour, X. (ed.). *Vocabulario de teología bíblica*. Barcelona, 1973.

Maier, J., Schafer, P. *Diccionario del judaísmo*. Estella: Verbo Divino, 1996.

May, H.G. (ed.). *Oxford Bible Atlas*. Nueva York y Toronto: Oxford University Press, 1987.

Pritchard, J.B. *The Harper Atlas of the Bible*. Nueva York: Harper and Row, 1987.

Stern, E. *Archaeology of the Land of the Bible. The Assyrian, Babylonian, and Persian Periods, 732-332 B.C.E.* New York: Doubleday, 2001.

COMENTARIOS E INTRODUCCIONES AL ANTIGUO TESTAMENTO

Ackroyd, P.R., Leaney, A.R.C., Packer, L.W. *Cambridge Bible Commentary on the English Bible*. Cambridge: Cambridge University Press, 1963-79.

Alonso Schokel, L. Mateos, J. (eds.). *Libros Sagrados.* Madrid: Cristiandad, 1966-1977.

Brown, R.E., Fitzmayer, J.A. y Murphy, R.E. *Nuevo Comentario Bíblico* «San Jerónimo». 2 Vols. Madrid: Cristiandad, 1971-72, 2000.

Comentario bíblico hispanoamericano. Vol. 1 y 2. Madrid: Verbo Divino, 2005, 2006.

Cross, F.M. ed. A.T. *Hermeneia. A Critical and Historical Commentary on the Bible.* Filadelfia: Fortress Press, 1972ss.

Eaton, A.W. *Manual para el estudio de las escrituras de Israel.* San Juan: Puerto Rico Evangélico, 1998.

Farmer, W.R., *et al* eds. *Comentario Bíblico Internacional.* Estella, Navarra: Verbo Divino, 1999.

Gottwald, N.K. *The Hebrew Bible: A Socio-Literary Introduction.* Philadelphia: Fortress, 1985.

Guijarro Oporto, S. Salvador García, (eds.). *Comentario al Antiguo Testamento I.* Estella, Navarra, Casa de la Biblia, 1997.

Hubbard, D.A. (ed.). *Word Biblical Commentary.* Waco: Word Books, 1982 ss.

Keck, L. *The New Interpreter's Bible.* 12 Vols. Nashville: Abingdon, 1995-2002.

Laffey, A. *An Introduction to the Old Testament: A Feminist Perspective.* Philadelphia: Fortress press, 1988.

Lasord, W.S. *Panorama del Antiguo Testamento.* Buenos Aires y Grand Rapids: Nueva Creación y Eerdmans, 1995.

Mc Kensie, S.L., Graham, M.P. (eds.). *The Hebrew Bible Today: An Introduction to Critical Issues.* Louisville: Westminster-John Knox Press, 1998.

Profesores de la Compañía de Jesús. *La Sagrada Escritura.* 6 Vols. Madrid: BAC, 1967-71.

Sánchez Caro, J.M. y *et al.* (eds.). *Introducción al estudio de la Biblia.* 10 Vol. Estella (Navarra): Verbo Divino, 1989.

Rendorff, R. *The Old Testament: An Introduction.* Philadelphia: Fortress, 1995.

Schmidt, W.H. *Introducción al Antiguo Testamento.* Salamanca: Sígueme, 1983.

Sicre, J.L. *Introducción al Antiguo Testamento.* Estella, Navarra: Verbo Divino, 1993.

Soggin, J.A. *Introduction to the Old Testament.* Philadelphia: Westminster Press, 1980.

Stendebach, F.J. *Introducción al Antiguo Testamento.* Dusseldorf: Patmos, 1994.

EDICIONES DE LA BIBLIA

1. Ediciones en hebreo, arameo y griego

Biblia Hebraica Stuttgartensia (Elliger, K. y Rudolph, W. (eds.). Stuttgart Deutsche Bibelgesellschaft, 1967-87.

Septuaginta. Vetus Testamentum Graecorum Autoritate Academiae Scientiarum Gotingensis Editium, Gotingen: Vanderhoeck und Ruprecht, 1974.

2. Ediciones en castellano

Biblia del Peregrino. Bilbao: Mensajero, 1993.

Biblia de estudio (VPEE). Miami: SBU, 1994.

El Libro del Pueblo de Dios. Buenos Aires

La Nueva Biblia de Jerusalén. Bilbao: Descleé de Brouwer, 1975.

La Biblia de Navarra. Pamplona: EUNSA, 1975-2002.

La Nueva Biblia Española. Madrid: Cristiandad, 1975-1988.

La Biblia-NVI. Miami: SBI, 2001.

La Nueva Biblia Latinoamericana. Madrid: Paulinas, 1982.

Reina-Valera 1995: Edición de estudio. Miami: SBU, 1995.

HISTORIA Y GEOGRAFÍA DEL ANTIGUO ORIENTE MEDIO

Adam Smith, G. *Geografía histórica de la Tierra Santa.* Valencia: EDICEP, 1985.

Bright, J. *La historia de Israel.* Bilbao: Desclée, 1985.

De Vaux, R. *Instituciones del Antiguo Testamento.* Barcelona: Herder, 1976.

González Lamadrid, A. *La fuerza de la tierra.* Salamanca: Sígueme, 1990.

González Echegaray, J. *et al. La Biblia en su entorno.* Estella, Navarra: Verbo Divino, 1990.

————. *El creciente fértil y la Biblia.* Estella, Navarra: Verbo Divino, 1991.

Kaiser, Walter C. *A History of Israel.* Nashville: Broadman & Holman Publishers, 1998.

Málek, L., C. Zesati, C. Junco y R. Duarte. *El mundo del Antiguo Testamento.* Estella, Navarra: Verbo Divino, 2012.

Miller, J.M., Hayes, J.H. *A History of Ancient Israel and Judah.* Philadelphia: The Wesmisnter Press, 1986.

Noel, D. *Los orígenes de Israel.* Estella, Navarra: Verbo Divino, 1999.

Pixley, J. *Historia sagrada. Historia popular.* San José: DEI, 1991.

Provan, Iain, V. Philips Long y Tremper Longman III. *A Biblical History of Israel.* Louisville: WJK Press, 2002.

Schurel, E. *Historia del pueblo judío en tiempos de Jesús175 a.C.-135 d.C.* 2 Vols. Madrid: Cristiandad, 19985.

Soggin, J.A. *Nueva historia de Israel. De los orígenes a Bar Kochba.* Bilbao: Desclée. 1997.

Nota biográfica del autor

Samuel Pagán es un académico puertorriqueño que se ha distinguido en el complicado y desafiante mundo de las traducciones de la Biblia. Y es uno de los eruditos latinoamericanos de más aprecio y reconocimiento internacional en las postrimerías del siglo xx y comienzos del xxi. Sus contribuciones al mundo del saber no han sido pocas: ha escrito y publicado más de cuarenta libros y cientos de artículos sobre asuntos bíblicos, teológicos y literarios; además, ha organizado, trabajado o editado varias Biblias de estudio en castellano, que han superado las líneas denominacionales y nacionales. En la actualidad sirve como profesor de Sagradas Escrituras y decano del Centro de Estudios Bíblicos en Jerusalén. Posee varios grados doctorales de universidades y seminarios de gran prestigio y reconocimiento académico.

Pagán ha sido reconocido en diversas partes del mundo, tanto en foros académicos y eclesiástico, como en contextos interreligiosos y gubernamentales por sus buenas aportaciones al conocimiento y por sus investigaciones y libros, que han ayudado de forma destacada a las traducciones, el estudio y la comprensión de la Biblia. Su labor literaria, investigativa y docente ha contribuido a la salud integral y al mejoramiento de la calidad de vida de millones de hombres y mujeres en el mundo de habla castellana. Junto a su esposa, la doctora Nohemí Pagán, viven en Kissimmee (Florida) y Jerusalén.